U0754138

第五批上海市属高校应用型本科试点专业建设（财务管理专业）项目

二十一世纪财经类应用型本科系列教材

统计大数据及应用

谢富生 徐礼礼 翁跃明／编著

立信会计出版社
LIXIN ACCOUNTING PUBLISHING HOUSE

图书在版编目(CIP)数据

统计大数据及应用 / 谢富生,徐礼礼,翁跃明编著
. —上海:立信会计出版社,2020.8
ISBN 978 - 7 - 5429 - 6540 - 0

Ⅰ.①统⋯ Ⅱ.①谢⋯ ②徐⋯ ③翁⋯ Ⅲ.①统计分析—软件包 Ⅳ.①C819

中国版本图书馆 CIP 数据核字(2020)第 160265 号

策划编辑	方士华
责任编辑	方士华
封面设计	南房间

统计大数据及应用
Tongji Dashuju ji Yingyong

出版发行	立信会计出版社

地　　址	上海市中山西路 2230 号	邮政编码	200235
电　　话	(021)64411389	传　　真	(021)64411325
网　　址	www.lixinaph.com	电子邮箱	lixinaph2019@126.com
网上书店	http://lixin.jd.com		http://lxkjcbs.tmall.com
经　　销	各地新华书店		

印　　刷	上海天地海设计印刷有限公司		
开　　本	787 毫米×1092 毫米	1/16	
印　　张	13.75	插　页	1
字　　数	335 千字		
版　　次	2020 年 8 月第 1 版		
印　　次	2020 年 8 月第 1 次		
印　　数	1—2 100		
书　　号	ISBN 978 - 7 - 5429 - 6540 - 0/C		
定　　价	35.00 元		

如有印订差错,请与本社联系调换

前　言

　　大数据时代，对数据进行统计、分析和学习变得尤为重要。大数据被应用在社会生活的各个方面，如财务分析、金融量化分析、机器学习和人工智能等。它们都以统计学为基础，而统计方法也成为大数据时代的基本分析方法。大数据时代，每个人不仅应该懂点统计学，而且还要学会读懂并分析数据，学会让数据说话，让数据为自己服务。《统计大数据及应用》就是一本大数据时代统计学应用的书籍。本书从大数据概念、思维方法、系统架构及应用领域几个方面进行了简要介绍，再从分析的理论、方法和 SPSS 软件操作三个层次介绍了大数据分析的完整过程。数据分析强调数据分析理论、数据分析方法及与软件的衔接，在操作上以 SPSS For Windows 软件为基础。关于数据分析的方法，本书主要介绍了大数据、数据可视化、参数检验、方差分析、非参数检验、相关分析、回归分析、聚类分析和判别分析、主成分分析和因子分析、时间序列分析，并以大量实例和可视化的风格介绍了上述数据分析方法的 SPSS 操作步骤以及输出结果的解释与分析。

　　本书是一本统计方法在财务和金融领域应用的书籍，适合统计学入门读者、对财务和金融大数据感兴趣的读者以及对 SPSS 软件感兴趣的读者学习和参考，也适合想从众多数据中获取真相的读者学习。谢富生完成了本书第 1 至第 5 章、第 9 至第 13 章的撰写工作，徐礼礼完成了第 6 至第 8 章、第 14 章及 SPSS 中英文对照的撰写工作，翁跃明完成了本书框架结构设计，并多次审阅本书。由于编著者学识、水平有限，本书难免存在一些不足之处，恳请广大读者批评指正，联系邮箱：fushengx@sina.com。

编　　者

2020 年 8 月

目 录

第1章 大数据概述

 **学习目标**

➤ 了解大数据的定义、特征及其发展趋势。

➤ 理解大数据思维及方法。

随着大数据时代的到来,有人把这种大多来源于抽样调查、访谈、行政记录和实验设计等传统统计方法的数据称为小数据,把传统的量化分析方法称为小数据方法。一般来说,小数据存储空间小、易于快速理解、数据的读取分析和处理都相对简单。到目前为止,业界还没有一个较完整、权威的大数据定义,一般指"无法在可容忍的时间内用传统 IT 技术和软硬件工具对其进行感知、获取、管理、处理和服务的数据集合"。比较公认的看法是:大数据是现有信息技术难以应对的数量超大、结构复杂的数据集。其核心属性是数据量巨大、数据结构复杂、处理分析难度大。因此,大数据泛指无法在可容忍的时间内用传统信息技术和软硬件工具对其进行获取、管理和处理的巨量数据集合,需要可伸缩的计算体系结构以支持其存储、处理和分析。

1.1 大数据的特征

大数据的特征可概括为四个"V",即数据量大(Volume)、类型多样化(Variety)、处理速度快(Velocity)和价值密度低(Value)。第一个特征是数据量大。大数据的起始计量单位至少是 P(1 000 个 T)、E(100 万个 T)或 Z(10 亿个 T)。第二个特征是类型多样化。大数据时代数据类型和表现形式种类繁多,包括调查数据、网络日志、音频、视频、图片和地理位置信息等,数据与数据之间的联系被数据的多样性所冲淡,多种类型的数据对数据的处理能力提出了更高的要求。第三个特征是处理速度快。在数据收集速度加快的同时,数据寿命明显缩短。对于数据挖掘的时效性要求日益提高。这是大数据区分于传统数据挖掘最显著的特征。第四个特征是价值密度低。随着物联网的广泛应用,信息感知无处不在,信息海量,但价值密度较低,如何通过强大的机器算法更迅速地完成数据的价值"提纯",是大数据时代亟待解决的难题。大数据研究机构 Gartner 认为,大数据需要新处理模式才能具有更强的决策力、洞察发现力和流程优化能力,才能满足海量、高增长和多样化信息资产的需要。

1.2 大数据的现状与趋势

大数据是继云计算、物联网之后 IT 行业又一次颠覆性的技术变革。运用大数据技术推动经济发展、完善社会治理、提升政府服务和监管能力的研究正成为趋势。下面将从应用、治理和技术三个方面对大数据的现状与趋势进行梳理：

一是当前已有众多成功的大数据应用，但就其效果和深度而言，大数据应用尚处于初级阶段，根据大数据分析预测未来、指导实践的深层次应用将成为发展重点。

大数据应用分为三个层次。第一层，描述性分析应用，是指从大数据中总结、抽取相关的信息和知识，帮助人们分析发生了什么，并呈现事物的发展历程。第二层，预测性分析应用，是指从大数据中分析事物之间的关联关系、发展模式等，并据此对事物发展的趋势进行预测。第三层，指导性分析应用，是指在前两个层次的基础上，分析不同决策将导致的后果，并对决策进行指导和优化。当前，在大数据应用的实践中，描述性、预测性分析应用多，决策指导性等更深层次分析应用偏少。虽然大数据应用已在人机博弈等非关键性领域取得较好应用效果，但是，在自动驾驶、政府决策、军事指挥、医疗健康等与人类生命、财产、发展和安全紧密关联的领域，要真正获得有效应用，仍面临一系列待解决的基础理论问题和核心技术挑战。未来，随着应用领域的拓展、技术的提升、数据共享开放机制的完善，以及产业生态的成熟，具有更大潜在价值的预测性和指导性应用将是发展的重点。

二是大数据治理体系远未形成，特别是在隐私保护、数据安全与数据共享利用效率之间尚存在明显矛盾，成为制约大数据发展的重要短板。随着大数据作为战略资源的地位日益凸显，人们越来越强烈地意识到制约大数据发展的短板包括：数据治理体系远未形成，如数据资产地位的确立尚未达成共识；数据的确权、流通和管控面临多重挑战；数据壁垒广泛存在，阻碍了数据的共享和开放；法律、法规发展滞后，导致大数据应用存在安全与隐私风险。如此种种因素，制约了数据资源中所蕴含价值的挖掘与转化。

三是数据规模高速增长，现有技术体系难以满足大数据应用的需求，大数据理论与技术远未成熟，未来信息技术体系将需要颠覆式创新和变革。近年来，数据规模呈几何级数高速增长。根据国际信息技术咨询企业国际数据公司（IDC）的报告，2020 年全球数据存储量将达到 44ZB，2030 年将达到 2 500ZB。当前，需要处理的数据量已经大大超过处理能力的上限，从而导致大量数据因无法或来不及处理，而处于未被利用、价值不明的状态。技术发展带来的数据处理能力的提升远远落后于按指数增长模式快速递增的数据体量，数据处理能力与数据资源规模之间的"剪刀差"将随时间持续扩大，这些现象将长期存在。在此背景下，大数据现象倒逼技术变革，将使得信息技术体系进行一次重构，这也带来了颠覆式发展的机遇。

1.3　大数据思维

维克托（2012 年）在其著作《大数据时代——生活、工作与思维的大变革》中指出，大数据时代，思维方式要发生三个变革：第一，要分析与事物相关的所有数据，而不是分析少量数据样本；要总体，不要样本。第二，要乐于接受数据的纷繁复杂，而不再追求精确性。第三，不再探求难以捉摸的因果关系，应该更加注重相关关系。毫无疑问，上述三个转变均与统计研究工作息息相关，从统计研究工作角度理解维克托的三个转变会更深刻、更全面。

1.3.1　转变抽样调查工作思想

传统的统计学观点认为数据处理特点是通过局部样本进行统计推断,从而了解总体的规律性。囿于数据收集和处理能力的限制,传统的统计研究工作总是希望通过尽可能少的数据来了解总体。在这种背景下,产生了各式各样的抽样调查技术。尽管如此,由于各种抽样调查工作是在事先设定目的的前提下展开工作,不管多完美的抽样技术,抽到的数据只是总体中的一部分,样本都只是对总体片面的、部分的反映。传统的统计学观点是建立在数据收集和处理能力受到限制的基础上的,在大数据时代,数据资料收集和数据处理能力对统计分析工作的影响越来越小。在大数据时代,我们面对的数据样本就是过去资料的总和,样本就是总体,通过对所有与事物相关的数据进行分析,既有利于了解总体,又有利于了解局部。总的来讲,传统的统计抽样调查方法有以下几个方面的不足可以在大数据时代得到改进:

(1) 抽样框不稳定,随机取样困难。传统的抽样调查方案在实施时经常碰到导致抽样框不稳定的问题:一方面,随着网络信息技术的迅速发展,人们获得信息的途径越来越便捷,人们更换工作、外出学习和旅游的机会和次数也越来越多,这导致人口流动性加快,于是表现在对某小区居民收入水平调查过程中,经常会出现户主更换或空房的情况;另一方面,由于企业经营状况不稳定,有些经营者抓住市场机会使企业规模日益壮大,有些经营者经营不力导致企业破产倒闭,这就出现了在对企业经营状况调查中,抽样框中有的企业找不到,客观存在的企业反而在抽样框中没有的情况。

(2) 事先设定调查目的,会限制调查的内容和范围。传统抽样调查工作往往是先确定调查目的,然后再根据目的和经费确定调查的方法和样本量的大小。这样做的问题是受调查目的的限制,调查范围有限,即调查会有侧重点,从而不能全面反映总体。

(3) 样本量有限,抽样结果经不起细分。传统抽样调查是在特定目的和一定经费控制下进行的,调查样本量有限,如果进一步对细分内容调查,往往由于样本量太小而不具有代表性。随机采样结果经不起细分,一旦细分,随机采样结果的错误率就会大大增加。如以对某地企业调查情况为例,在完成调查工作后想具体了解当地小型服装企业生产经营状况,可能抽到的样本中满足条件的企业凤毛麟角或根本没有这样的企业。在大数据时代,对数据处理的技术不再是问题,我们可以对任何规模的数据进行分析处理,可以做到既能把握总体,又能了解局部情况。

(4) 纠偏成本高,可塑性弱。正如前文所述,传统统计抽样过程中,抽样框不稳定的情况经常存在,一旦抽样框出现偏误,调查结果可能与历史结果或预计结果大相径庭;另外,如果调查者想了解与事先调查目的不一致的方面,或者想了解目标总体的细分结果,在传统的抽样调查思路中,解决问题的方法一般是重新设计调查方案,一切重来。在大数据时代,信息瞬息万变,待重新调整调查方案,得到的调查结果可能已经没有价值了。

1.3.2　转变对数据精确性的要求

传统的统计研究工作要求获得的数据一般具有完整性、精确性(或准确性)、可比性与一致性等性质。在数据结构单一、数据规模小的小数据时代,由于收集的数据资料有限以及数据处理技术落后,分析数据的目的是希望尽可能用有限的数据全面准确地反映总体。那么,

3

在小数据时代对数据精确性要求相对于其他要求是最严格的。在大数据时代,由于数据来源广泛和数据处理技术的不断进步,数据的不精确性是允许的,我们应该接受纷繁芜杂的各类数据,不应一味地追求数据的精确性,以免因小失大。

在大数据时代,数据规模大,数据不精确性在所难免,盲目追求数据的精确性是不可取的。在小数据时代,无论是测量数据还是调查数据,都可能因为人为因素或自然不可控因素导致收集到的这些数据是不精确的;在大数据时代,数据来源渠道多,数据量多,我们在获得反映总体精确数据信息的同时,不可避免地会获得不精确性数据。另外,我们必须看到不精确数据的有益方面,不精确数据并不一定妨碍我们认识总体,有可能帮助我们从另一个方向更好地认识总体。

在大数据时代,数据不精确性不仅不会破坏总体信息,还有利于我们了解总体。越来越多的数据提供越来越多的信息,也会让人们越来越了解总体的真实情况,越来越多的数据在帮助我们了解总体时有点大数定律的感觉。大数定律告诉我们,随着样本数量的增加,样本平均数越来越接近总体;但大数据告诉我们的总体信息要比大数定理更真实,大数据时代,由于样本就是总体,大数据告诉我们总体的真实情况。

在大数据时代,允许不精确性针对的是大数据,而不是统一标准。大数据的不精确性是偶然产生的,而不是为了不精确性而制造不精确。并且,在专门性的分析领域,仍需千方百计防止不精确性发生。譬如,为了精细管理公司业务,对公司财务的分析就应该越精确越好。

1.3.3 转变数据关系分析的重点

传统统计分析工作一般在处理数据时,会预先假定事物之间存在某种因果关系,然后在此因果关系假定的基础上构建模型并验证预先假定的因果关系。在大数据时代,由于数据规模巨大、数据结构复杂以及数据变量错综复杂,预设因果关系以及分析因果关系相对复杂。于是,分析数据不再探求难以琢磨的因果关系,转而关注事物的相关关系。需要注意的是,大数据时代事物之间的相关分析与传统统计学的相关分析并不完全相同,主要表现在以下几个方面。

(1) 分析思路不同。用传统统计方法分析问题时,往往是先假设某种关系存在,然后根据假设有针对性地计算变量之间的相关关系,这是一个"先假设,后关系"的分析思路,传统的关系计算思路适用于小数据。在大数据时代,不仅数据量庞大,变量数目往往也难以计数,"先假设,后关系"的思路不切实际。大数据关系分析往往是直接计算现象之间的相依性。另外,与传统统计分析不同的是,在小数据时代,数据量小且变量数目少,构造回归方程和估计回归方程比较容易。于是,人们在分析现象之间的相关关系时,往往会建立回归方程探求现象之间的因果关系。

(2) 关系形式不同。在小数据时代,由于计算机存储和计算能力不足,大部分相关关系仅限于寻求线性关系。在大数据时代,现象的关系很复杂,不仅可能是线性关系,更可能是非线性函数关系。一般情况是,我们可能知道现象之间相依的程度,但并不清楚关系的形式。目前,针对结构化的海量数据,不管函数关系如何,最大信息相关系数均可度量变量之间的相关程度。但有些情况可能连函数关系都没有,如半结构化数据变量和非结构化数据变量之间可能存在某种关联关系,但没法知道变量之间关系的形式,因此,度量相关程度的方法还有待完善。

（3）关系目的不同。传统统计研究变量之间的相关关系往往具有两个目的：一是为了弄清楚变量之间的亲疏程度；二是为了探求变量之间有无因果关系，是否可以建立回归方程，然后在回归方程的基础上对因变量进行预测。一个普遍的逻辑思路并且在计算上可行的是，变量间的相关关系是一种最普遍的关系，因果关系是特殊的相关关系，相关关系往往能取代因果关系，即有因果关系必有相关关系，但有相关关系不一定能找到因果关系。所以，传统的统计学往往在相关关系基础上寻找因果关系。在大数据时代，统计研究的目的就是寻找变量或现象之间的相关关系，然后根据变量或现象之间的相关关系进行由此及彼、由表及里的关联预测。在大数据时代，人们一般不做因果分析，一方面是因为数据结构和数据关系错综复杂，很难在变量间建立函数关系并在此基础上探讨因果关系，寻找因果关系的时间成本高昂；另一方面是大数据具有价值密度低、数据处理快的特点，大数据处理的是流式数据，由于数据规模的不断变化，变量间的因果关系具有时效性，往往存在"此一时，彼一时"的情况，探寻因果关系往往得不偿失。

1.4　大数据方法

所谓大数据方法，不是指某种程式化、规范化的单一方法，而是充分运用人工智能、机器学习对大数据进行分析开发利用的一整套开放、包容、灵活的方法体系。这一方法体系既包含了数据科学家借助机器的质性研究，又包含了传统量化分析方法的延伸运用。大数据是工业传感器、互联网、移动数码等固定和移动设备产生的结构化数据、半结构化数据与非结构化数据的总和，大数据重在实时的处理与应用，以获得所需要的信息和知识，从而实现商业价值以及为公共管理服务。数据挖掘和人工智能等应用工具在大数据处理中发挥着重要作用，现代信息技术是大数据赖以存在和发展的重要支撑力量。

大数据分析过程中方法的运用，包括了模型方法、基于混沌理论和分形理论的数值方法、隐喻方法、模拟方法等。大数据方法或者说大数据分析技术的核心之一是"数据挖掘"，是从大量的、不完全的、有噪声的、模糊的、随机的实际应用数据中，提取隐含在其中的、人们事先不知道的，但又是潜在有用的信息和知识的过程。也被称为知识发现（即 KDD，Knowledge Discovery in Database)的这一方法，是从大型数据库中揭示海量数据中有意义的潜在规律和提取人们感兴趣的知识的处理过程。

首先，统计学依然是数据分析的灵魂。现在社会上有一种流行的说法，在大数据时代，"样本＝全体"，人们得到的不是抽样数据而是全数据，因而只需要简单地数一数就可以下结论了，复杂的统计学方法可以不再需要了。这种观点之错误在于大数据告知信息但不解释信息。例如，大数据是"原油"而不是"汽油"，不能被直接拿来使用。就像股票市场，即使把所有的数据都公布出来，不懂的人依然不知道数据代表的信息。大数据时代，统计学依然是数据分析的灵魂。正如加州大学伯克利分校迈克尔·乔丹教授指出的："没有系统的数据科学作为指导的大数据研究，就如同不利用工程科学的知识来建造桥梁，很多桥梁可能会坍塌，并带来严重的后果。"

其次，全数据的概念本身很难经得起推敲。全数据，顾名思义就是全部数据。这在某些特定的场合对于某些特定的问题确实可能是全数据。但是，并不是说我们有了全数据就能很好地回答问题。一方面,数据虽然是全数据,但仍然具有不确定性。另一方面,事物在不断地发展和变化。因此,"全"是有边界的,超出了边界就不再是全知全能了。事物的发展充满了不确定性,而统计学,既研究如何从数据中把信息和规律提取出来,找出最优化的方案;也研究如何把数据当中的不确定性量化出来。所以,在大数据时代,数据分析的很多根本性问题和小数据时代并没有本质区别。

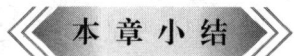

本 章 小 结

本章主要介绍大数据的定义、特征、思维、方法、现状及发展趋势。

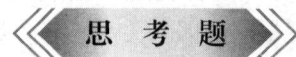

思 考 题

1. 大数据有哪些特征?
2. 什么是大数据方法?
3. 在大数据时代,人们的思维方式需要发生哪些转变?

第2章 大数据技术架构

 **学习目标**

➤ 了解大数据技术架构。
➤ 理解数据采集层、数据存储层、数据处理层、数据治理与建模层、数据应用层的主要技术及内容。

大数据技术是一系列技术的总称,它是集合了数据采集与传输、数据存储、数据处理与分析、数据挖掘、数据可视化等技术,是一个庞大而复杂的技术体系。根据大数据从来源到应用,实现传输的流程,可以将大数据技术架构分为数据采集层、数据存储层、数据处理层、数据治理与建模层、数据应用层。具体如图2-1所示。

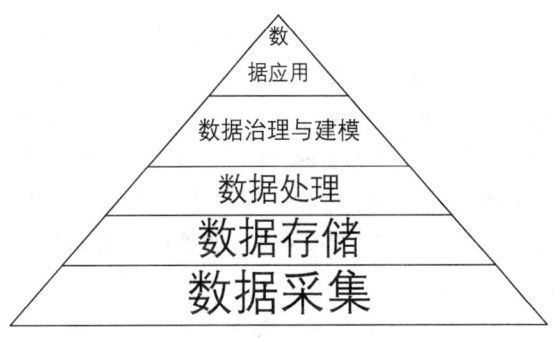

图2-1 大数据技术架构图

2.1 数据采集层

数据采集层位于端对端平台的底部,将读取或者接受的数据转换为可被安全传输的数据。大数据采集层主要采用了大数据采集技术,实现对数据的ETL(Extract-Transform-Load)操作,该操作是指数据从数据来源端经过抽取(Extract)、转换(Transform)、加载(Load)到目的端。

大数据时代的数据来源极其广泛。数据有不同的类型和格式,同时呈现爆发性增长的态势,通过传感器、社交网络、移动互联网等方式获得各种类型的结构化、半结构化及非结构化的海量数据。这对数据收集技术也提出了更高的要求。数据收集需要从不同的数据源实时地或及时地收集不同类型的数据并发送给存储系统或数据中间件系统进行后续处理。数据收集一般可分为设备数据收集和 Web 数据爬取两类,常用的数据收集软件有 Splunk、Sqoop、Flume、Logstash、Kettle 以及各种网络爬虫。大数据采集的数据类型,主要有以下三类:

（1）互联网数据。它通过网络爬虫获取一些网站平台提供的公开信息。常用的网页爬虫系统有 Apache Nutch、Crawler4j、Scrapy 等。它们将非结构化数据和半结构化数据的网页数据从网页中提取出来,并将其提取、清洗、转换成结构化的数据,将其存储为统一格式的本地文件数据。

（2）系统日志数据。系统日志采集系统做的事情就是收集日志数据提供离线和在线的实时分析使用。目前常用的开源日志收集系统有 Flume、Scribe 等。它们通过对这些日志信息进行采集、收集,然后进行数据分析,挖掘企业业务平台日志数据中的潜在价值,为公司决策和企业后台服务器平台性能评估提高可靠的数据保证。

（3）数据库数据。企业每时每刻产生的业务数据,会使用传统的关系型数据库 Mysql 和 Oracle 等来存储数据。除此之外,Redis 和 Mongodb 这样的 Nosql 数据库也常用于数据的采集。

2.2　数据存储层

数据存储层是数据流在加工过程中产生的临时文件或加工过程中需要查找的信息。数据以某种格式记录在计算机内部或外部存储介质上。数据的存储分为持久化存储和非持久化存储。持久化存储就是将数据保存到硬盘中,在应用程序或机器重启后可以继续访问之前保存的数据,如常见的分布式文件系统 HDFS、对应的分布式非关系型数据库系统 Hbase,以及另一个非关系型数据库 Mongodb。非持久化存储的特征是数据量不大,断电后数据会丢失,但读取速度非常快。非持久化存储一般采用散列（Hash）的 Key-Value 存储方式,适合使用缓存（Cache）的应用场景。

目前主要的数据存储介质类型包括内存、磁盘、磁带等;主要数据组织管理形式包括按行组织、按列组织、按键值组织和按关系组织;主要数据组织管理层次包括按块级组织、文件级组织以及数据库级组织等。不同的存储介质和组织管理形式对应于不同的大数据特征和应用特点。

2.2.1　分布式文件系统

分布式文件系统（Distributed File System）是指文件系统管理的物理存储资源不一定直接连接在本地节点上,而是通过计算机网络与节点相连。分布式文件系统的设计基于客户机/服务器模式。一个典型的网络可能包括多个供多用户访问的服务器。另外,对等特性允许一些系统扮演客户机和服务器的双重角色。分布式文件系统中的文件在物理上可能被分散存储在不同的节点上,在逻辑上仍然是一个完整的文件。使用分布式文件系统时,无需关心数据存储在哪个节点上,只需像本地文件系统一样管理和存储文件系统的数据。

分布式文件系统在大数据领域是最基础的,最核心的功能组件之一。目前常用的分布式磁盘文件系统有 HDFS（Hadoop 分布式文件系统）、GFS（Goolge 分布式文件系统）、KFS（Kosmos Distributed File System）等,常用的分布式内存文件系统有 Tachyon 等。

2.2.2　文档存储

文档存储以封包键值对的方式进行存储,支持对结构化数据的访问。与关系模型不同的是,文档存储模型支持嵌套结构。例如,文档存储模型支持 XML 和 JSON 文档,字段的"值"又可以嵌套存储其他文档。文档存储模型也支持数组和列值键。主流的文档数据库有 Mongodb、Couchdb、Terrastore、Ravendb 等。

2.2.3　列式存储

列式存储将数据按行排序,按列存储。数据是按照列为基础逻辑存储单元进行存储的,一列中的数据在存储介质中以连续存储形式存在,将相同字段的数据作为一个列族来聚合存储。其主要适用于批量数据处理和即席查询。当只查询少数列族数据时,列式数据库可以减少读取数据量,减少数据装载和读入读出的时间,提高数据处理效率。使用列式存储的数据库产品有 Sybase IQ、Infinidb、Vertica、Hadoop Hbase、Infobright 等。

2.2.4　键值存储

键值存储,即 Key-Value 存储,简称 KV 存储,它是 Nosql 存储的一种方式。它的数据按照键值对的形式进行组织、索引和存储。KV 存储非常适合不涉及过多数据关系和业务关系的业务数据,同时能有效减少读写磁盘的次数,比 SQL 数据库存储拥有更好的读写性能。键值数据库产品有 Redis、Apache Cassandra、Google Bigtable 等。

2.2.5　图形数据库

图形数据库源起于欧拉和图理论,也可称为面向/基于图的数据库,对应的英文是 Graph Database。图形数据库的基本含义是以"图"这种数据结构存储和查询数据,而不是存储图片的数据库。它的数据模型主要是以节点和关系(边)来体现,也可处理键值对。在图形数据库领域,有不同的图模型来映射这些网络关系,比如超图模型,以及包含节点、关系及属性信息的属性图模型等。图形数据库可用于对真实世界的各种对象进行建模,如社交图谱,以反映这些事物之间的相互关系。主流的图形数据库有 Google Pregel、Neo4j、Infinite Graph、DEX、Infogrid、Allegrograph、Graphdb、Hypergraphdb 等。

2.2.6　关系数据库

关系数据库是创建在关系模型基础上的数据库,借助于集合代数等数学概念和方法来处理数据库中的数据。现实世界中的各种实体以及实体之间的各种联系均用关系模型来表示。关系模型是由埃德加·科德于 1970 年首先提出的,并配合"科德十二定律"。现如今虽然对此模型有一些批评意见,但它还是数据存储的传统标准。标准数据查询语言 SQL 就是一种基于关系数据库的语言,这种语言执行对关系数据库中数据的检索和操作。关系模型由关系数据结构、关系操作集合、关系完整性约束三部分组成。

2.2.7　内存数据库

内存数据库,顾名思义就是将数据放在内存中直接操作的数据库。相对于磁盘,内存的数据读写速度要高出几个数量级，将数据保存在内存中相比从磁盘上访问能够极大地提高应用的性能。内存数据库系统的设计目标是提高数据库的效率和存储空间的利用率。基于内存存储的内存数据库产品有 Oracle Timesten、Altibase、Extremedb、Redis、Raptordb、Memcached 等产品。

2.3 数据处理层

数据处理层负责所有原始数据的分类过滤、重组格式、加工数据、建立索引，是实现数据实时分析最主要的环节。通过处理层处理完的数据，将输出给索引存储集群。

2.3.1 数据预处理

数据的质量对数据的价值大小有直接影响，低质量数据将导致低质量的分析和挖掘结果。广义的数据质量涉及许多因素，如数据的准确性、完整性、一致性、时效性、可信性与可解释性等。

大数据系统中的数据通常具有多个数据源，且数据来源于现实世界，容易受到噪声数据、数据值缺失与数据冲突等的影响。此外，数据处理、分析、可视化过程中的算法与实现技术复杂多样，往往需要对数据的组织、数据的表达形式、数据的位置等进行一些前置处理。它将有助于提升数据质量，并使得后继数据处理、分析、可视化过程更加容易、有效，有利于获得更好的用户体验。

数据预处理形式上包括数据清理、数据集成、数据归约与数据转换等阶段。数据清理包括数据不一致性检测、脏数据识别、数据过滤、数据修正、数据噪声的识别与平滑等。数据集成把来自多个数据源的数据进行集成，缩短数据之间的物理距离。数据归约在不损害挖掘结果准确性的前提下，降低数据集的规模，得到简化的数据集。经过数据转换处理后，数据被变换或统一。数据转换不仅简化处理与分析过程、提升时效性，也使得分析挖掘的模式更容易被理解。

2.3.2 数据处理

分布式数据处理技术与分布式存储形式直接相关。目前主要的数据处理计算模型包括 Mapreduce 分布式计算框架、分布式内存计算系统、分布式流计算系统等。

1. Mapreduce 分布式计算框架

Mapreduce 是一种计算架构设计，利用函数式编程思想把一个计算分成 Map 与 Reduce 两个计算过程。Mapreduce 把一个大的计算任务划分为多个小的计算任务，然后把每个小的计算任务分配给集群的每个计算节点，并一直跟踪每个计算节点的进度决定是否重新执行该任务，最后收集每个节点上的计算结果并输出。Mapreduce 适合处理各种类型的数据，包括结构化、半结构化和非结构化数据，并且可以处理数据量为 TB 和 PB 级别的超大规模数据。

最流行的 Mapreduce 分布式计算框架是由 Hadoop 实现的 Mapreduce 框架。Hadoop Mapreduce 基于 HDFS 和 Hbase 等存储技术确保数据存储的有效性，计算任务会被安排在离数据最近的节点上运行,减少数据在网络中的传输开销,同时还能够重新运行失败的任务。

2. 分布式内存计算系统

使用分布式共享内存进行计算可以有效地减少数据读写和移动的开销,极大地提高数据处理的性能。支持基于内存的数据计算,兼容多种分布式计算框架的通用计算平台是大数据领域所必需的重要关键技术。Spark 是此种技术的开源实现代表,相比传统的 Hadoop Mapreduce 批量计算模型,Spark 使用 DAG、迭代计算和内存计算的方式可以带来一到两个数量级的效率提升。

3. 分布式流计算系统

数据的实时处理是一个很有挑战性的工作,数据流本身具有持续到达、速度快且规模巨大等特点,所以需要分布式的流计算技术对数据流进行实时处理。当前得到广泛应用的很多系统多数为支持分布式、并行处理的流计算系统,其中代表性的商用软件包括 IBM Streambase 和 Infosphere Streams,开源系统则包括 Twitter Storm、Yahoo S4、Spark Streaming 等。

2.3.3 数据处理分类

1. 批处理

Hadoop 的处理功能来自 Mapreduce 引擎。Mapreduce 的处理技术符合使用键值对的 Map、Shuffle、Reduce 算法要求。基本处理过程包括:从 HDFS 文件系统读取数据集;将数据集拆分成小块并分配给所有可用节点;针对每个节点上的数据子集进行计算(计算的中间态结果会重新写入 HDFS);重新分配中间态结果并按照键进行分组;通过对每个节点计算的结果进行汇总和组合对每个键的值进行"Reducing";将计算而来的最终结果重新写入 HDFS。

2. 流处理

流处理系统会对随时进入系统的数据进行计算。相比批处理模式,这是一种截然不同的处理方式。流处理方式无需针对整个数据集执行操作,而是对通过系统传输的每个数据项执行操作。

3. 混合处理

一些处理框架可同时处理批处理和流处理工作负载。这些框架可以用相同或相关的组件和 API 处理两种类型的数据,借此让不同的处理需求得以简化。

2.4 数据治理与建模层

数据治理是指从使用零散数据变为使用统一数据、从具有很少或没有组织和流程治理到企业范围内的综合数据治理、从尝试处理数据混乱状况到数据井井有条的一个过程。建模层是指根据业务需要,建立适用于业务的数据统计分析模型,建立大数据运行处理平台,运用数据分析、数据挖掘、深度学习等算法从生产数据集中挖掘出数据内在的价值,为业务系统提供数据和决策支持,实现对数据的深加工。通过利用 R 语言、Python 等对数据进行

ETL 预处理,然后再根据算法模型、业务模型进行融合建模,从而更好地为业务应用提供优质的底层数据。

2.4.1 数据治理方法

1. 聚类分析

聚类分析是划分对象的统计学方法,是指把具有某种相似特征的物体或者事物归为一类。聚类分析的目的在于辨别在某些特性上相似(但是预先未知)的事物,并按这些特性将样本划分成若干类(群),使在同一类内的事物具有高度的同质性,而不同类的事物则有高度的异质性。聚类分析是一种没有使用训练数据的无监督式学习。聚类分析还可以作为其他算法(如分类和定性归纳算法)的预处理步骤。

2. 因子分析

因子分析的基本目的就是用少数几个因子去描述许多指标或因素之间的联系,即将相互比较密切的几个变量归在同一类中,每一类变量就成为一个因子(之所以称其为因子,是因为它是不可观测的,即不是具体的变量),以较少的几个因子反映原数据的大部分信息。

3. 相关分析

相关分析是测定事物之间相关关系的规律性,并据以进行预测和控制的分析方法。社会经济现象之间存在着大量的相互联系、相互依赖、相互制约的数量关系。这种关系可分为两种类型:一类是函数关系,它反映着现象之间严格的依存关系,也称确定性的依存关系。在这种关系中,对于变量的每一个数值,都有一个或几个确定的值与之对应。另一类为相关关系,在这种关系中,变量之间存在着不确定、不严格的依存关系,对于变量的某个数值,可以有另一变量的若干数值与之相对应,这若干个数值围绕着它们的平均数呈现出有规律的波动。

4. 回归分析

回归分析是研究一个变量与其他若干变量之间相关关系的一种数学工具,它是在一组实验或观测数据的基础上,寻找被随机性掩盖了的变量之间的依存关系。回归分析可以把变量间的复杂的、不确定的关系变得简单化、有规律化。

5. 水桶测试

水桶测试是通过对比测试群体,确定哪种方案能提高目标变量的技术。大数据可以使大量的测试被执行和分析,保证这个群体有足够的规模来检测控制组和治疗组之间有意义的区别。

6. 数据挖掘

更为深入的数据分析就需要利用到数据挖掘技术,实现一些高级别的数据分析需求。数据挖掘就是从大量的、不完的、有噪声的、模糊的、随机的数据中,提取隐含在其中的、人们事先不知道的,但又是潜在有用的信息和知识的过程。数据挖掘主要用于完成以下六种不同任务,同时也对应着不同的分析方法:分类(Classification)、估值(Estimation)、预言(Predicction)、相关性分组或关联规则(Affinity Grouping or Association Rules)、聚集(Clustering)、描述和可视化(Description and Visualization)。挖掘方法大致分为机器学习方法、神经网络方法和数据库方法。机器学习方法可细分为归纳学习方法、基于范例学习、遗传算法等。神经网络方法可细分为前向神经网络、自组织神经网络等。数据库方法主要是多维数据分析或联机分析处理(On-Line Analytical processing,OLAP)方法,另外还有面向属性的归纳方法。

7. 布隆过滤器

布隆过滤器的原理是利用位数组存储数据的 Hash 值而不是数据本身,其本质是利用 Hash 函数对数据进行有损压缩存储的位图索引。其优点是具有较高的空间效率和查询速率,缺点是有一定的误识别率和删除困难。布隆过滤器适用于允许低误识别率的大数据场合。

8. 散列法

散列法也叫作 Hash 法,其本质是将数据转化为长度更短的定长的数值或索引值的方法。这种方法的优点是具有快速的读写和查询速度,缺点是难以找到一个良好的 Hash 函数。

9. 索引

无论是在管理结构化数据的传统关系数据库,还是管理半结构化和非结构化数据的技术中,索引都是一个减少磁盘读写开销、提高增删改查速率的有效方法。索引的缺陷在于需要额外的开销存储索引文件,且需要根据数据的更新而动态维护。

10. 字典树

字典树又称为 Trie 树,是 Hash 树的变种形式,多被用于快速检索和词频统计。Trie 树的思想是利用字符串的公共前缀,最大限度地减少字符串的比较,提高查询效率。

11. 并行计算

相对于传统的串行计算,并行计算是指同时使用多个计算资源完成运算。其基本思想是将问题进行分解,由若干个独立的处理器完成各自的任务,以达到协同处理的目的。目前,比较典型的并行计算模型有 MPI(Message Passing Interface)、Mapreduce、Dryad 等。

在大数据处理过程中,处理目标和方式呈现三个"I"的特性:近似性(Inexact),即大数据处理中精确性不再是绝对追求目标,而是从中快速预测出宏观趋势;增量性(Incremental)即大数据处理不仅要对离线大数据进行分析处理,也要分析处理实时动态变化的数据;相关性(Inductive),即不是完全遵循根据结果查找原因的处理模型,而是更加重视事物之间的关联性。

2.5　数据应用层

数据应用层是大数据技术和应用的目标。它通常包括信息检索、关联分析等功能。数据可视化是数据应用层的重要技术,清晰而有效地在大数据与用户之间传递和沟通信息是数据可视化的重要目标。数据可视化技术将数据库中每一个数据项作为单个图元素表示,大量的数据集构成数据图像,同时将数据的各个属性值以多维数据的形式表示,可以从不同的维度观察数据,从而对数据进行更深入的观察和分析。数据可视化的关键技术包括如下四种:

(1)数据信息的符号表达技术。除了常规的文字符号和几何图形符号,各类坐标、图像阵列、图像动画等符号技术都可以用来表达数据信息。特别是多样符号的综合使用,往往能让用户获得不一样的沟通体验。

（2）数据渲染技术。例如，各类符号到屏幕图形阵列的 2D 平面渲染技术、3D 立体渲染技术等。

（3）数据交互技术。除了各类 PC 设备和移动终端上的鼠标、键盘与屏幕的交互技术形式，数据交互技术还包括语音、指纹等交互技术。

（4）数据表达模型技术。数据可视化表达模型描述了数据展示给用户所需要的语言文字和图形图像等符号信息，以及符号表达的逻辑信息和数据交互方式信息等。除了数据值的表达技术，数据趋势、数据对比、数据关系等表达技术都是表达模型中的重要内容。

数据可视化技术在当前是一个正在迅速发展的新兴领域，已经出现了众多的数据可视化软件和工具，如 Tableau、Datawatch、Platfora、R、D3. Js、Processing Js、Gephi、Echarts、大数据魔镜等。许多商业的大数据挖掘和分析软件也包括了数据可视化功能，如 IBM SPSS、SAS Enterprise Mine 等。

大数据技术架构为大数据的业务应用提供了一种通用的架构，该应用还需要根据行业领域、公司技术积累以及业务场景，从业务需求、产品设计、技术选型到实现方案流程上具体问题具体分析，利用大数据可视化技术，进一步深入，形成更为明确的应用，包括基于大数据交易与共享、基于开发平台的大数据应用、基于大数据的工具应用等。

本章小结

1. 主要介绍大数据技术架构及其每层相应技术。
2. 重点讲解了数据存储层、数据处理层、数据治理与建模层。

思考题

1. 大数据技术架构由几部分组成？
2. 数据存储介质和数据组织管理形式有哪些？
3. 数据分析方法有哪些？

第3章　大数据应用与安全

 学习目标

➤ 了解大数据应用领域。

➤ 理解每个应用领域的内容。

➤ 了解大数据的安全及挑战。

随着大数据的应用越来越普及，业内呈现许多新的大数据的应用领域。如图3-1所示，大数据应用领域可以分出几个主要方向。

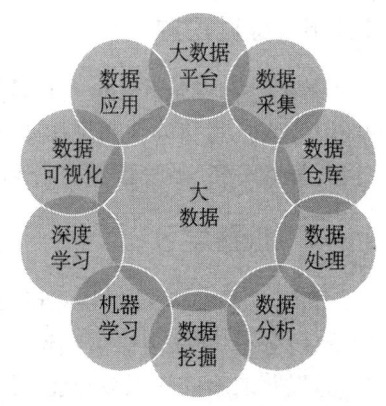

图3-1　大数据应用领域分类

3.1　大数据应用

3.1.1　大数据平台

目前，业界对大数据平台没有统一的定义，但一般情况下，使用了 Hadoop、Spark、Storm、Flink 等这些分布式的实时或者离线计算框架，建立计算集群，并在上面运行各种计算任务，这就是通常理解上的大数据平台。大数据平台其实是根据业务需求来决定使用哪些框架或者哪些工具来搭建平台，从而来完成业务需求。

3.1.2　数据采集

数据采集又称为数据获取，是利用一种装置，从系统外部采集数据并输入系统内部的一个接口。数据采集技术广泛应用在各个领域。比如，摄像头、麦克风、Python 爬虫框架 Scrapy 等都是数据采集工具。

3.1.3　数据仓库

数据仓库，英文名称为 Data Warehouse，可简写为 DW 或 DWH。数据仓库是为企业所有级别的决策制定过程，提供所有类型数据支持的战略集合。它是单个数据存储，出于分析性报告和决策支持目的而创建。它为需要业务智能的企业，提供业务流程改进、监视时间、成本、质量以及控制的指导。

3.1.4　数据处理

数据处理(Data Processing)是对数据的采集、存储、检索、加工、变换和传输。数据处理的基本目的是从大量的、杂乱无章的、难以理解的数据中抽取并推导出对于某些特定的人们来说是有价值、有意义的数据。其所需技术有 Hive、Hadoop、Spark 等。

3.1.5　数据分析

数据分析(Data Analysis)是指用适当的统计分析方法对收集来的大量数据进行分析，提取有用信息并形成结论而对数据加以详细研究和概括总结的过程。基于统计分析方法做数据分析有回归分析、方差分析等。大数据分析如 Ad-Hoc 交互式分析、SQL On Hadoop 的技术有 Hive、Impala、Presto、Spark SQL，支持 OLAP 的技术有 Kylin。在实际应用中，数据分析可帮助人们作出判断，以便采取适当行动。

3.1.6　数据挖掘

数据挖掘(Data Mining)是通过分析每个数据，从大量数据中寻找其规律的技术，主要有数据准备、规律寻找和规律表示三个步骤。数据挖掘的任务有关联分析、聚类分析、分类分析、异常分析、特异群组分析和演变分析等。

3.1.7　机器学习

机器学习(Machine Learning，ML)是一门多领域的交叉学科，涉及概率论、统计学、逼近论、凸分析、算法复杂度理论等多门学科。它专门研究计算机怎样模拟或实现人类的学习行为，以获取新的知识或技能，重新组织已有的知识结构使之不断改善自身的性能。它是人工智能的核心，是使计算机具有智能的根本途径，其应用遍及人工智能的各个领域，它主要使用归纳、综合而不是演绎。

3.1.8　深度学习

深度学习是机器学习研究中的一个新的领域，其动机在于建立、模拟人脑进行分析学习的神经网络，它模仿人脑的机制来解释数据，如图像、声音和文本。同机器学习方法一样，深度学习方法也有监督学习与无监督学习之分。不同的学习框架下建立的学习模型很是不同。例如，卷积神经网络(Convolutional Neural Networks，CNNs)就是一种深度的监督学习下的机器学习模型，而深度置信网(Deep Belief Nets，DBNs)就是一种无监督学习下的机器学习模型。

3.1.9　数据可视化

数据可视化(Data Visualization)可以从狭义和广义两个方面进行理解，狭义上的数据可视化指的是将数据用统计图表方式呈现，广义上的数据可视化是信息可视化中的一类，因为信息是包含了数字和非数字的。整体而言，可视化就是数据、信息以及科学等多个领域图示化技术的统称。数据可视化起源于 20 世纪 60 年代计算机图形学，人们使用计算机创建图形图表。可视化提取出来的数据，将数据的各种属性和变量呈现出来。我们熟悉的饼图、直方图、散点图、柱状图等,是最原始的统计图表,它们是数据可视化的最基础和常见的应用。数据可视化作为一种统计学工具,用于创建一条快速认识数据集的捷径,并成为一种令人信服的沟通手段,传达存在于数据中的基本信息。

3.1.10　数据应用

大数据技术能够将隐藏于海量数据中的信息和知识挖掘出来,为人类的社会经济活动提供依据,从而提高各个领域的运行效率,大大提高整个社会经济的集约化程度。其应用领域如下:一是理解客户、满足客户服务需求。应用大数据更好地了解客户以及他们的喜好和行为。二是业务流程优化。例如,供应链以及配送路线的优化。三是提高医疗和研发水平。大数据剖析应用的计算能力可以让我们能够在几分钟内就可以解码整个 DNA。同时,它可以帮助我们更好地去理解和预测疾病。四是提高体育成绩。例如,使用视频剖析来追踪足球或棒球比赛中每个球员的表现。五是优化机器和设备性能。例如,谷歌公司利用大数据工具研发谷歌自驾汽车。丰田的普瑞就配有相机、GPS 以及传感器,人们能够安全地驾驶车辆。六是改善安全和执法。美国安全局利用大数据进行恐怖主义打击。警察应用大数据工具抓捕罪犯。企业则应用大数据技术进行网络攻击防御。七是改善我们的城市。例如,基于城市实时交通讯息、利用社交网络和天气数据来优化最新的交通情况。八是金融交易。大数据算法可以应用于买卖决议,如量化投资及智能投顾等。

3.2　大数据安全

在大数据时代,信息化已完全深入国民经济与国防建设的方方面面,从智能家居、智慧城市到智慧地球,个人、企业、团体等的海量数据为国家建设和决策提供了宏观的数据依据,大数据的安全问题将会越来越多地对国家战略产生直接或间接的影响。

法律、法规发展滞后,导致大数据应用存在安全与隐私风险。大数据的应用会带来巨大社会价值和商业利益,受价值利益驱动,大数据系统也必然会面临安全与隐私风险。数据的无序流通与共享也会引发隐私保护和数据安全方面的重大风险。在互联网时代人们似乎是觉得自己的隐私受到了威胁,而移动互联网与大数据时代无疑加深了这种威胁。大数据时代,数据被奉为一切服务的起点与终点。人们似乎生活在一个 360 度无死角监控的环境里,周边仿佛有千万双眼睛在盯着你,以全景式方式洞察着你,同时又有从四面八方涌来的信息将你完全淹没其中。鉴于互联网公司频发的、由于对个人数据的不正当使用而导致的隐私安全问题,欧盟制定了"史上最严格的"数据安全管理法规——《通用数据保护条例》(General Data Protection Regulation,GDPR),并于 2018 年 5 月 25 日正式生效。《通用数据保护条例》生效后,Facebook 和谷歌等互联网企业即被指控强迫用户同意共享个人数据而面临巨额罚款,并被推上舆论的风口浪尖。

对于置身其中的用户而言,他们一方面渴望大数据时代,给自己带来更为贴心便捷的服务,另一方面又时刻担忧着自己的隐私安全遭受侵犯。大数据的信息窃取手段更加隐蔽和多元化加剧了安全与隐私风险。不法分子从大量的公开数据中通过数据关联手段可以获取相关个体的隐性数据,从而导致个人的隐私泄露。

对于政府管理部门而言,政府一方面已经意识到数据保护和隐私保护方面的制度不完善的问题,并开始不断强调个人信息和隐私保护的重要性,另一方面似乎仍然没有从传统社会的治理方式与管控思维中解脱出来,制度上的滞后带来的不仅是灰色地带,还有风险。

大数据时代,这在本质上,就是一场商家与商家之间、用户与商家之间、政府与商家之间的隐私之战。对于商家来说,谁更靠近用户的隐私,谁就占据更多的机会;于用户而言,保护隐私,似乎从一开始就是个伪命题;于政府而言,安全与发展似乎总是难以抉择。

大数据与隐私之间的关系,如何进行平衡,如何把握尺度,这已成为各国立法、司法和执法部门面临的共同难题,当然也是企业不得不思考的问题。

本 章 小 结

本章主要介绍大数据应用领域分类和大数据安全风险。

思 考 题

1. 大数据可以应用在哪些领域?
2. 大数据安全风险有哪些?

第4章 SPSS 基础知识

 学习目标 ——————————————————————————————————

> 了解 SPSS 软件的特点和界面。
> 掌握变量定义、数据的编辑及导入。

———————————————————————————————————————

SPSS 的全称是 Statistical Program For Social Sciences,即社会科学统计程序。该软件是公认的最优秀的统计分析软件包之一。SPSS 最突出的特点是采用图形菜单驱动界面,展示各种管理和分析数据方法的功能,对话框展示出各种功能选择项,操作界面友好,输出结果美观漂亮。用户只需掌握一定的 Windows 操作技能,精通统计分析原理,就可以使用该软件为特定的科研工作服务。

4.1 SPSS 软件的特点

SPSS 的基本功能包括数据管理、统计分析、图表分析、输出管理等。SPSS 统计分析过程包括描述性统计、均值比较、一般线性模型、相关分析、回归分析、对数线性模型、聚类分析、生存分析、时间序列分析等几大类,每类中又分好几个统计过程,如回归分析中又分线性回归分析、加权估计、两阶段最小二乘法、非线性回归、曲线估计、Logistic 回归、Probit 回归等多个统计过程,而且每个过程中又允许用户选择不同的方法及参数。SPSS 也有专门的绘图系统,可以根据数据绘制各种图形。本书以 SPSS For Windows 22 为蓝本,以金融和财务领域的相关资料为例子,简单明了地介绍它的具体使用方法。

4.2 SPSS 的界面初识

4.2.1 认知 SPSS 主窗口

SPSS 主窗口如图 4-1 所示。

4.2.2 SPSS 的菜单

菜单栏共有 11 个选项,常用的有以下 9 个选项:
文件(File):文件管理菜单,有关文件的新建、调入读取、存储、显示和打印等。
编辑(Edit):编辑菜单,有关文本内容的选择、拷贝、剪贴、清除、寻找和替换等。

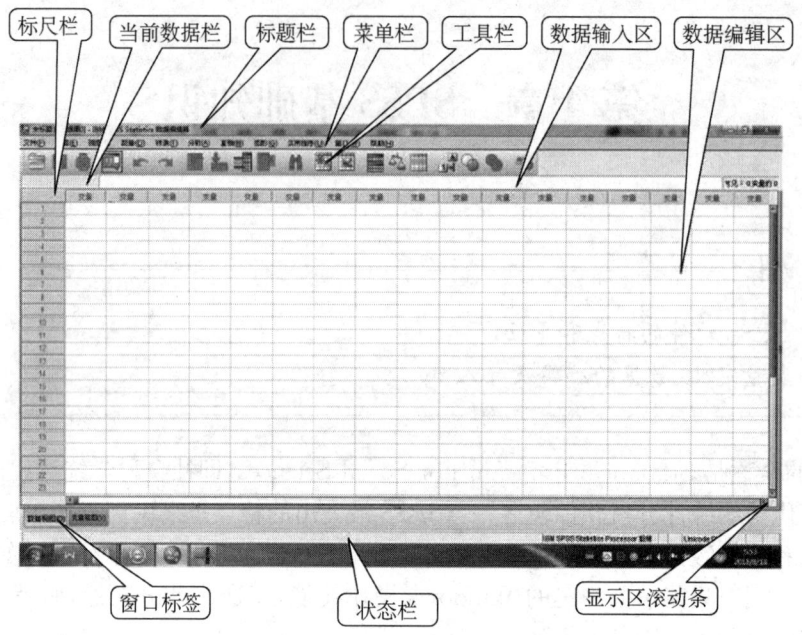

图 4-1 SPSS 主窗口

视图（View）：显示菜单，有关状况栏、工具条、网格线是否显示，数据显示的字体类型、大小等设置以及定制变量视图等。

数据（Data）：数据管理菜单，有关数据变量定义、数据格式选定、观察对象的选择、排序、加权、数据文件的转换、连接、重组、拆分、汇总等。

转换（Transform）：数据转换处理菜单，有关数值的计算、重新赋值、缺失值替代等。

分析（Statistics）：统计菜单，有关描述统计及一系列统计方法的应用。

图形（Graphs）：作图菜单，有关各种统计图的制作。

实用程序（Utilities）：用户选项菜单，有关命令解释、字体选择、文件信息、定义输出标题、窗口设计等。

帮助（Help）：求助菜单，有关帮助文件的调用、查寻、显示等。

当点击菜单选项时，将会弹出下拉式子菜单，用户可根据自己的需求再点击子菜单的选项，即可完成特定的功能。

4.3 定义变量

变量视图（Variable View）如图 4-2 所示，每一行描述一个变量，依次是：

变量（Name）：变量名。它可以用英文字母、数字和下划线给变量命名，也可用中文命名，但是不推荐使用中文作为变量名。

变量（Type）：变量类型。总共有"Numeric"数值型、"Comma"逗号型、"String"字符串型等八种类型供选择，最常用的是 Numeric 数值型变量。需要特别说明的是，字符串型变量不能用

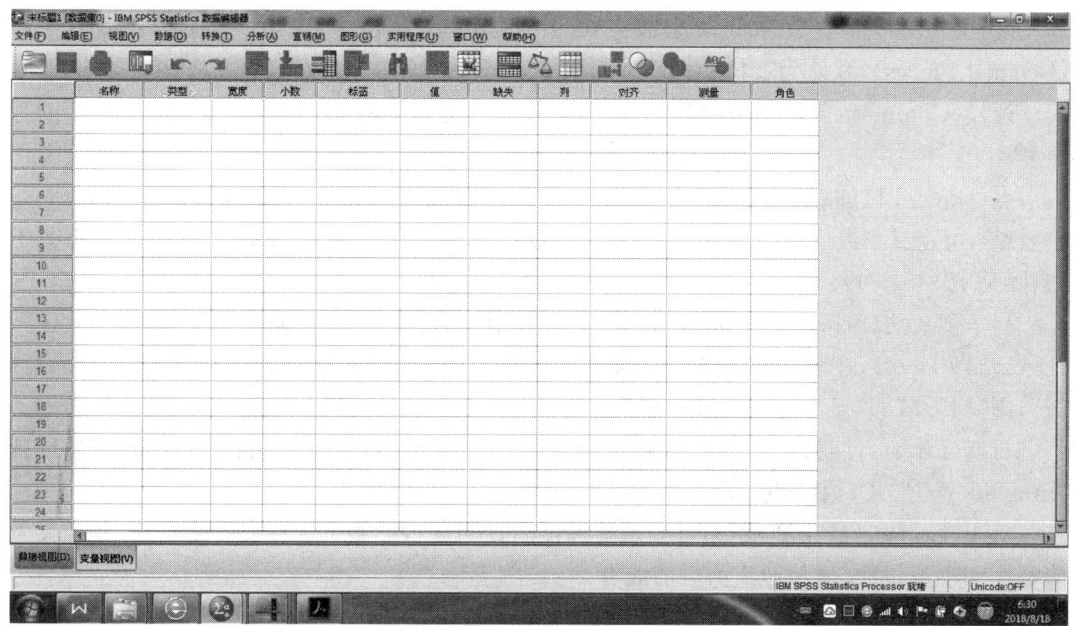

图 4-2　变量视图

SPSS 进行分析,只能起案例名称标注的作用,因此要分析的变量都要转化为数值型变量。

宽度(Width):变量所占的宽度。

小数(Decimals):小数点后位数。

标签(Label):变量标签。关于变量含义的详细说明。变量名标签的作用非常巨大,因为变量名标签和变量是绑定显示的,在变量分析和显示分析结果时可以一目了然了解变量的含义,所以要养成给变量添加变量名标签的习惯。

值(Values):变量值标签。关于变量各个取值的含义说明。对于分类变量和定序变量,一般只能取有限的几个值,必须要对其进行编码才能用于 SPSS 分析,这可以通过编制变量值标签来实现,还可以说明每个取值代表什么含义。

缺失(Missing):缺失值的处理方式。

列(Columns):变量在 Date View 中所显示的列宽(默认列宽为 8)。

对齐(Align):数据对齐格式(默认为右对齐)。

测量(Measure):数据的测度方式(默认为等间距尺度)。

角色(Role):某些对话框支持可用于预先选择分析变量的预定义角色。当打开其中一个对话框时,满足角色要求的变量将自动显示在目标列表中。

(1)变量类型定义(见图 4-3)。

数值(Numeric):数值型,同时定义数值

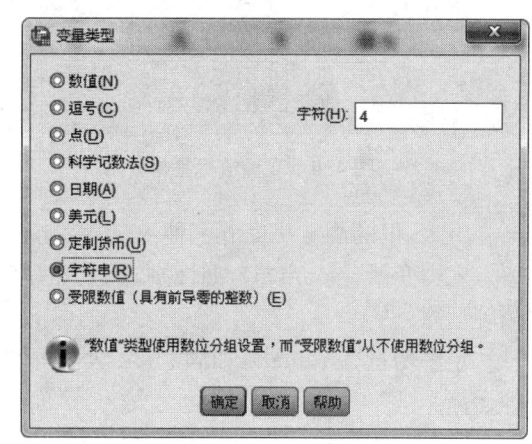

图 4-3　变量类型定义框

的宽度(Width),即整数部分＋小数点＋小数部分的位数,默认为 8 位;定义小数位数(Decimal Places),默认为 2 位。

逗号(Comma):加显逗号的数值型,即整数部分每 3 位数加一逗号,其余定义方式同数值型。

点(Dot):3 位加点数值型,无论数值大小,均以整数形式显示,每 3 位加一小点(但不是小数点),可定义小数位置,但都显示 0,且小数点用逗号表示。如"1.2345"显示为"12.345,00"(实际是 12345E-4)。

科学记数法(Scientific Notation):科学记数型,同时定义数值宽度(Width)和小数位数(Decimal Places),在数据管理窗口中以指数形式显示。如定义数值宽度为"9",小数位数为"2",则"345.6785"显示为"3.46E＋02"。

日期(Date):日期型,用户可从系统提供的日期显示形式中选择自己需要的。如选择"mm/dd/yy"形式,则"1995 年 6 月 25"日显示为"06/25/95"。

美元(Dollar):货币型,用户可从系统提供的日期显示形式中选择自己需要的,并定义数值宽度和小数位数,显示形式为数值前有 $。

定制货币(Custom Currency):常用型,显示为整数部分每 3 位加一逗号,用户可定义数值宽度和小数位数。如"12345.678"显示为"12,345.678"。

字符(String):字符型,用户可定义字符长度(Characters)以便输入字符。

受限数值(Restricted Numeric):具有前导零的整数。

(2)变量值标签。

可以类似 Excel 数据的下拉菜单选择,并且可以由数字代替具体的值,实例如下:

在数据视图(见图 4-4)的变量中输入"1"则显示男,输入"2"则显示女。

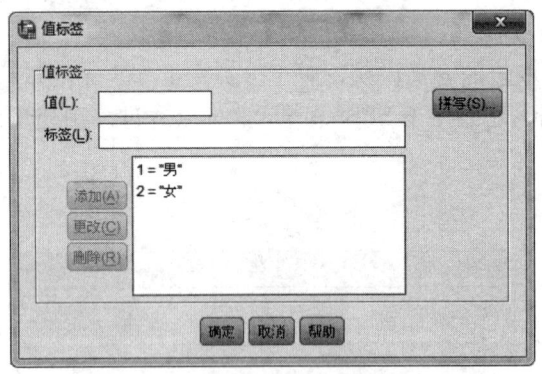

图 4-4　变量值标签框

(3)变量度量标准。

名义变量是对数据进行分类得到的变量,如按性别分为"男""女",按年龄分为"老""中""青"。

有序变量是对数据进行排序得到的变量,如按成绩先后分为"第一""第二""第三""第四"等。

度量变量是对数据经过按标准测量,或使用工具测量后得到的数据,有绝对零点的数据如长度、重量等;有相对零点的数据如温度、成绩、智商等。

SPSS 里的测量尺度分三种:

定类变量(Nominal),如性别、职业等,只能区分类别,不能比较大小,变量值不能进行加减等运算。

定序变量(Ordinal),如满意度、学历等,具有分类和排序功能,但是仍然不能进行加减等运算。

定距定比变量(Scale),SPSS 里不加区分,如温度、年薪、身高、视力等,具有相应的加减运算等功能。

（4）角色。

输入（Input）：变量将用作输入（如"预测变量""自变量"）。

目标（Target）：变量将用作输出或目标（如"因变量"）。

两者（Both）：变量将同时用作输入和输出。

无（None）：变量没有角色分配。

分区（Partition）：变量将用于将数据划分为单独的训练、检验和验证样本。

拆分（Split）：包括以便与 IBM® SPSS® Modeler 相互兼容。具有此角色的变量不会在 IBM SPSS Statistics 中用作拆分文件变量。

4.4　数据的编辑

4.4.1　SPSS 数据文件的合并

SPSS 的文件合并分为纵向合并和横向合并，因为纵向合并是在已有数据的下面增加案例，所以称为添加案例"Add Cases"，同理，横向合并是在已有数据的右边增加变量，因此称为添加变量"Add Variables"。到底采用横向合并还是纵向合并是根据待合并文件的结构和数据录入的分工来决定的。无论是纵向合并还是横向合并，都有一个如何对齐的问题，我们先来介绍纵向合并，既然是纵向增加案例，当然是按照变量对齐，按照如下操作：

Step1：打开第一个数据"4-4-1.sav"。

Step2：选择【数据】（Data）菜单→【合并文件】（Merge Files）菜单→【增加个案】（Add Cases）菜单。

出现如图 4-5 所示的对话框，该对话框是询问待合并文件是已打开的文件还是磁盘上存储的文件，选择已打开的文件可以在已打开文件列表中直接选取，选择磁盘文件必须指定路径，由于本例中数据 4-4-2.Sav 已经打开，故直接选取，如果没有打开，请从第二个选项中指定路径。

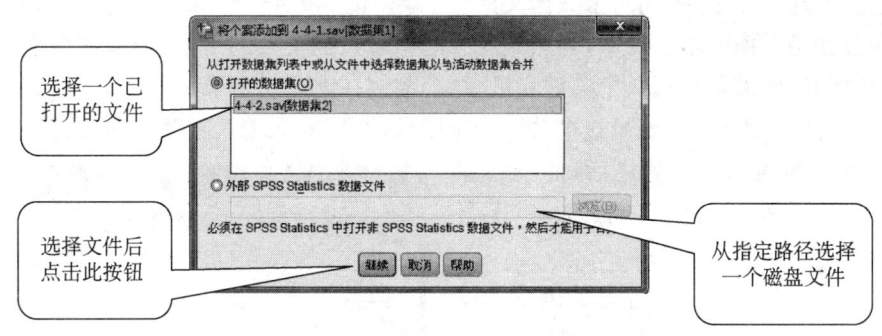

图 4-5　纵向合并文件选项

Step3：选择文件，点击【继续】（Continue）按钮。

出现如图 4-6 所示的对话框，左边框中是为配对的变量，分别来自两个文件，来自当前文件变量名后有"＊"，来自打开或者磁盘文件的变量名后有"＋"，右边框中是文件合并后的变量，我们通过中间两个按钮将变量从左边选到右边，可以选择两个文件中意义相同的变

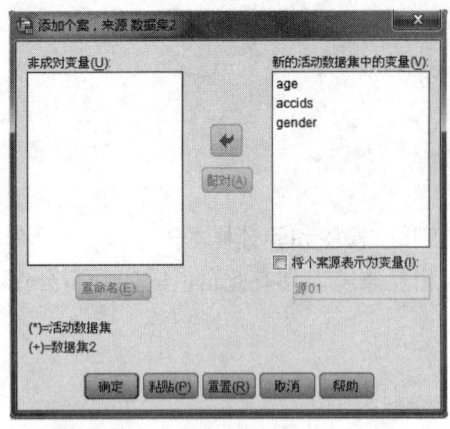

图 4-6 纵向合并文件选项对话框

量，点击【配对】(Pair)按钮配对生成右边一个变量，表示这两个变量的值对齐生成合并文件的一个变量，也可以直接选择一个变量，不经过配对，直接点击箭头按钮进入合并后文件，此时由于没有变量与之对齐，将会在相应位置出现缺省值；还可勾选来源复选框，将在合并后的文件中新生成一个变量用来记录案例是来自哪个文件。

对于两个文件中变量名相同的变量，SPSS 会自动配对，比如本例就是自动配对的；当然名字不同也可以配对，例如第一个文件中性别变量名是"Gender"，第二个文件中是"Sex"，选择两个变量点"Pair"，右边会生成一个新变量"Gender&Sex，&"前面是第一个文件中的变量名，"&"后面是第二个文件中的变量名；可以通过"Rename"按钮将第二个文件的变量名改为"Gender"，那么点配对以后，右边框中只会出现"Gender"这个变量名了。关于缺省值，如果变量来自第一个文件，那第二个文件没有变量与之对齐，所以第二个文件的案例在该变量上是缺省值；反之，第一个文件案例在变量上是缺省值；判断变量有没有配对主要看右边框中变量名后面有没有跟着" * "或者"+"。

Step4：选项选择完成后，点击【确定】(OK)按钮，完成文件的纵向合并。

由于本例题中所有意义相同的变量的名称都一样，因此变量自动配对对齐，纵向合并的操作非常简单，这从一个方面说明预先定义变量结构的方便性。

下面介绍横向合并，比如已有许多变量数据了，后来需要补充输入几个变量，此时可以将要补充的数据形成一个新的文件，再运用横向合并添加到已有文件中，这种情况在市场补充调查中有一些应用。

我们先不管基于什么原因，我们的输入工作确实是按照变量分工的，各录入员分别录入数据得到了各自的文件，比如本例中，一个输入员输入性别和年龄变量，另一个输入员输入交通事故次数这个变量，得到两个数据文件"4-4-3.sav"和"4-4-4.sav"，下面将两文件合并。

横向合并是在横向增加变量，当然其对齐的标志只能是案例了，必须清楚每个变量值添加到哪个案例后面需要建立一个关键变量，每个案例在此变量上取值都不同，关键变量通常是编号(ID)，两个文件都有编号这个关键变量以后，我们就知道 5 号案例的交通事故次数要加在 5 号案例的性别和年龄之后，而不会加在 2 号案例的后面，这样就实现了对齐，不会出错了。

当保证两个数据文件中都有关键变量以后，就可以进行横向合并了，其操作如下：

Step1：打开第一个文件"4-4-3.sav"。

Step2：选择【数据】(Data)菜单→【合并文件】(Merge Files)菜单→【添加变量】(Add Variables)菜单。

出现如图 4-7 所示的对话框，设置基本

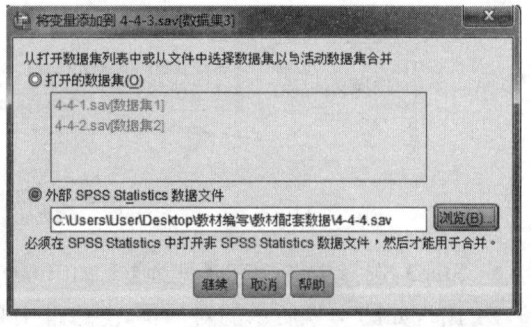

图 4-7 合并文件选项

相同,此处是选择磁盘文件"4-4-4.sav"而不是已打开文件。

Step3:选择文件,点击【继续】(Continue)按钮,出现如图 4-8 所示的对话框。

对于此选项框,按照图上标示,将关键变量"编号(ID)"选入关键变量(Key Variable)框中,并确定案例是按此变量升序排列,右边的新的活动数据集(New Active Dataset)框中是合并后新文件中将出现的变量,左边的已排除的变量(Excluded Variables)框中是剔除的变量,将不会出现在新文件中,选中一个变量,点击中间箭头按钮,就可

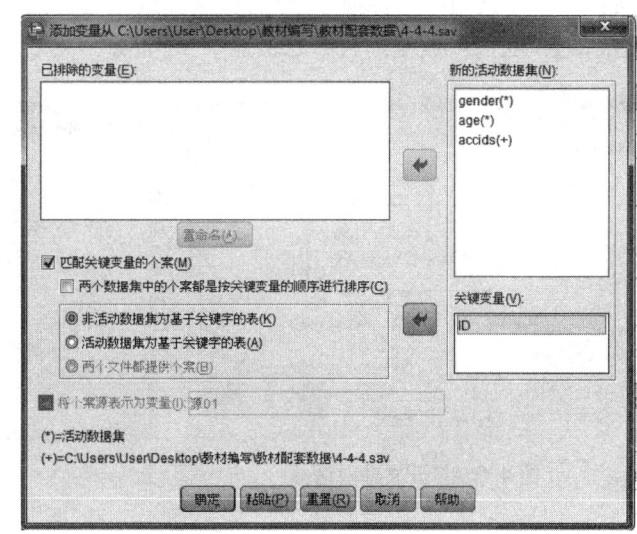

图 4-8　横向合并选项框

以将变量从一个框移到另一个框,这样就可以决定新文件中将出现哪些变量了,例如,本例中,新文件中将会有性别、年龄和交通事故次数,当然,还有关键变量"编号"。

Step4:选项选择完成后,点击【确定】(OK)按钮,完成文件的横向合并。

现在我们已经能够建立 SPSS 数据文件的变量结构,并通过键盘输入数据了,如果输入工作量太大,还可以进行分工后运用文件合并功能高效地生成文件;但是在数据分析中,数据用 SPSS 格式保存的太少了,接下来的一节将介绍如何利用 SPSS 将已有的其他格式文件转化为 SPSS 格式。

4.5　导入数据

SPSS 具有良好的兼容性。SPSS 不仅可以自己建立数据文件,还可以将其他应用程序生成的数据文件转化为 SPSS 的数据文件。由于数据文件主要以三种形式存储:应用软件数据文件形式、数据库文件形式还有文本形式,下面我们就分小节对这三种形式的文件分别说明。

4.5.1　从电子表格文件中读入数据

【例 4-1】"GDP 增长数据.xls"(见第 4 章例题、思考题数据二维码)记录了各省 GDP 增长数据,要求把它转化为 SPSS 数据文件。

SPSS 直接打开电子表格文件的过程可以归纳为三步:

Step1:选择【文件】(File)菜单→【打开】(Open)菜单→【数据】(Data)。

打开电子表格文件,或者直接点击快捷按钮📂,进入如图 4-9 所示的打开文件对话框,按照图上显示,点击打开类型下拉菜单,选择 Excel 文件类型,电子表格文件"GDP 增长数据.xls"将会出现,再选中此文件,点【打开】(Open),出现如图 4-10 所示的对话框,该对话框

询问是否要从第一行读取变量名，以及读取变量的范围，点击复选框，其他选项用默认值，点【确认】(OK)，将数据读入 SPSS。

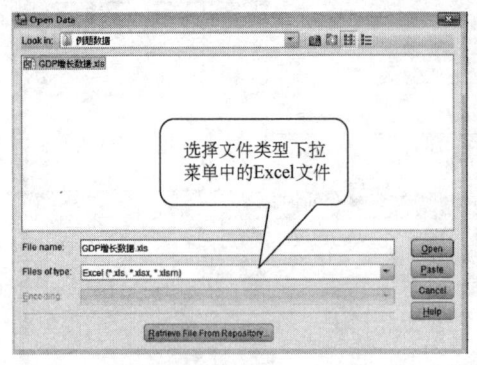

图 4-9　打开文件对话框

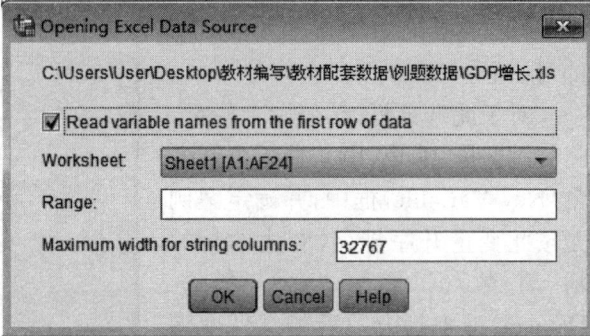

图 4-10　读取变量对话框

Step2：处理缺失值(如果出现缺失值)或者字符变量的值。

数据读入以后，我们看到变量已经有变量名了，但变量名是用中文，可以用拼音重新定义，但第一列地区应改为年份(age)。地区变量取值是字符型，类别应改为数据，将该变量转化为数值型。

Step3：定义变量结构。

重新定义变量后，用中文为每个变量添加变量名标签，其他变量可类似操作，变量结构如图 4-11 所示。

	名称	类型	宽度	小数	标签	值	缺失	列	对齐	测量	角色
1	age	数值	11	0	年份	无	无	11	右	度量	输入
2	beijin	数值	11	1	北京市	无	无	11	右	度量	输入
3	天津市	数值	11	1		无	无	11	右	度量	输入
4	河北省	数值	11	1		无	无	11	右	度量	输入
5	山西省	数值	11	2		无	无	11	右	度量	输入
6	内蒙古自治区	数值	11	2		无	无	11	右	度量	输入
7	辽宁省	数值	11	1		无	无	11	右	度量	输入
8	吉林省	数值	11	2		无	无	11	右	度量	输入
9	黑龙江省	数值	11	1		无	无	11	右	度量	输入
10	上海市	数值	11	1		无	无	11	右	度量	输入
11	江苏省	数值	11	2		无	无	11	右	度量	输入
12	浙江省	数值	11	2		无	无	11	右	度量	输入
13	安徽省	数值	11	2		无	无	11	右	度量	输入
14	福建省	数值	11	2		无	无	11	右	度量	输入
15	江西省	数值	11	1		无	无	11	右	度量	输入
16	山东省	数值	11	2		无	无	11	右	度量	输入
17	河南省	数值	11	2		无	无	11	右	度量	输入
18	湖北省	数值	11	1		无	无	11	右	度量	输入
19	湖南省	数值	11	1		无	无	11	右	度量	输入
20	广东省	数值	11	2		无	无	11	右	度量	输入
21	广西壮族自...	数值	11	2		无	无	11	右	度量	输入
22	海南省	数值	11	2		无	无	11	右	度量	输入
23	重庆市	数值	11	1		无	无	11	右	度量	输入
24	四川省	数值	11	2		无	无	11	右	度量	输入

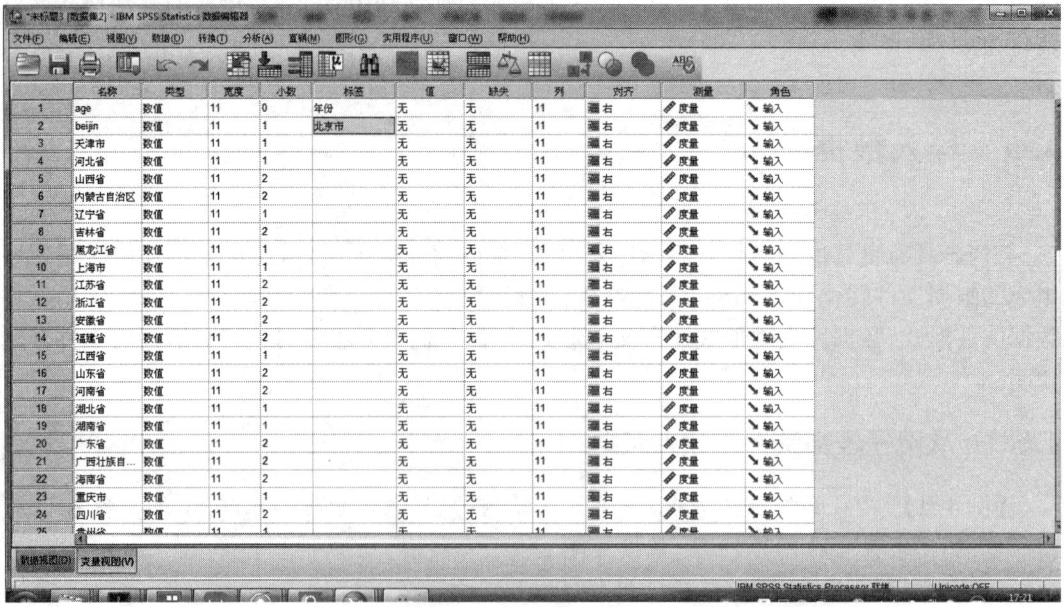

图 4-11　变量结构示例图

这样，数据就导入完毕，可以将数据保存为 SPSS 数据文件“GDP 增长数据.sav”(见第 4 章例题、思考题数据二维码)。

SPSS 从其他的应用软件(如 STATA、SAS)中读取文件操作类似,这里就不再赘述了,留作读者练习。

4.5.2　从数据库文件中读入数据

【例 4-2】　"指数.dbf"(见第 4 章例题、思考题数据二维码)记录了 2007 年 7 月至 2009 年 6 月全国经济一致指数和部分企业家信心指数,请将其读入 SPSS 中并定义变量结构。

从数据库文件中读取数据类似于从电子表格中读取数据,大体也分为三步:

Step1:选择【文件】(File)菜单→【打开】(Open)菜单→【数据】(Data)。

出现如图 4-9 所示的打开文件对话框,点击打开类型下拉菜单,选择数据库格式".dbf",选择文件"指数.dbf"点【确定】(OK)按钮,将数据读入 SPSS。

Step2:对数据集文件进行必要的修改。

如图 4-12 可以看到,读入的数据不很规范,因此需要对数据文件进行整理,将中文变量名改成英文,去掉多余的变量"D_R",将变量名"n1"改为"yearmon",表示年月,对数据也进行整理,去掉第一个无效案例。

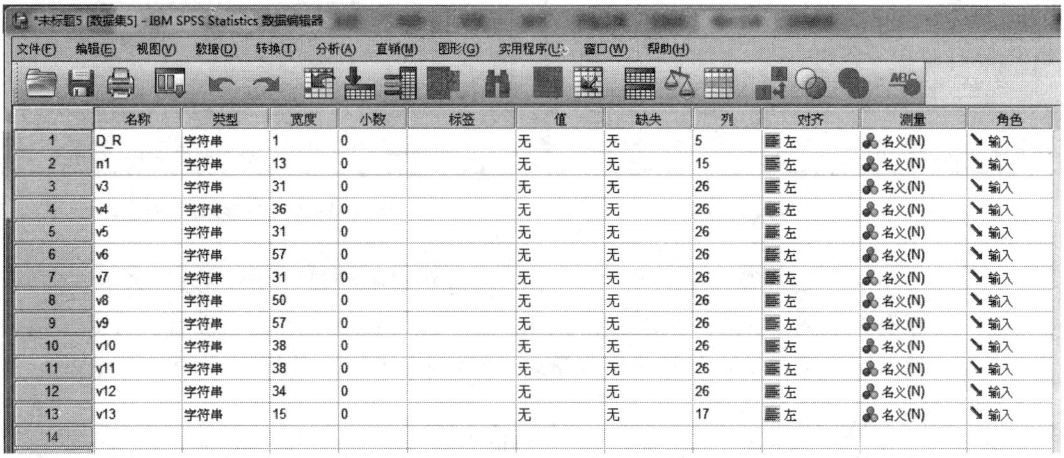

	名称	类型	宽度	小数	标签	值	缺失	列	对齐	测量	角色
1	D_R	字符串	1	0		无	无	5	左	名义(N)	输入
2	n1	字符串	13	0		无	无	15	左	名义(N)	输入
3	v3	字符串	31	0		无	无	26	左	名义(N)	输入
4	v4	字符串	36	0		无	无	26	左	名义(N)	输入
5	v5	字符串	31	0		无	无	26	左	名义(N)	输入
6	v6	字符串	57	0		无	无	26	左	名义(N)	输入
7	v7	字符串	31	0		无	无	26	左	名义(N)	输入
8	v8	字符串	50	0		无	无	26	左	名义(N)	输入
9	v9	字符串	57	0		无	无	26	左	名义(N)	输入
10	v10	字符串	38	0		无	无	26	左	名义(N)	输入
11	v11	字符串	38	0		无	无	26	左	名义(N)	输入
12	v12	字符串	34	0		无	无	26	左	名义(N)	输入
13	v13	字符串	15	0		无	无	17	左	名义(N)	输入
14											

图 4-12　数据库文件的读入数据结构

Step3:定义变量结构。

除"yearmon"保持不变,其余变量全部转化成数值型,变量长度指定为 8,同时添加变量名标签,将变量显示宽度调整为 8,变量尺度也全部变成"Scale"。修改好的数据文件保存为"SPSS 文件指数.sav"(见第 4 章例题、思考题数据二维码)。

4.5.3　从文本文件中读入数据

SPSS 能够导入两种格式的文本文件,分别是后缀名为".txt"和".dat"的文件,从文本文件向 SPSS 导入数据相对比较复杂,我们用例子一步步讲解数据导入的过程。

【例 4-3】　"个人信息.txt"(见第 4 章例题、思考题数据二维码)记录了一些个人信息数据,请将其读入 SPSS 中形成数据文件。

Step1：选择【文件】(File)菜单→【打开文本数据】(Read Text Data)菜单。

进入如图4-9所示的打开文件对话框,然后在文件类型下拉菜单中选择"txt",在文件列表中选中"个人信息.txt"文件,点击"Open",进入文本文件向导。

Step2：完成文本导入设置。

在图4-13的中,主要询问是否已有一个导入模式用于导入文本,由于没有模式,所以选"No",点击"Next"进入图4-14文本导入对话框2。

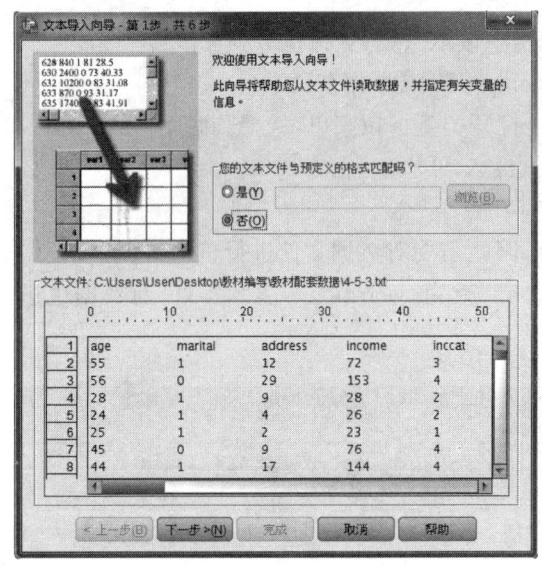

图4-13　文本导入对话框1　　　　　　　图4-14　文本导入对话框2

在图4-14中,主要涉及两个问题:第一个问题是文本中变量的组织形式,第一选项"由分隔符将变量分开",第二选项"变量被指定固定宽度",只有在变量数据没有分开时才选第二选项。第二个问题是第一行是否是变量名,通过观察下面的数据内容,可以确定第一行是变量名,因此,此题选"Yes"。

进入图4-15,主要涉及三个问题:第一个问题是数据从哪一行开始,如果前面选了第一行是变量名,数据就从第二行开始,此处用默认值就可以;第二个问题是案例是如何安排的?选项1"每一行表示一个个案"适用于案例分行放置的数据,选项2"变量的特定编号表示一个个案X",其中X在后面的框中选择,适用于案例不分行连续放置的数据;第三个问题是读取案例的数目,选项1"全部个案",选项2"前X个个案",选项3"个案的随机百分比(近似值)X%",在本例中,数据按行放置,要全部读取,因此问题二和问题三都选选项1。

进入图4-16前选择变量之间的分隔符,分隔符有跳格、空格、逗号、分号和自定义符号,可以复选,分割符选择正确以后下方的数据会自动分开对齐变量,如果没有分开对齐变量,说明分隔符没选对。

后面还有一些对话框,都不重要了,直接一直点"Next",然后点"Finish"完成文件读取。

Step3：定义变量结构。

最后定义变量结构,指定变量类型,添加必要的变量名标签和变量值标签,数据文件建立过程结束将文件保存成SPSS数据文件"个人信息.sav"(见第4章例题、思考题数据二维码)。

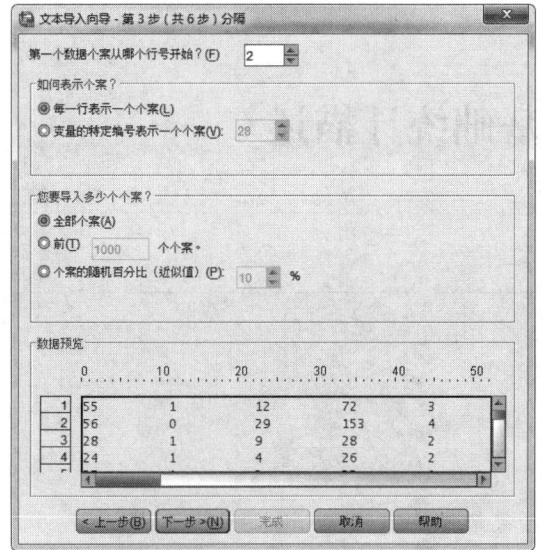

图 4-15   文本导入对话框 3   图 4-16   文本导入对话框 4

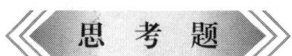

本 章 小 结

本章主要介绍 SPSS 软件的特点、界面、变量定义、数据的编辑及导入。

思 考 题

1. SPSS 里的测量尺度有哪几种?

2. 打开文件"MBA 录取情况.sav",练习增加一个案例,删除一个案例,增加一个变量、删除一个变量,以及案例和变量的复制、粘贴的操作。

3. 将一个电子表格文件"股市数据.xls"转化为 SPSS 数据文件。

4. 将"年薪影响因素.dbf"的数据库文件读入 SPSS 中并定义变量结构。

5. 将"股民调查数据.txt"的文件读入 SPSS 中并形成数据文件。

第 4 章例题、思考题数据

第5章　SPSS基础统计描述

 **学习目标**

➢ 掌握变量的类型和数据分布特征。

➢ 掌握常用的集中量数和差异量数。

➢ 掌握频率分析的 SPSS 操作及结果解释。

➢ 掌握描述分析的 SPSS 操作及结果解释。

➢ 掌握探索和交叉表分析的 SPSS 操作及结果解释。

SPSS 基础统计描述是进行统计分析的基础和前提。使用一些数学统计量来直观地描述原始数据的集中程度、离散状况和分布情况,之后就可以对数据的总体特征进行较为准确的归纳,从而便于选择合适的统计分析方法。基础统计描述主要包括数据描述、频数分析、探索分析、交叉列联表分析、$P\text{-}P$ 图、$Q\text{-}Q$ 图等,下面将具体介绍。

5.1　数理统计量概述

SPSS 在描述性统计分析中,提供了多个统计量来描述数据特征,这些统计量包括均值、中位数、众数、方差、标准差、四分位数、十分位数、百分位数、峰度系数、偏度系数等。在进行描述性统计分析之前,首先要对这些统计量在统计学上的定义及其计算公式有所了解。

5.1.1　均值和均值标准误差

均值(Mean)表示的是某个变量所有取值的集中趋势或平均水平。例如,某班学生数学考试的平均成绩、某高校学生平均购物开销、公司员工的平均收入等。

平均数有总体平均数和样本平均数之分。

总体平均数:设一组数据为 x_1, x_2, $\cdots$, x_N 代表一个大小为 N 的有限总体,则其总体平均数计算公式为:

$$\bar{x} = \frac{x_1 + x_2 + \cdots + x_N}{N} = \frac{\sum_{i=1}^{N} x_i}{N} \tag{5-1}$$

样本平均数:若一组数据为 x_1, x_2, $\cdots$, x_n 代表一个大小为 N 的有限样本,则其样本平均数为:

$$\bar{x} = \frac{x_1 + x_2 + \cdots + x_n}{n} = \frac{\sum_{i=1}^{n} x_i}{n} \tag{5-2}$$

样本是从总体中抽取出来的,一般而言,每次抽样中得到的样本数据是不同的。虽然在一定程度上,样本数据可以反映总体数据的特征,但由于抽样等原因,样本数据是一份反映总体数据的随机变量。同样,虽然样本均值可以反映总体数据的特征,但在每次抽样中所得的样本均值一般是不同的,并且它们与总体均值间存在差异。

均值标准误差(Standard Error of Mean,S.E. Mean,简称标准误)就是描述这些样本均值与总体均值之间平均差异程度的统计量。

5.1.2　中位数

中位数(Median)是将数据按大小顺序排列起来,形成一个数列,居于数列中间位置的那个数据就是中位数。中位数用 M_e 表示。从中位数的定义可知,所研究的数据中有一半小于中位数,一半大于中位数。中位数的作用与算术平均数相近,也是作为所研究数据的代表值。在一个正态分布数列或等差数列中,中位数就等于算术平均数。中位数的确定取决于它在数列中的位置,不受极端值的影响,因此可以用它表示总体的一般水平。因此,在稳定性方面,中位数比算术平均数更稳定。

中位数的计算。对于未分组的原始资料,首先将标志值按大小排序。设排序的结果为:

$$x_1 \leqslant x_2 \leqslant x_3 \leqslant \cdots \leqslant x_n$$

则中位数就可以按下面的方式确定:

$$M_e = \begin{cases} x_{\frac{n+1}{2}} & (n \text{ 为奇数}) \\ \frac{1}{2}\left(x_{\frac{n}{2}} + x_{\frac{n}{2}+1}\right) & (n \text{ 为偶数}) \end{cases} \tag{5-3}$$

5.1.3　众数

众数(Mode)是指总体数据中出现次数最多的变量,用 Mode 表示。它同样不受数据极端值的影响,一定程度上提高了平均水平的代表性。如果众数的值出现的频数或频率较大,那么说明众数的代表性就越高,数列的集中趋势也就越显著。一个典型应用的例子就是鞋厂可以根据消费者所需鞋尺码的众数来安排生产。

众数、中位数与算术平均数之间存在一定的关系,这种关系取决于总体分布的状况。当总体分布呈对称的钟形分布时,算术平均数位于分布曲线的对称点上,而该点又是曲线的最高点和中心点,因此,众数、中位数和算术平均数三者相等。

以上的均值、中位数和众数都是反映数据集中趋势的统计量。

5.1.4　全距

全距(Range)又称极差,是数据的最大值(Maximum)与最小值(Minimum)之间的绝对差,借以表明总体标志值最大可能的差异范围。全距越长,说明数据越离散;反之,说明数据越集中。

用符号表示全距的计算公式为：

$$R = X_{\max} - X_{\min} \tag{5-4}$$

全距的缺点在于只考虑总体两端数值的差异，未能考虑中间数值差异的情况，它只是一种粗略测定离散程度的方法。因受极端值的影响，它往往不能充分反映社会经济现象的离散程度。要充分利用每一个数据的信息，就需要利用方差和标准差。

5.1.5　方差和标准差

方差（Variance）和标准差（Standard Deviation）是测度数据变异程度的最重要、最常用的指标。方差是各个数据与其算术平均数的离差平方的平均数，通常以 σ^2 表示。方差的计量单位和量纲不便于从经济意义上进行解释，所以实际统计工作中多用标准差来测度统计数据的差异程度。标准差又称均方差，一般用 σ 表示。

总体方差公式：

$$\sigma^2 = \frac{\sum\limits_{i=1}^{N}(X_i - \bar{X})^2}{N} \tag{5-5}$$

总体标准差公式：

$$\sigma = \sqrt{\frac{\sum\limits_{i=1}^{N}(X_i - \bar{X})^2}{N}} \tag{5-6}$$

样本方差公式：

$$S_{n-1}^2 = \frac{\sum\limits_{i=1}^{n}(x_i - \bar{x})^2}{n-1} \tag{5-7}$$

样本标准差公式：

$$S_{n-1} = \sqrt{\frac{\sum\limits_{i=1}^{n}(x - \bar{x})^2}{n-1}} \tag{5-8}$$

标准差和方差的作用一样，故在此仅介绍标准差。标准差用平方的方法消除了正负号，因而它是最常用、最重要的离散趋势统计量。标准差越小，表示变量值之间的差异越小，各数据距离均值较近，平均数的代表性就越高；反之，表示变量值之间的差异越大，各数据距离均值越远，平均数的代表性就越低。

全距、方差和标准差都是反映数据离散趋势的统计量。

5.1.6　分布形态的描述统计量

偏度（Skewness）是描述数据分布对称性的统计量，偏度计算公式为：

$$Skew = \frac{1}{n-1}\sum_{i=1}^{n}(x_i - \bar{x})^3/S^3 \tag{5-9}$$

峰度(Kurtosis)是描述数据分布陡峭还是平缓的一个统计量,数学定义为:

$$Kurt = \frac{1}{n-1}\sum_{i=1}^{n}(x_i - \bar{x})^4/S^4 - 3 \tag{5-10}$$

若峰度等于 0,说明数据分布陡峭程度和标准正态分布相当;如果峰度大于 0,说明数据分布比标准正态分布更陡峭;如果峰度小于 0,说明数据分布不如标准正态分布陡峭。

四分位数(Quartiles)是将一组数据由小到大(或由大到小)排序后,用 3 个点将全部数据分为 4 等份,与这 3 个点位置上相对应的数值称为四分位数,分别记为 Q1(第一四分位数)、Q2(第二四分位数,即中位数)、Q3(第三四分位数)。其中,Q3 到 Q1 之间的距离的一半又称为四分位差,记为 Q。四分位差越小,说明中间部分的数据越集中;四分位数越大,则意味着中间部分的数据越分散。

十分位数(Deciles)是将一组数据由小到大(或由大到小)排序后,用 9 个点将全部数据分为 10 等份,与这 9 个点位置上相对应的数值称为十分位数,分别记为 D1,D2,…,D9,表示 10%的数据落在 D1 下,20%的数据落在 D2 下……90%的数据落在 D9 下。

百分位数(Percentiles)是将一组数据由小到大(或由大到小)排序后分割为 100 等份,与 99 个分割点位置上相对应的数值称为百分位数,分别记为 P1,P2,…,P99,表示 1%的数据落在 P1 下,2%的数据落在 P2 下……99%的数据落在 P99 下。

通过四分位数、十分位数和百分位数,可以大体看出总体数据在哪个区间内更为集中,也就是说,它们在一定程度上可以反映数据的分布情况。

上面的峰度系数、偏度系数和四分位数、十分位数、百分位数,都是反映数据分布状况的统计量。

5.2　数据描述

虽然现在各种各样先进前沿的统计方法和统计模型不断涌现,但是描述统计在整个统计学中的地位仍然是最重要的。一方面描述统计是使用最广泛的方法;另一方面是因为描述统计是其他统计分析的基础,对于后续的统计分析将起到重要的指导和参考作用。

描述性统计分析是对数据进行基础性的描述。通过得出的数据的平均值(Mean)、和(Sum)、标准差(Std Deviation)、最大值(Max)、最小值(Min)、方差(Variance)、全距(Range)、均值标准误差(S.E. Mean)、峰度(Kurtosis)、偏度(Skewness)等统计量,来估计原始数据的集中程度、离散状况和分布情况。

【例 5-1】　请对"保险人年龄.sav"数据(见第 5 章例题、思考题数据二维码)进行描述性统计分析。

数据描述功能的操作步骤如下:

Step1:打开【分析】(Analyze)菜单,选择【描述统计】(Descriptive Statistics)命令下的【描述】(Descriptives)命令。

如图 5-1 所示,需要提醒的是如果数据文件尚未打开,【分析】(Analyze)菜单下的任一功能都不能使用,SPSS 会弹出一个对话框,如图 5-2 所示,提醒用户打开文件。打开文件后,【分析】(Analyze)菜单下的统计功能才能正常使用。

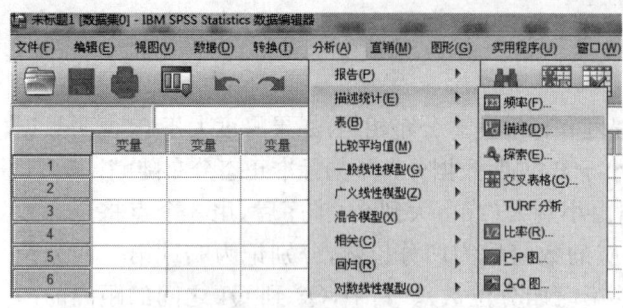

图 5-1 【分析】(Analyze)菜单

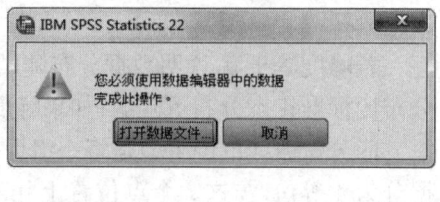

图 5-2 未打开文件提醒对话框

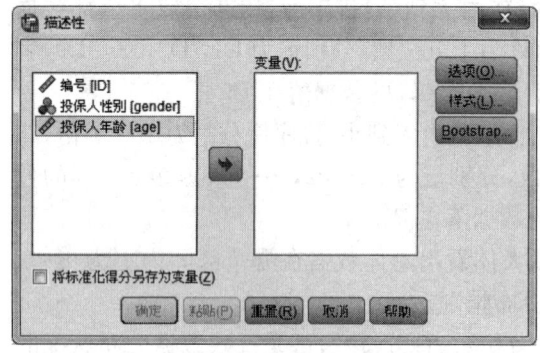

图 5-3 "描述性"主对话框

Step2:选择【描述】(Descriptives)命令后,SPSS 将打开"描述性"(Descriptives)对话框。

进入如图 5-3 所示的主对话框。在该主对话框中,用户可以通过单击 按钮从左边原变量中选择一个或者几个变量进入右边的"变量"[Variable(S)]列表框中。

对话框底部有一个"将标准化得分另存为变量"(Save Standardized Values as Variables)复选框,选择该项,将对"变量"[Variable(S)]列表框中被选中变量的数据进行标准化,然后将标准化的结果保存到新变量中。新变量的变量名为原变量的变量名前面添加字母"Z",并被添加在数据编辑窗口中变量的最后一列。

数据标准化的计算公式为:

$$Z = \frac{x - \mu}{\sigma} \tag{5-11}$$

式中,μ 表示样本数据的均值;σ 表示样本数据的方差。通过标准化,可以将均值为 μ、标准差为 σ 的原变量转化成均值为 0、标准差为 1 的新变量。

"描述性"(Descriptives)主对话框的下端有 5 个按钮,如果还未将左边原变量中的变量添加至"变量"(Variable(S))列表框中,则【确定】(OK)和【粘贴】(Paste)按钮为灰白显示,不可单击,但【重置】(Reset)、【取消】(Cancel)和【帮助】(Help)按钮可以单击。通过单击【重置】(Reset)按钮,用户可以将已进入右框的变量全部转移至左框的变量列表中,重新进行选择。

Step3:单击【选项】(Options)按钮,将打开"描述:选项"(Descriptives:Options)对话框。

进入如图 5-4 所示对话框中,用户可以选择所要统计的统计量和图表输出方式。具体对话框中各选项的意义如下:

（1）在对话框中最上面一行是平均值(Mean)和合计(Sum)。

（2）离散(Dispersion)栏中的统计量包括：标准偏差(Std Deviation)、最小值（Minimum）、方差（Variance）、最大值（Maximum）、范围（极差）(Range)、平均值的标准误差(S. E. Mean)。

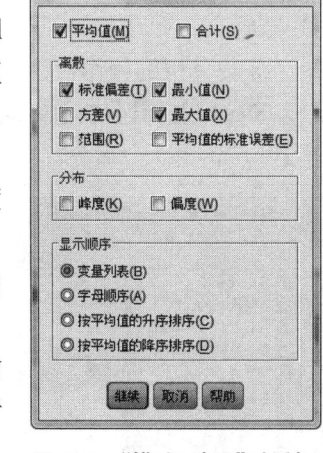

图 5-4　"描述：选项"对话框

（3）分布（Distribution）栏中的统计量包括：峰度(Kurtosis)和偏度(Skewness)。

（4）显示顺序(Display Order)栏中，用户可以自行选择输出变量的排序方式：

变量列表(Variable List)：在结果输出窗口中，用户选择输出的变量将按照变量在数据编辑窗口中原来的排列顺序进行排列。

字母顺序(Alphabetic)：在结果输出窗口中，用户选择输出的变量将按照变量名的字母排列顺序进行排列。

按平均值的升序排序(Ascending Means)：SPSS 将计算每个输出变量的平均值，并按照平均值从小到大对输出变量的顺序进行排列。

按平均值的降序排序(Descending Means)：SPSS 将计算每个输出变量的平均值，并按照平均值从大到小对输出变量的顺序进行排列。

用户可在"选项"(Options)对话框第一行、离散(Dispersion)栏和分布(Distribution)栏中，选中所需统计的统计量(可多项选择)。SPSS 默认的描述统计量包括均值、标准差、最小值、最大值。在"显示顺序"(Display Order)一栏里，用户只可选择一种变量排序方式，SPSS 的默认选项为"变量列表"(Variable List)。

Step4：单击【继续】(Continue)按钮。

返回图 5-3"描述性"(Descriptives)主对话框。

Step5：单击【确定】(OK)按钮。

结果输出窗口中得到描述性统计分析结果输出表格(见表 5-1)。

表 5-1　描述性统计分析

项目	N	最小值	最大值	平均值	标准偏差
投保人年龄	250	22	64	41.79	9.204
有效 N（成列）	250				

5.3　频数分析

频数分析可以了解数据的三个方面的信息：一是数据的集中趋势；二是数据离散程度；三是数据总体分布形态。

通过频数分析，用户不仅得到描述性统计结果，还能了解变量取值的分布情况，即通过频数分析，可以更为清晰、准确地掌握总体数据的分布情况。

【例5-2】 请对"客户满意度.sav"(见第5章例题、思考题数据二维码)调查数据进行频数分析。

频数分析的操作：

Step1：选择【分析】(Analyze)菜单，单击【描述统计】(Descriptive Statistics)命令下的【频率】(Frequencies)命令。

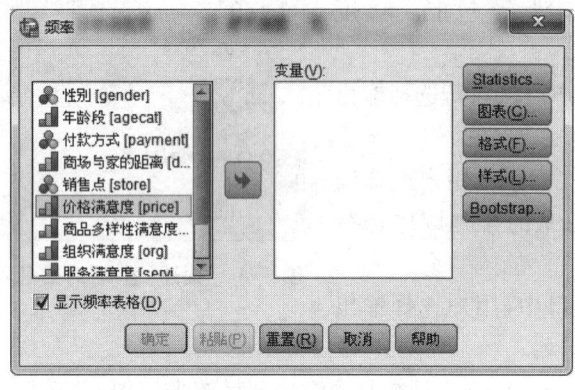

图5-5　"频率"(Frequencies)主对话框

进入如图5-5所示的"频率"(Frequencies)主对话框。

在该主对话框中，同样可以通过单击➡按钮从左边的原变量中选择一个或者几个变量进入右边的"变量"[Variable(S)]列表框中。

对话框底部有一项"显示频率表格"(Display Frequency Tables)复选框，SPSS默认选择此项。选择此项后，输出结果将显示频数分布表，否则只显示直方图，不显示频数分布表。

"频率"主对话框的右方有三个按钮，从上到下依次为【统计量】(Statistics)按钮、【图表】(Charts)按钮和【格式】(Format)按钮。单击可进入对应对话框。

Step1：单击【统计量】按钮。

进入如图5-6所示的"频率：统计量"(Frequencies：Statistics)对话框。

在该对话框中，用户可以选择所要统计的统计量。对话框中各选项的具体意义如下：

（1）百分位值(Percentile Values)栏为复选项，在此栏中可选择多项。

四分位数(Quartile)：在统计学中把所有数值由小到大排列并分成四等份，处于三个分割点位置的数值。

分割点(Cut Points)：选择此项，在后面的文本框中输入数值，假设为 N（N 为在2到100之间的整数），则计算并显示 N 分位数。

百分位数[Percentile(S)]：选择此项，在后面的文本框中输入数值，可以有选择地显示百分位数。在文本框中可以输入0到100之间的数，输入后，单击【添加】(Add)按钮，将对

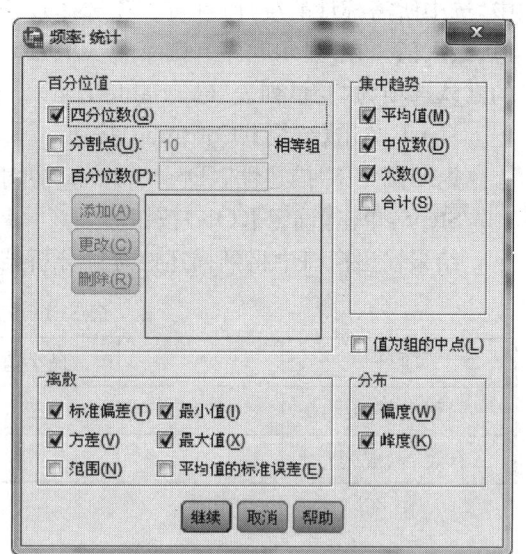

图5-6　"频率：统计量"对话框

应的百分位数添加到方框内的列表框中，利用【更改】(Change)按钮和【删除】(Remove)按钮，可以对列表框中的选项进行修改和删除。

（2）离散(Dispersion)栏(复选项)：标准偏差(Std Deviation)、最小值(Minimum)、方差(Variance)、最大值(Maximum)、范围(极差)(Range)、平均值的标准误差(S.E. Mean)。

（3）集中趋势（Central Tendency）栏（复选项）：平均值（Mean）、中位数（Median）、众数（Mode）、合计（Sum）。

"集中趋势"栏下方有一个"值为组的中点"（Values are Group Midpoints）复选框，如果假设数据已经分组，而且数据取值为初始分组的中点，选择此项，将计算百分位数统计和数据的中位数。

（4）分布栏（Distribution）（复选项）：峰度（Kurtosis）、偏度（Skewness）。

用户在"频率：统计量"对话框中单击选中所要统计的统计量后。

Step2：单击【继续】（Continue）按钮。

返回图 5-5"频率"（Frequencies）主对话框。

Step3：单击【图表】（Charts）按钮。

进入如图 5-7 所示的"频率：图表"（Frequencies：Charts）对话框。

在该对话框中，用户可以选择频数分析的图表类型。该对话框中各选项的具体意义如下：

（1）图表类型（Chart Type）（单选项）：无（None）（系统默认选项）、条形图（Bar Charts）、饼形图（Pie Charts）、直方图（Histograms）。

（2）图表值（Chart Values）（单选项组）：分类值的表现形式。

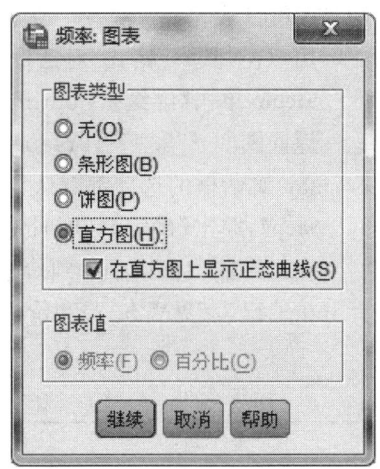

图 5-7　"频率：图表"对话框

频率（Frequencies）：如果图表类型是直方图，则直方图的纵轴为频数；如果图表类型是饼形图，则饼形图中每块表示属于该组观测值的频数。

百分比（Percentage）：如果图表类型是直方图，则直方图的纵轴为百分比；如果图表类型是饼形图，则饼形图中每块表示该组的观测量数占总数的百分比。

用户在"频率：图表"对话框中选择图表类型和图表分类值后。

Step4：单击【继续】（Continue）按钮。

返回图 5-5"频率"（Frequencies）主对话框。

Step5：单击【格式】（Format）按钮。

进入如图 5-8 所示的"频率：格式"（Frequencies：Format）对话框。

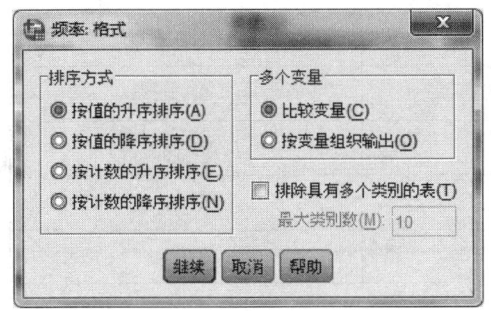

图 5-8　"频率：格式"对话框

在该对话框中，用户可以设置频率分布表的输出格式。

（1）排序方式（Order by）栏：用户可以选择频数分布表中数值及其对应频率的排列顺序。

按值的升序排序（Ascending Values）：系统默认选项，频数分布表中将按照数值从小到大排列。

按值的降序排序（Descending Values）：频数分布表中将按照数值从大到小排列。

按计数的升序排序（Ascending Counts）：频

数分布表中将按照计数从小到大排列。

按计数的降序排序（Descending Counts）：频数分布表中将按照计数从大到小排列。

如果用户在"频率：图表"对话框中选择输出直方图，频数分布表将按照数值顺序排列。

（2）多个变量（Multiple Variables）栏：当"频率（Frequencies）"主对话框的"变量"[Variable(S)]列表框中有多个变量时，利用"多个变量"栏可以设置表格的显示方式。

比较变量（Compare Variables）：系统默认选项，SPSS将所有变量的描述统计的结果显示在同一张表格中，方便用户进行比较分析。

按变量组织输出（Organize Output by Variable）：SPSS将对应每个变量分别输出单独的描述统计表格。

用户在"频率：格式"对话框中进行选择后。

Step6：单击【继续】（Continue）按钮。

返回图 5-5"频率"（Frequencies）主对话框。一般情况下，对"频率：格式"（Frequencies：Format）对话框的选项都默认为系统默认值，不作调整。

Step7：单击【确定】（OK）按钮。

在结果输出窗口中得到价格满意度统计频数分布表（见表 5-2）、价格满意度描述性统计分析输出表（见表 5-3）和价格满意度直方图（见图 5-9）。

表 5-2　价格满意度统计频数分析表

N	有效	582
	缺失	0
平均值		3.08
中位数		3.00
众数		4
标准偏差		1.261
方差		1.591
偏度		−0.056
标准偏度误差		0.101
峰度		−1.052
标准峰度误差		0.202
最小值		1
最大值		5
百分位数（P）	25	2.00
	50	3.00
	75	4.00

表 5-3　价格满意度描述性统计分析输出表

项目		频数	百分比	有效百分比	累积百分比
有效	很不满意	72	12.4%	12.4%	12.4%
	不满意	135	23.2%	23.2%	35.6%
	一般	140	24.1%	24.1%	59.6%
	满意	145	24.9%	24.9%	84.5%
	很满意	90	15.5%	15.5%	100.0%
	总计	582	100.0%	100.0%	

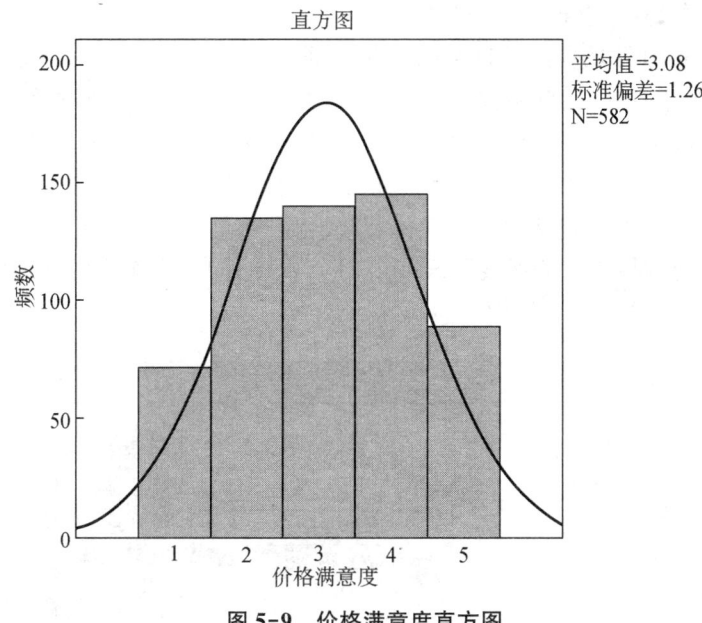

图 5-9　价格满意度直方图

5.4　探索性数据分析

探索性数据分析(Exploratory Data Analysis，EDA)是指对已有的数据在尽量少的先验假定下进行探索分析。探索性数据分析的基本工具是图、制表和汇总统计量。探索性分析一般会用直方图和茎叶图。主要分析方法及工具介绍如下：

一是观察数据的分布特征。通过绘制箱锁图和茎叶图等图形，直观地反映数据的分布形式和数据的一些规律，包括考察数据中是否存在异常值等。因为异常值往往对分析的影响较大，不能真实地反映数据的总体特征，分析中应该删除这些数据。

二是正态分布检验。对于正态性检验，原假设为 H_0：数据服从正态分布；备择假设 H_1：数据不服从正态分布。通过生成正态概率图并进行假设检验，以检验数据是否服从正态分布。总体数据分布是否服从正态分布，决定了是否能用只对正态分布数据适用的分析方法。

三是方差齐性检验。数理统计学中检查不同样本的总体方差是否相同的一种方法。其基本原理是先对总体的方差相等假设，然后通过抽样研究的统计推理，对此假设应该被拒绝还是接受作出推断。SPSS用Levene检验比较各组数据的方差是否相等，以判定数据的离散程度是否存在差异。Levene检验进行方差齐性检验时，不强求数据必须服从正态分布，它先计算出各个观测值减去组内均值的差，然后再通过这些差值的绝对值进行单因素方差分析。如果得到的显著性水平（Significance）小于0.05，那么就可以拒绝方差相同的假设。

【例5-3】 请对"学生身体特征.sav"数据（见第5章例题、思考题数据二维码）进行探索性数据分析。

探索性数据分析的操作：

Step1：打开数据文件，选择【分析】（Analyze）菜单，单击【描述统计】（Descriptive Statistics）命令下的【探索】（Explore）命令。

进入如图5-10所示的"探索"（Explore）对话框。

在"探索"（Explore）对话框中，左边的变量列表为原变量列表，通过单击 ➡ 按钮可选择一个或者几个变量进入右边的"因变量列表"（Dependent List）框、"因子列表"（Factor List）框和"标注个案"（Label Cases By）列表框。因变量是用户研究的目标变量。例如，研究同一班级男生和女生的身高差距时，就可将"身高"变量列入"因变量列表"（Dependent List）框中，将"性别"列入"因子列表"（Factor List）框中，同时将学生的"学号"变量列入"标注个案"（Label Cases By）列表框中。

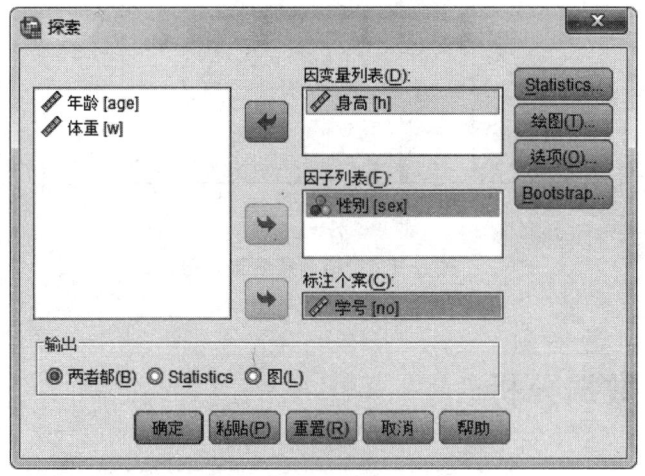

图5-10 "探索"主对话框

在对话框下端的"输出"（Display）框中有三个选项：

（1）两者都（Both）：默认选项，表示同时输出描述统计量的统计表格和图形。选择此项将激活右边的【统计量】（Statistics）和【绘图】（Plots）按钮。

（2）统计量（Statistics）：表示只输出统计表格，不输出图。选择此项将激活右边的【统计量】（Statistics）按钮，【绘图】（Plots）按钮不被激活。

（3）图（Plots）：表示只输出图，不输出统计表格。选择此项将激活右边的【绘图】（Plots）按钮，【统计量】（Statistics）按钮不被激活。

Step2：单击【统计量】(Statistics)按钮。

进入如图 5-11 所示的"探索：统计量(Explore：Statistics)"对话框。

在图 5-11 对话框中，四个选择项分别如下：

（1）描述性(Descriptives)：选择此项，将生成描述性统计
表格。此项为默认选项，在下面的"平均值的置信区间"
(Confidence Interval for Mean)文本框中，用户还可输入数值
指定平均值的置信区间的置信度，系统默认的置信度
为 95%。

（2）M-估计量(M-Estimators)：选择此项，将计算并生
成稳健估计量。M 估计在计算时对所有观测量赋予权重，它
会依据观测量距离分布中心位置的远近赋予权重。通过给
远离中心值的数据赋予较小的权重来减小异常值的影响。

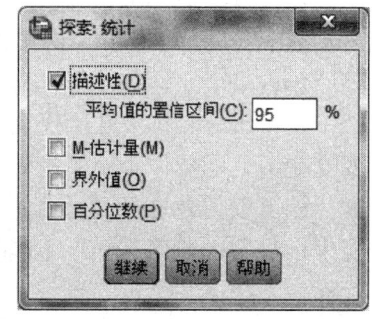

图 5-11　"探索：统计量"对话框

（3）界外值(Outliers)：选择此项，将输出分析数据中的 5 个最大值和 5 个最小值作为异
常嫌疑值。

（4）百分位数(Percentiles)：选择此项，将计算并显示指定的百分位数，包括 5%、10%、
25%、50%、75%、90%和 95%等。

"探索：统计量"对话框中的四个选项为复选框，用户可进行多项选择，单击【继续】
(Continue)按钮，即可返回"探索"(Explore)主对话框。

图 5-12　"探索：图"对话框

Step3：单击【绘图】(Plots)按钮。

进入如图 5-12 所示的"探索：图"(Explore：Plots)对
话框。

图 5-12 对话框中有如下四个选择组：

（1）箱图(Boxplots)栏（单选项组）：箱图又称箱锁图。如
果用户在"探索"主对话框的"因变量列表"(Dependent
List)框中输入了多个变量名，则在此选择组中进行选择，可
确定箱锁图的生成方式。它由五个数值点组成：最小值
(Min)，下四分位数(Q1，即 25%分位数)，中位数(Median，即
50%分位数)，上四分位数(Q3，即 75%分位数)，最大值
(Max)。箱锁图中，底部的水平线段是数据的最小值，中间矩
形箱子的底所在的位置是数据的第一个四分位数（即 25%分
位数），箱子顶部所在位置是数据的第三个四分位数（即 75%
分位数）。箱子中间的水平线段刻画的是数据的中位数（即 50%分位数）。顶部的水平线段
是数据的最大值。一般经验就是将最大（最小）观测值设置为与四分位数值间距离为 1.5 个
IQR（中间四分位数极差）的位置，在最大最小值之外的设置为"离群点"。为了不因这些少
数的离群数据导致整体特征的偏移，将这些离群点单独汇出。

按因子水平分组(Factor Levels Together，系统默认)：选择此项，将为每个因变量创建
一个箱锁图，在每个箱锁图内根据分组变量的不同水平的取值创建箱形单元。

不分组(Dependents Together)：选择此项，将为每个分组变量的水平创建一个箱锁图，
在每个箱锁图内用不同的颜色区分不同因变量所对应的箱形单元，方便用户进行比较。

无(None)：选择此项，不创建箱图。

(2) 描述性(Descriptive)栏(复选项)：选择该组内的选项，可以生成茎叶图和(或)直方图。在箱图(Boxplots)组内选择的选项不同，则生成的茎叶图和直方图也不相同。

茎叶图(Stem-and-Leaf，系统默认)：茎叶图主要由三个部分组成，即频率(Frequency)、茎(Stem)和叶(Leaf)，在图中按从左到右的顺序依次排列，在图的底端，注明了茎的宽度(Stem Width)和每一叶所代表的观测量数(Each Leaf)。茎叶图中，将数的大小基本不变或变化不大的位作为一个主干(茎)，将变化大的位的数作为分枝(叶)，列在主干的后面，这样就可以清楚地看到每个主干后面的几个数，每个数具体是多少。由于茎叶图不仅仅能表示数据的频数分布，还能近似地表示数据的大小，因此它比直方图表达的信息更全面。

直方图(Histogram)：是一种二维统计图表，它的两个坐标分别是统计样本和该样本对应的某个属性的度量。

(3) 带检验的正态图(Normality Plots with Test，复选框)：选择此项，将进行正态性检验，并生成正态 Q-Q 概率图和反趋势正态 Q-Q 概率图。Q-Q 图是一种散点图，横坐标为标准正态分布的分位数，纵坐标为样本值的分位数。当 Q-Q 图上的点近似地在一条直线附近，说明样本数据是正态分布。反趋势正态概率 Q-Q 图以变量的观测值为 X 坐标，以变量的 Z 得分与期望值的偏差为 Y 坐标。观测点离期望值很集中，则符合正态分布。

(4) 伸展与级别 Levene 检验(Spread vs Level with Levene Test)栏(单选项组)：对所有的展布-水平图进行方差齐性检验和数据转换，同时输出回归直线的斜率及方差齐性的Levene 检验，但如果没有指定分组变量，则此选项无效。

无(None)：不进行 Levene 检验，系统默认。选择此项，SPSS 将不产生回归直线的斜率和方差齐性检验。

幂估计(Power Estimation)：对每组数据产生一个中位数的自然对数及四个分位数的自然对数的散点图。

已转换(Transformed)：变换原始数据，用户可在后面的参数框中选择数据变换类型。

未转换(Untransformed)：不变换原始数据时选择此项。

用户在"探索：图"对话框中进行选择后。

Step4：单击【继续】(Continue)按钮。

返回如图 5-10 所示的"探索"主对话框。

Step5：单击【选项】(Options)按钮。

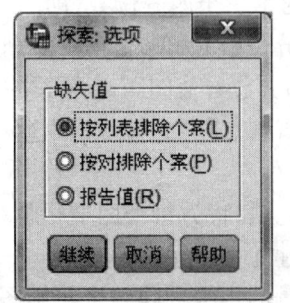

图 5-13 "探索：选项"对话框

进入如图 5-13 所示的"探索：选项"(Explore：Options)对话框。

在该对话框中，可选择缺失值的处理方式，SPSS 提供了三种处理方式：

按列表排除个案(Exclude Cases Listwise，系统默认)：选择此项，对所有的分析过程剔除分组变量和因变量中所有带有缺失值的观测量数据。

按对排除个案(Exclude Cases Pairwise)：同时剔除带缺失值的观测量及与缺失值有成对关系的观测量。在当前分析过程中用到的变量数据中剔除带有缺失值的观测量数据,在其他分析过程中可能包含缺失值。

报告值(Report Values):选择此项,将分组变量的缺失值单独分为一组,在输出频数表的同时输出缺失值。

用户在"探索:选项"对话框中进行选择后。

Step6:单击【继续】(Continue)按钮。

返回如图 5-10 所示的"探索"主对话框。

Step7:单击【确定】(OK)按钮。

在结果输出窗口中得到探索分析过程的个案处理摘要(见表 5-4)、统计描述表(见表 5-5)、正态性检验(见表 5-6)、茎叶图(见图 5-14)、箱锁图(见图 5-15)、正态分布 Q-Q 图(见图 5-16)、反趋势正态分布 Q-Q 图(见图 5-17)等图表。

表 5-4　个案处理摘要

项目	性别	个案					
		有效		缺失		总计	
		N	百分比	N	百分比	N	百分比
身高	女	13	100.0%	0	0.0	13	100.0%
	男	14	100.0%	0	0.0	14	100.0%

表 5-5　统 计 描 述 表

项目	性别			统计	标准错误
身高	女	平均值		1.5154	0.01734
		平均值的 95% 置信区间	下限	1.4776	
			上限	1.5532	
		5% 截尾平均值		1.5143	
		中位数		1.5200	
		方差		0.004	
		标准偏差		0.06253	
		最小值		1.43	
		最大值(X)		1.62	
		范围		0.19	
		四分位距		0.11	
		偏度		0.108	0.616
		峰度		−1.149	1.191
	男	平均值		1.5357	0.02037
		平均值的 95% 置信区间	下限	1.4917	
			上限	1.5797	

（续表）

项目	性别		统计	标准错误
身高	男	5％截尾平均值	1.5358	
		中位数	1.5500	
		方差	0.006	
		标准偏差	0.07623	
		最小值	1.43	
		最大值（X）	1.64	
		范围	0.21	
		四分位距	0.15	
		偏度	−0.132	0.597
		峰度	−1.708	1.154

表 5-5 显示样本数据的描述统计量,包括平均值、中位数、5％调整平均数、标准误、方差、标准差、最大值、最小值、四分位距、峰度、偏度及峰度和偏度的标准误。

表 5-6　正态性检验

项目	性别	Kolmogorov-Smirnov(K)[a]			Shapiro-Wilk		
		统计	Df	显著性	统计	Df	显著性
身高	女	0.172	13	0.200*	0.937	13	0.423
	男	0.196	14	0.149	0.892	14	0.086

*.这是真正显著性的下限。
a. Lilliefors 显著性校正。

身高 Stem-and-Leaf Plot for		身高 Stem-and-Leaf Plot for	
sex＝女		sex＝男	
Frequency	Stem & Leaf	Frequency	Stem & Leaf
3.00	14.344	2.00	14.33
2.00	14.68	4.00	14.6688
2.00	15.02	0.00	15.00
4.00	15.5556	4.00	15.5599
2.00	16.02	4.00	16.0224
Stem width：	0.10	Stem width：	0.10
Each leaf：	1 case(s)	Each leaf：	1 case(s)

图 5-14　茎叶图

反趋势正态概率 Q-Q 图以变量的观测值为 X 坐标,以变量的 Z 得分与期望值的偏差为 Y 坐标。图的观测点离期望值很集中,说明符合正态分布。

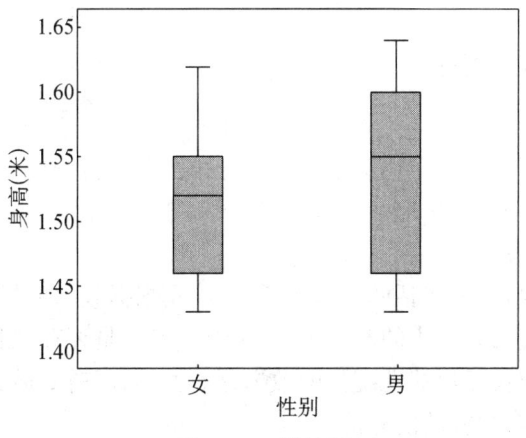

图 5-15　箱锁图

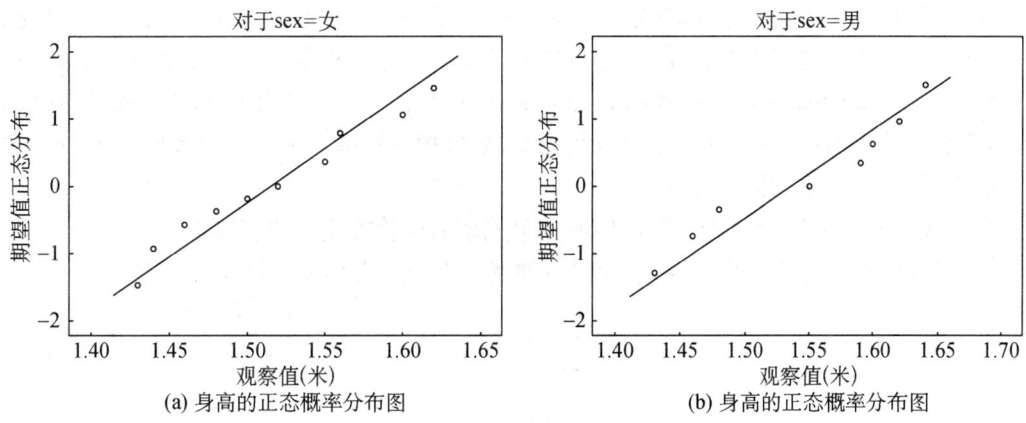

(a) 身高的正态概率分布图　　　　　　(b) 身高的正态概率分布图

图 5-16　正态 Q-Q 图

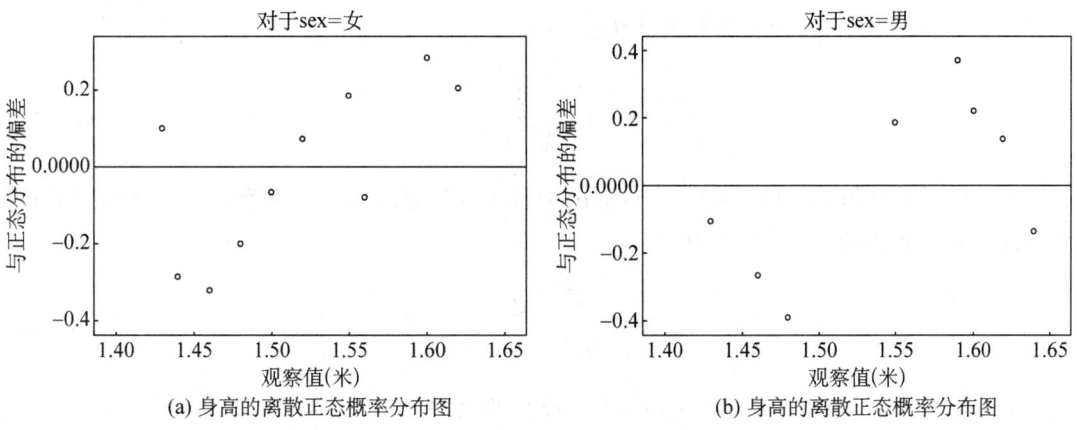

(a) 身高的离散正态概率分布图　　　　(b) 身高的离散正态概率分布图

图 5-17　反趋势正态 Q-Q 图

5.5 交叉列联表分析

在实际分析中,除了需要对单个变量的数据分布情况进行分析外,还需要掌握多个变量在不同取值情况下的数据分布情况,从而进一步深入分析变量之间的相互影响和关系,这种分析就称为交叉列联表分析。

数据交叉列联表分析主要包括两个基本任务:一是根据收集的样本数据,产生二维或多维交叉列联表;二是在交叉列联表的基础上,对两个变量间是否存在相关性进行检验。要获得变量之间的相关性,仅仅靠描述性统计的数据是不够的,还需要借助一些表示变量间相关程度的统计量和一些非参数检验的方法。

常用的衡量变量间相关程度的统计量是简单相关系数,但在交叉列联表分析中,由于行列变量往往不是连续变量,不符合计算简单相关系数的前提条件。因此,需要根据变量的性质选择其他的相关系数,如 Kendall 等级相关系数、Eta 值等。

SPSS 提供了多种适用于不同类型数据的相关系数表达,这些相关性检验的零假设都是:行变量和列变量之间相互独立,不存在显著的相关关系。根据 SPSS 检验后得出的相伴概率(Concomitant Significance)判断是否存在相关关系。如果相伴概率小于显著性水平 0.05,那么拒绝零假设,行列变量之间彼此相关;如果相伴概率大于显著性水平 0.05,那么接受原假设,行列变量之间彼此独立。

在交叉列联表分析中,SPSS 所提供的相关关系的检验方法主要有以下三种:

(1) 卡方(χ^2)统计检验:常用于检验行列变量之间是否相关。计算公式为:

$$\chi^2 = \sum \frac{(f_0 - f_e)^2}{f_e} \tag{5-12}$$

式中,f_e 表示期望频数;f_0 表示实际观察频数。

卡方统计量服从(行数-1)(列数-1)个自由度的卡方统计。SPSS 在计算卡方统计量时,同时给出相应的相伴概率,由此判断行列变量之间是否相关。

(2) 列联系数(Contingency Coefficient):常用于名义变量之间的相关系数计算。计算公式由卡方统计量修改而得,计算公式为:

$$C = \sqrt{\frac{\chi^2}{\chi^2 + N}} \tag{5-13}$$

(3) V 系数(Phi and Cramer's V):常用于名义变量之间的相关系数计算。计算公式由卡方统计量修改而得,计算公式为:

$$V = \sqrt{\frac{\chi^2}{N(K-1)}} \tag{5-14}$$

V 系数介于 0 和 1 之间,式中的 K 为行数和列数较小的实际数。

【例 5-4】 请对"客户满意度.sav"调查数据(见第 5 章例题、思考题数据二维码)中价格满意度和质量满意度进行交叉列联表分析。

交叉列联表分析操作：

Step1：打开数据文件，选择【分析】（Analyze）菜单，单击【描述统计】（Descriptive Statistics）命令下的【交叉表】（Crosstabs）命令。

进入如图 5-18 所示的"交叉表"（Crosstabs）主对话框。

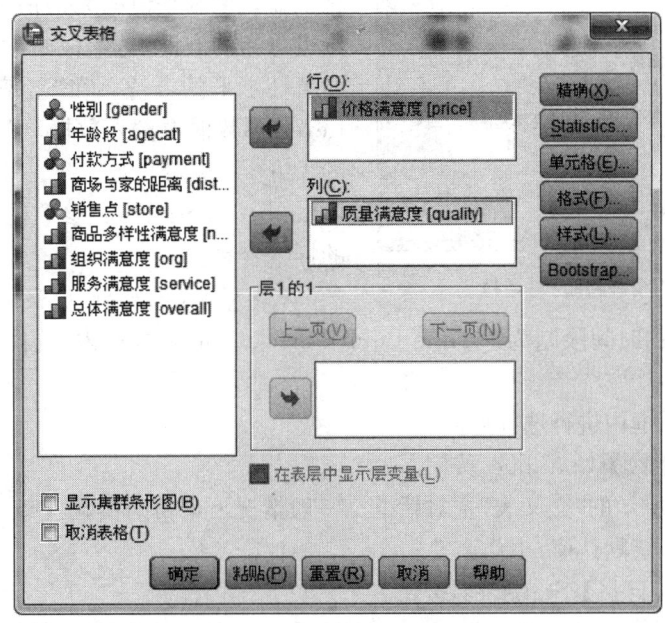

图 5-18　"交叉表"主对话框

在该主对话框中，左边的变量列表为原变量列表，通过单击 按钮可选择一个或者几个变量进入右边的"行"［Row（S）］变量列表框、"列"［Column（S）］变量列表框和"层"（Layer）变量列表框中。

如果是二维列联表分析，只需选择行列变量即可，但如进行三维及以上的列联表分析，可以将其他变量作为控制变量选到"层"（Layer）变量列表框中。有多个层控制变量时，可以根据实际的分析要求确定它们的层次，既可以是同层次的也可以是逐层叠加的。

在"交叉表"对话框底端有两个可选择项：

显示集群条形图（Display Clustered Bar Chart）：指定绘制各个变量不同交叉取值下的频数分布柱形图。

取消表格（Suppress Table）：不输出列联表的具体表格，而直接显示交叉列联表分析过程中的统计量，如果没有选中统计量，则不产生任何结果。所以，一般情况下，只有在分析行列变量间关系时选择此项。

该对话框的右端主要有四个按钮，从上到下依次为【精确】（Exact）按钮、【统计量】（Statistics）按钮、【单元格】（Cells）按钮和【格式】（Format）按钮。单击可进入对应的对话框。

Step2：单击【精确】（Exact）按钮。

进入如图 5-19 所示的"精确检验"（Exact Tests）对话框。

图 5-19 对话框提供了三种用于不同条件的检验方式来检验行列变量的相关性。用户

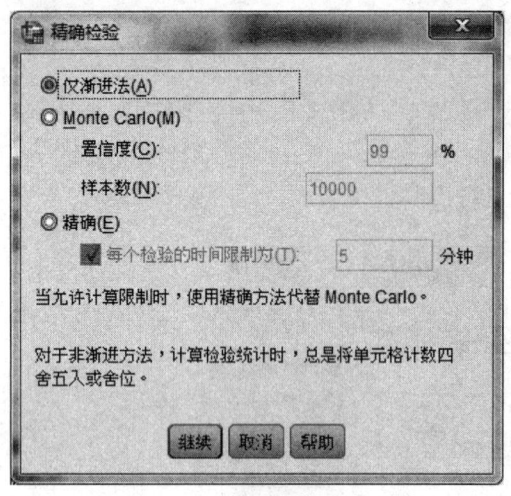

图 5-19 "精确检验"对话框

可选择以下三种检验方式之一：

（1）仅渐近法（Asymptotic Only）：适用于具有渐近分布的大样本数据，SPSS 默认选择该项。

（2）Monte Carlo（蒙特·卡罗法）：此项为精确显著性水平值的无偏估计，无需数据具有渐近分布的假设，是一种非常有效的计算确切显著性水平的方法。在"置信度"（Confidence Level）参数框内输入数据，可以确定置信区间的大小，一般为 90、95、99。在"样本数"（Number of Samples）参数框中可以输入数据的样本容量。

（3）精确（Exact）：观察结果概率，同时在下面的"每个检验的时间限制为"（Time Limit Per Test）的参数框内，选择进行精确检验的最大时间限度。

用户在本对话框内进行选择后。

Step3：单击【继续】（Continue）按钮。

进入图 5-18 所示的"交叉表"主对话框。一般情况下，"精确检验"（Exact Tests）对话框的选项都默认为系统默认值，不作调整。

Step4：单击【统计量】（Statistics）按钮。

进入如图 5-20 所示的"交叉表：统计量"（Crosstabs：Statistics）对话框。

在该对话框中，用户可以选择输出合适的统计检验统计量。对话框中各选项的意义如下：

（1）卡方（Chi-Square）检验复选框：检验列联表行列变量的独立性检验，也被称为 Pearson Chi-Square 检验、χ^2 检验。

（2）相关性（Correlations）检验复选框：输出列联表行列变量的 Pearson 相关系数或 Spearman 相关系数。

（3）名义（Nominal）栏：适用于名称变量统计量。

相依系数（Contingency Coefficient）：即 Pearson 相关系数或 Spearman 相关系数。

Phi 和 Cramer 变量（V 系数）：常用于名义变量之间的相关系数计算。计算公式由卡方统计量修改而得，如公式（5-13）所示。V 系数介于 0 和 1 之间，其中，K 为行数和列数较小的实际数。

图 5-20 "交叉表：统计量"对话框

Lambda（λ 系数）：在自变量预测中用于反映比例缩减误差，其值为 1 时表明自变量预测因变量好，为 0 时表明自变量预测因变量差。

不确定性系数（Uncertainty Coefficient）：以熵为标准的比例缩减误差，其值接近 1 时表明后一变量的信息很大程度上来自前一变量，其值接近 0 时表明后一变量的信息与前一变量无关。

（4）有序（Ordinal）栏：适用于有序变量的统计量。

Gamma（伽马系数，γ 系数）：两个有序变量之间的关联性的对称检验。其数值界于 0 和 1 之间，所有观察的数据集中于左上角和右下角时，取值为 1，表示两个变量之间有很强的相关；取值为 0 时，表示两个变量之间相互独立。

Somers'd 值：两个有序变量之间的关联性的检验，取值范围为[−1，1]。

Kendall's Tau-b 值：Tau-b 的值范围从−1（100％负相关或完全反转）到＋1（100％正相关或完全一致）。值为零则表示没有关联。

Kendall's Tau-c 值：Tau-c（也称为 Stuart-Kendall Tau-c）比 Tau-b 更适合于基于非正方形（即矩形）列联表的数据分析。因此，如果两个变量的基础比例具有相同数量的可能值（排名前），则使用 Tau-b，如果它们不同，则使用 Tau-c。例如，一个变量可能在 5 分制（非常好、好、平均、差、非常差）上得分，而另一个可能基于更精细的 10 分制。取值范围为[−1，1]。

（5）按区间标定（Nominal By Interval）栏：适用于一个名义变量与一个等距变量的相关性检验。Eta 值：其平方值可认为是因变量受不同因素影响所致方差的比例。

（6）Kappa 系数：检验数据内部的一致性，仅适用于具有相同分类值和相同分类数量的变量交叉表。

（7）风险（相对危险度）：检验事件发生和某个因素之间的关联性。

（8）Mcnemar 检验：主要用于检验配对的资料率（相当于配对卡方检验）。

（9）Cochran's and Mantel-Haenszel 统计量复选框：适用于在一个二值因素变量和一个二值响应变量之间的独立性检验。

用户在"交叉表：统计量"对话框中进行选择后。

Step5：单击【继续】（Continue）按钮。

返回如图 5-18 所示的"交叉表"主对话框。一般情况下，对"交叉表：统计量"（Crosstabs：Statistics）对话框内的选项不作选择或选择较为常用的卡方检验。

Step6：单击【单元格】（Cells）按钮。

进入如图 5-21 所示的"交叉表：单元格显示"（Crosstabs：Cell Display）对话框。

在图 5-21 对话框中，用户可以指定列联表单元格中的输出内容。SPSS 22.0 默认在交叉列联表中输出实际的观察值，但观察值有时候不能确切地反映事物的实质，因此还需要输出其他的数据项。对话框中各选项的具体意义如下：

（1）计数（Counts）栏：

观察值（Observed）：系统默认选项，表示输出为实际观察值。

期望值（Expected）：表示输出为理论值。

（2）百分比（Percentages）栏：

行（Row）百分比：以行为单元，统计行变量的百分比。

列（Column）百分比：以列为单元，统计列变量的百分比。

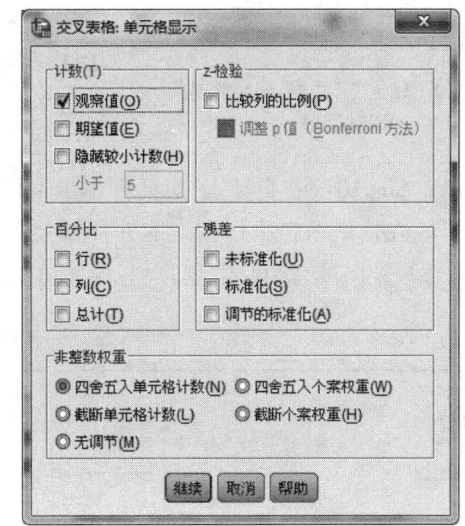

图 5-21 "交叉表：单元显示"对话框

总计(Total)百分比：行列变量的百分比都进行输出。

（3）残差(Residuals)栏：

未标准化(Unstandardized)：输出非标准化残差，为实际数与理论数的差值。

标准化(Standardized)：输出标准化残差，为实际数与理论数的差值除以理论数。

调节的标准化(Adjusted Standardized)：输出修正标准化残差，为标准误确定的单元格残差。

（4）非整数权重(Noninteger Weights)栏：

四舍五入单元格计数(Round Cell Counts，系统默认)：将单元格计数的非整数部分的尾数四舍五入为整数。

截断单元格计数(Truncate Cell Counts)：将单元格计数的非整数部分的尾数舍去，直接化为整数。

四舍五入个案权重(Round Case Weights)：将观测量权数的非整数部分的尾数四舍五入为整数。

截断个案权重(Truncate Case Weights)：将观测量权数的非整数部分的尾数舍去，化为整数。

无调节(No Adjustments)：不对计数数据进行调整。

用户在"交叉表：单元格显示"对话框中进行选择后。

Step7：单击【继续】(Continue)按钮。

返回如图 5-18 所示的"交叉表"(Crosstabs)主对话框。一般情况下，对"交叉表：单元格显示"(Crosstabs：Cell Display)对话框的选项都默认为系统默认值，不作调整。

图 5-22 "交叉表：表格格式"对话框

Step8：单击【格式】(Format)按钮。

进入如图 5-22 所示的"交叉表：表格格式"(Crosstabs：Table Format)对话框。

在该对话框中，用户可以指定列联表的输出排列顺序。在行序(Row Order)栏中有如下两个选项，各选项的具体意义如下：

升序(Ascending)：系统默认，以升序显示各变量值。

降序(Descending)：以降序显示各变量值。

用户在该对话框中进行选择后。

Step9：单击【继续】(Continue)按钮。

返回如图 5-18 所示的"交叉表"主对话框。

Step10：在"交叉表"对话框中单击【确定】(OK)按钮。

在输出窗口中得到个案处理摘要(见表 5-7)、价格满意度和质量满意度交叉表(见表 5-8)、方向度量(见表 5-9)、对称度量值(见表 5-10)等图表。

表 5-7 个案处理摘要

项目	个案					
	有效		缺失		总计	
	N	百分比	N	百分比	N	百分比
价格满意度 * 质量满意度	582	100.0%	0	0.0	582	100.0%

表 5-8　价格满意度和质量满意度交叉表

项目		质量满意度					总计
		很不满意	不满意	一般	满意	很满意	
价格满意度	很不满意	32	22	10	7	1	72
	不满意	30	39	31	25	10	135
	一般	15	34	30	36	25	140
	满意	11	21	31	33	49	145
	很满意	1	5	12	25	47	90
总计		89	121	114	126	132	582

表 5-9　方 向 度 量

项目			值	渐近标准错误[a]	上次读取的 T[b]	上次读取的显著性
有序到有序	Somers' d(S)	对称(S)	0.414	0.027	15.053	0.000
		价格满意度 因变量	0.412	0.027	15.053	0.000
		质量满意度 因变量	0.417	0.027	15.053	0.000

a. 没有假定空假设。

b. 使用渐近标准错误假定空假设。

表 5-10　对 称 度 量 值

项目		值	渐近标准错误[a]	上次读取的 T[b]	上次读取的显著性
有序到有序	肯德尔 Tau-b(B)	0.414	0.027	15.053	0.000
	Kendall's Tau-c(C)	0.410	0.027	15.053	0.000
	伽玛	0.515	0.032	15.053	0.000
有效个案数		582			

a. 没有假定空假设。

b. 使用渐近标准错误假定空假设。

注：此例分析的是有序的，可以类似进行其他类型变量分析。

《《 本 章 小 结 》》

1. 按照数据反映的测量水平可以将变量分为定类变量、定序变量、定距变量和定比变量，按照数据是否具有连续性可以将变量分为离散变量和连续性变量。

2. 常用于描述变量的图形有条形图、饼图和直方图；常用于表示集中趋势的集中量数有均值、中数和众数；常用于表示离散趋势的差异量数有方差和标准差。峰度和偏度可以描述数据的分布特征。

3. 对变量进行描述前需要先分析变量的属性;频率、描述和探索命令可以完成单个变量的描述性统计,交叉表可以完成多个变量关系的描述性统计。

思 考 题

1. 讨论中位数在众数与算术平均数之间的关系。

2. 反映数据分布状况的统计量有哪些?

3. 利用"年人均消费支出和教育.sav",计算人均消费支出和教育的平均值、标准差、最大值、最小值、方差、全距、均值标准误差、峰度、偏度。

4. 利用"裁判打分.sav",计算不同裁判的平均值、标准差、最大值、最小值、方差、全距、均值标准误差、峰度、偏度,画出频率直方图及正态曲线。

5. 利用"升学.sav",进行交叉频数列联表分析,研究两所学校在升学率上是否存在差异?

第5章例题、思考题数据

第6章 数据可视化

学习目标

➢ 掌握 SPSS 的绘制图表的功能。

统计图是根据统计数字,用几何图形、事物形象和地图等绘制的各种图形。它具有直观、形象、生动、具体等特点。统计图可以使复杂的统计数字简单化、通俗化、形象化,便于理解和比较。因此,统计图在统计资料整理与分析中占有重要地位,并得到广泛应用。在进行数字统计分析时,有时我们需要绘制统计图表,把资料所反映的变化趋势、数量多少、分布状态和相互关系等形象直观地表现出来,以便于读者阅读、比较和分析。

SPSS 的【图形】(Graphs)菜单提供了绘制图表的功能,主要包括三个子菜单:【图表建立】(Chart Builder)命令相当于图表向导,它对 SPSS 的绘图功能作了粗略的介绍,初学者可以大致了解 SPSS 的绘图能力;【交互图表】(Interactive)命令主要涵盖了 SPSS 各种复杂的交互性图表;【旧对话框】(Legacy Dialogs)命令主要包括多种 SPSS 传统的常用的统计报表,下面重点讲解。

6.1 条形图

条形图(Bar Charts)又称带形图或柱形图,它是利用相同宽度的条形的长短或高低来表现统计数据大小或变动的统计图。

【例6-1】 现有"住房状况.sav"调查数据(见第6章例题、思考题数据二维码),请作出不同文化程度的人均住房面积条形图。

绘制条形图的具体操作:

Step1:打开【图形】(Graphs)菜单,选择【旧对话框】(Legacy Dialogs)命令下的【条形图】(Bar Charts)命令。

进入如图6-1所示的"条形图"(Bar Charts)导航对话框。

在该导航对话框中,用户可以选择条形图的类型,并定义条形图中数据的表达方式。

SPSS 将条形图大致分为三种类型:

简单(Simple):这种类型用等宽条带表示各类统计数据的大小,通过它可以对某一分类导向的数据之间的对比情况进行分析。

聚群条形图(Clustered):聚群条形图是相对于简单条形图中的每一个条带对应的数据基于其他变量作进一步的分类,并且用没有间距

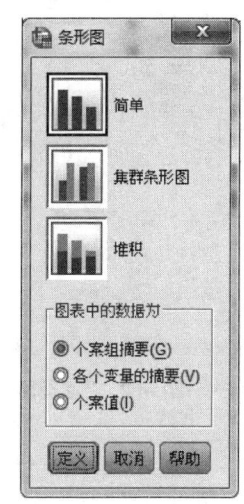

图 6-1 "条形图"导航对话框

的条带表示这一次级的分类。

堆积面积图(Stacked):分组条形图是相对于简单条形图中的每一个条带对应的数据基于其他变量作进一步的分类,并且用这一次级的分类数据的相对大小的比例关系,将原条带分段,并用不同的颜色或阴影填充方式来表示这种分段。

在图6-1下部的"图表中的数据为"(Data in Chart)栏,用户可以选择的条形图中数据的表达类型如下:

个案组摘要(Summaries for Groups of Cases):条形图反映了按同一变量取值不同进行的分类汇总。

各个变量的摘要(Summaries of Separate Variables):条形图反映了按不同变量进行的分类汇总。

个案值(Values of Individual Cases):条形图反映数据的观测值。用单元值作图,条形图中每一条代表一个观察值。

通过以上三个条形图类型和三个数据的表达方式的不同搭配,SPSS可以生成九种不同的条形图。本书以用户选择"简单"(Simple)条形图和"个案组摘要"(Summaries for Groups of Cases)为例,阐述条形图的绘制步骤,如果用户需要制作其他类型的条形图,请参看简单条形图绘制的类似步骤。

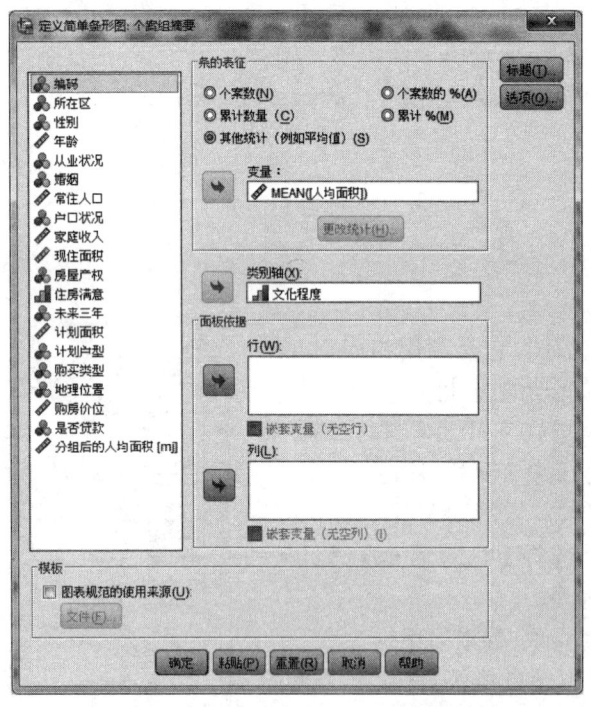

图6-2 "定义简单条形图:个案组摘要"对话框

Step2:单击【定义】(Define)按钮。

进入如图6-2所示的"定义简单条形图:个案组摘要"(Define Simple Bar: Summaries for Groups of Cases)对话框。根据用户所选的条形图类型和数据表达方式的不同,出现的对话框名称也不同,但对话框的主体内容大致相同。

在该对话框中,用户可以选择条形图绘制的相关细节。"条的表征"(Bar Present)栏中,用户可以选择以下条形图中条所代表的统计量:

个案数(N of Cases):按照分组变量分组后各组的观测量个数。

个案数的%(% of Cases):按照分组变量分组后各组的观测量个数占总观测量个数的百分比。

累积个数:观测量数的累计数目。

累积%:观测量数的累计百分比。

其他统计量(Other Statistics):用户可以自行定义条形图中的统计量。选中该选项,下面的"变量"(Variable)列表框被激活,用户需要通过单击按钮从左边原变量中选择一个分析变量进入"变量"(Variable)列表框中,然后单击【更改统计量】(Change Statistics)按钮,SPSS将弹出"统计量"(Statistic)对话框,如图6-3所示。

该对话框中的描述统计量包括：

值的平均值(Mean of Values)：按照分组变量分组后，以分析变量的均值作为条形图中的统计量。

值的中位数(Median of Values)：按照分组变量分组后，以分析变量的中位数作为条形图中的统计量。

值的众数(Mode of Values)：按照分组变量分组后，以分析变量的众数作为条形图中的统计量。

个案数(Number of Cases)：按照分组变量分组后，以分析变量的样本个数作为条形图中的统计量。

值的和(Sum of Values)：按照分组变量分组后，以分析变量数据的总和作为条形图中的统计量。

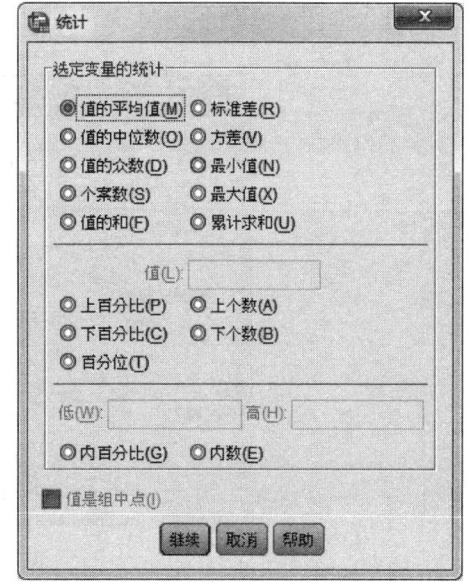

图 6-3　"统计量"对话框

标准差(Standard Deviation)：按照分组变量分组后，以分析变量的标准差作为条形图中的统计量。

方差(Variance)：按照分组变量分组后，以分析变量的方差作为条形图中的统计量。

最小值(Minimum Value)：按照分组变量分组后，以分析变量的最小值作为条形图中的统计量。

最大值(Maximum Value)：按照分组变量分组后，以分析变量的最大值作为条形图中的统计量。

累计求和(Calculative Sum)：按照分组变量分组后，以分析变量的累计总和作为条形图中的统计量。

在该对话框的中部，用户可以在"值"(Value)文本框中输入数值或者百分数，然后选择相关选项，SPSS 将对数值或百分数上侧或下侧的观测量按大小进行筛选。

在该对话框的下部，用户可以在"低"(Low)和"高"(High)文本框中输入数值或者百分数，然后选择对应选项，SPSS 将按照大小对观测量在限定范围内进行筛选。

对话框底部的"值是组中点"(Values Are Grouped Midpoints)复选框只有在用户选择"值的中位数"(Median of Values)或者"百分位"(Percentile)时，才被激活。选中该选项，则表明数据分布为频数分布表的格式，输出的条形图中的统计量为分组的中值。

选择条形图中的统计量后，单击【继续】(Continue)按钮，即可返回到"定义简单条形图：个案组摘要"主对话框中。

接下来，需要指定做图变量。在"类别轴"(Category Axis)列表框中，用户需要通过单击 ![]按钮从左边原变量中选择一个变量作为分类变量(也称为分组变量)。条形图中每个条形的长度分别代表对应各组的统计量的值。

模板(Template)：用户可以选中该选项，并单击【文件】(File)按钮选择模板文件，作为散点图的格式模板。

Step3：单击【标题】(Titles)按钮。

进入如图 6-4 所示的"标题"(Titles)对话框。

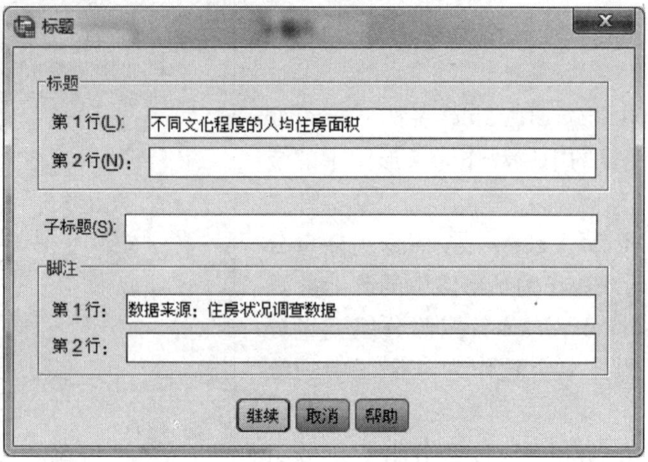

图 6-4 "标题"对话框

在该对话框中,用户可以定义散点图的标题、子标题和脚注。

(1) 标题(Title)和子标题(Subtitle):通过输入,用户可以定义两行标题和一行子标题。标题和子标题将在散点图上方显示。用户也可以在结果输出窗口中定义标题。

(2) 脚注(Footnote):通过输入,用户可以定义两行脚注,脚注将在散点图下方显示。

Step4:单击【继续】(Continue)按钮。

返回如图 6-2 所示的"定义简单条形图:个案组摘要"主对话框。

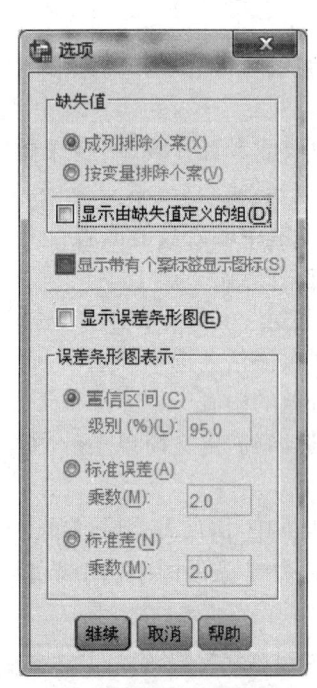

图 6-5 "选项"对话框

Step5:单击【选项】(Options)按钮。

进入如图 6-5 所示的"选项"(Options)对话框。

在该对话框中,用户可以指定缺失值的处理方式和误差条形图的设定形式。

缺失值(Missing Values)栏:用户可以定义分析中对缺失值的处理方式,包括成列排除个案(Exclude Cases Listwise)和按变量排除个案(Exclude Cases Variable by Variable)。为尽可能充分利用数据,SPSS 默认选择前者。

误差条形图表示(Error Bars Represent)栏:用户可以选择设定置信区间(Confidence Intervals)、标准误差(Standard Error)或者标准差(Standard Deviation)条件,并显示误差条形图。

指定缺失值的处理方式和误差条的设定形式后。

Step6:单击【继续】(Continue)按钮。

返回如图 6-2 所示的"定义简单条形图:个案组摘要"主对话框。

Step7:在"定义简单条形图:个案组摘要"主对话框中,单击【确定】(OK)按钮。

在结果输出窗口中得到简单条形图,如图 6-6 所示。

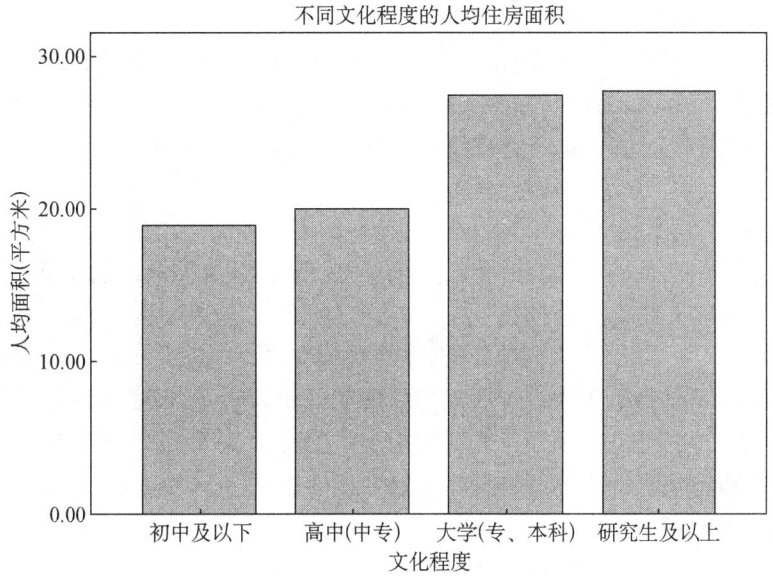

数据来源：住房状况调查数据。

图 6-6　不同文化程度的人均住房面积条形图

6.2　线图

线图(Line Charts)又称曲线图,它是利用点的高低来表明数据升降情况的一种统计图。通过将不同阶段的数据点连接,可以更清晰地表明数据的变化趋势。线图主要用于时间序列分析、数据分配情况比较和两个变量依存关系的分析等。

【例 6-2】　现有"住房状况.sav"调查数据(见第 6 章例题、思考题数据二维码),请作出不同文化程度的人均住房面积线图。

绘制线图具体操作:

Step1:打开【图形】(Graphs)菜单,选择【旧对话框】(Legacy Dialogs)命令下的【线图】(Line Charts)命令。

进入如图 6-7 所示的"折线图"(Line Charts)导航对话框。

在图 6-7 导航对话框中,用户可以选择线图的类型,大致分为三种类型:

简单(Simple):单线图,一个图形中只有一条水平走向的折线。

多线线图(Multiple):多线图,一个图形中有多条水平走向的折线。

垂直线图(Drop-Line):垂线图,一个图形中有多组水平走向的数据,但在水平方向上不予以连接,而只是在垂直方向上

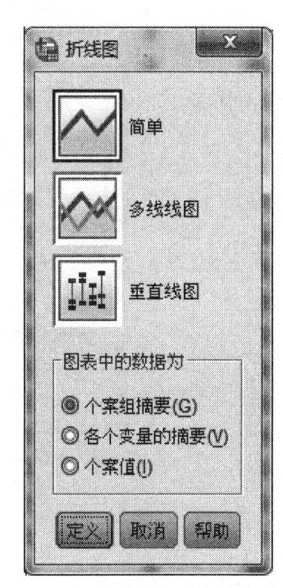

图 6-7　"折线图"导航对话框

将同一时间点的数据予以连接。

图表中的数据为(Data in Chart)栏:用户可以选择以下的条形图中的数据表达类型:

个案组摘要(Summaries for Groups of Cases);

各个变量的摘要(Summaries of Separate Variables);

个案值(Values of Individual Cases)。

通过以上三个线图类型和三个数据表达类型的不同搭配,SPSS可以生成九种不同的线图。本书以用户选择"简单"线图和"个案组摘要"为例,阐述线图的绘制步骤。

Step2:单击【定义】(Define)按钮。

进入如图6-8所示的"定义简单线图:个案组摘要"(Define Simple Line:Summaries for Groups of Cases)对话框。根据用户所选的线图类型和数据表达类型的不同,出现的对话框名称也不同。在该对话框中,用户首先需要指定绘图变量,即通过单击 按钮从左边原变量中选择多个需要绘制折线图的变量进入右边的"线的表征"(Lines Represent)中。绘图变量的数值将在线图的纵轴上表示。

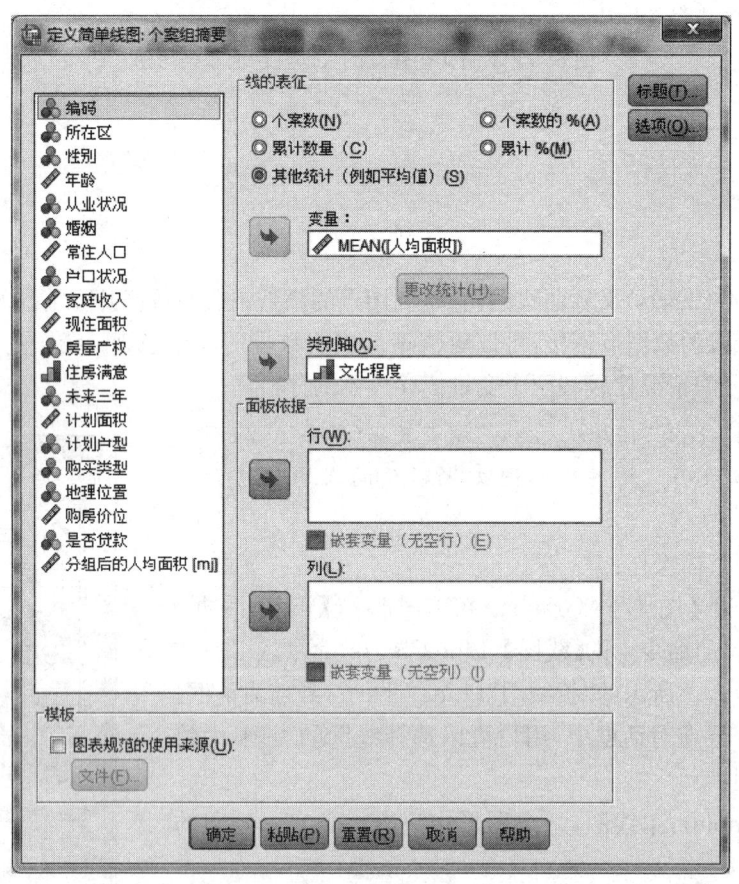

图6-8 "定义简单线图:个案组摘要"对话框

Step3:选中其他统计量(Other Statistics),激活下面的"变量"(Variable)列表框,用户需要通过单击 按钮从左边原变量中选择一个分析变量进入"变量"(Variable)列表框中,然后单击【更改统计量】(Change Statistics)按钮。

SPSS 进入如图 6-9 所示的"统计"(Statistic)对话框。

同时,用户需要指定分类变量。用户可以选择以"个案数"(Case Number),即观测量的编号作为分类变量。

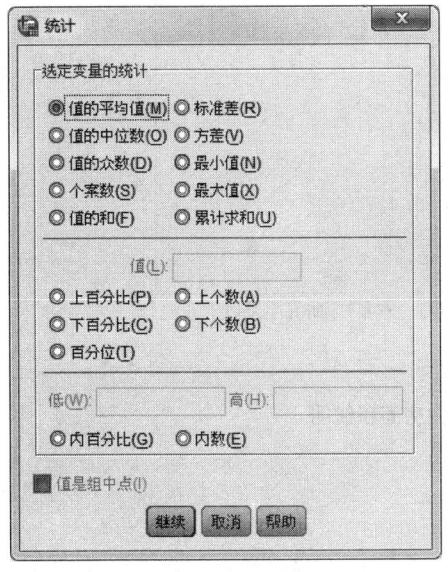

图 6-9　"统计"对话框

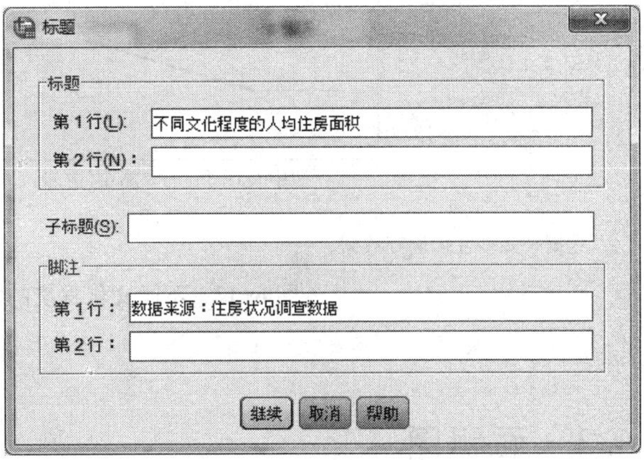

图 6-10　"标题"对话框

Step4：单击【标题】(Titles)按钮。

进入如图 6-10 所示的"标题"(Titles)对话框。

Step5：单击【继续】(Continue)按钮。

返回如图 6-8 所示的"定义简单线图：个案组摘要"(Define Simple Line：Summaries for Groups of Cases)主对话框。

Step6：单击【选项】(Options)按钮。

进入如图 6-11 所示的"选项"(Options)对话框。

Step7：单击【继续】(Continue)按钮。

返回如图 6-8 所示的"定义简单线图：个案组摘要"(Define Simple Line：Summaries for Groups of Cases)主对话框。

Step8：在"定义简单线图：个案组摘要"(Define Simple Line：Summaries for Groups of Cases)主对话框中,单击【确定】(OK)按钮。

在结果输出窗口中得到线图,如图 6-12 所示。

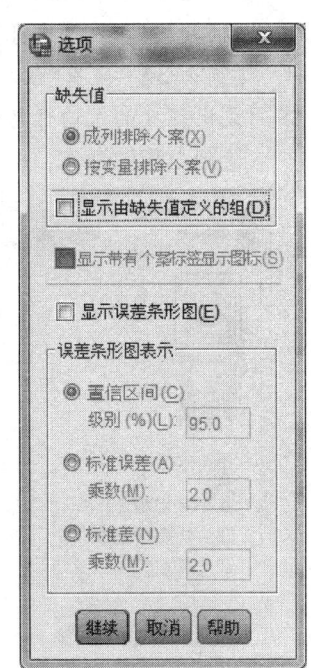

图 6-11　"选项"对话框

59

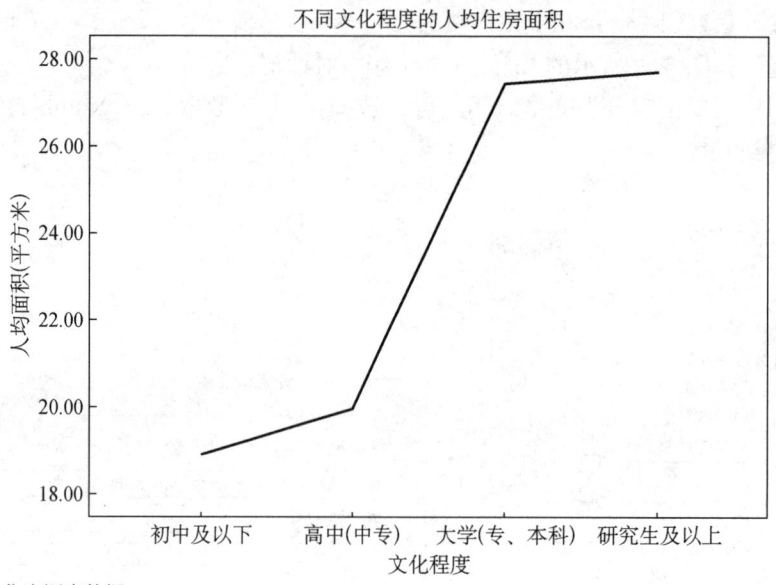

数据来源：住房调查数据。

图 6-12　不同文化程度的人均住房面积线图

6.3　面积图

　　面积图（Area Charts）又称区域图，是用面积来表示连续性的频数分布的统计图。面积越大，则频数越多；反之亦然。面积图是用线段下的阴影面积表示变量变化趋势的统计图。

　　【例 6-3】　现有"住房状况.sav"调查数据（见第 6 章例题、思考题数据二维码），请作出不同文化程度的人均住房面积图。

　　绘制面积图操作：

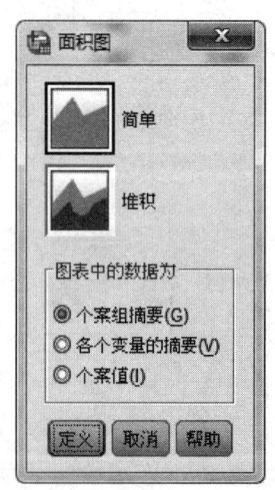

图 6-13　"面积图"导航对话框

　　Step1：打开【图形】（Graphs）菜单，选择【旧对话框】（Legacy Dialogs）命令下的【面积图】（Area Charts）命令。

　　进入如图 6-13 所示的"面积图"（Area Charts）导航对话框。

　　在该导航对话框中，用户可以选择面积图的类型，大致分为以下两种类型：

　　简单（Simple）：简单面积图，图形中只有一个区域表示频数大小。

　　堆积（Stacked）：堆积面积图，图形由多个不同颜色的区域从下到上堆积而成，不同的区域表示不同类型的频率大小。

　　"面积图"（Area Charts）导航对话框中的"图表中的数据为"（Data in Chart）栏与条形图、线图的导航对话框该栏的内容相同，不再赘述。

通过以上两个面积图类型和三个数据表达类型的不同搭配,SPSS 可以生成六种不同的面积图。本书以用户选择"简单"面积图和"个案组摘要"为例,阐述面积图的绘制步骤。

剩下操作和前面例子几乎完全相同,此处不再赘述。[例 6-3]结果如图 6-14 所示。

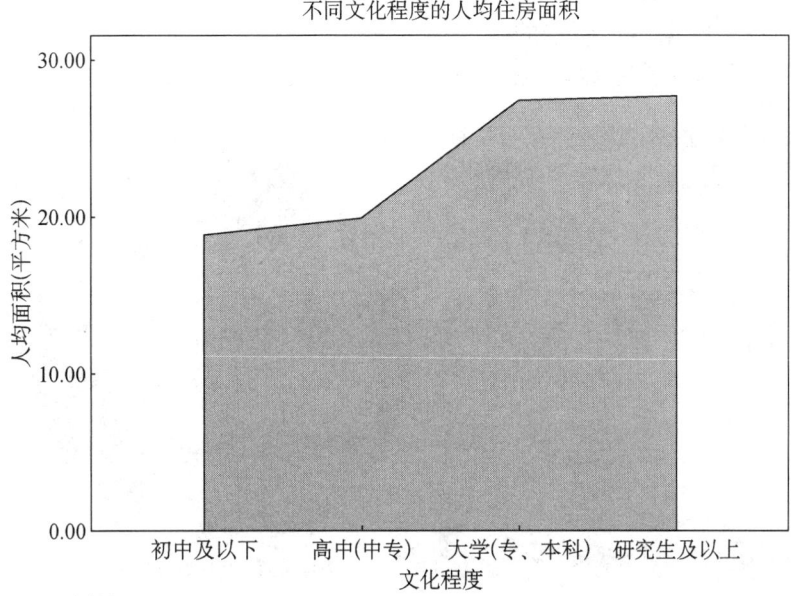

图 6-14　不同文化程度的人均住房面积面积图

6.4　饼形图

饼形图(Pie Charts)是用扇形的大小来表示数值大小的统计图。饼形图简单易懂,并且便于比较,因此,饼形图的制图过程使用最为广泛。

【例 6-4】　现有"住房状况.sav"调查数据(见第 6 章例题、思考题数据二维码),请作出文化程度的饼形图。

绘制饼形图操作:

Step1:打开【图形】(Graphs)菜单,选择【旧对话框】(Legacy Dialogs)命令下的【饼图】(Pie Charts)命令。

进入如图 6-15 所示的"饼图"(Pie Charts)导航对话框。

在该导航对话框中,用户可以定义饼形图中数据的表达方式。

"饼图"导航对话框中只有"图表中的数据为"(Data in Chart)一栏,并且与条形图、线图、面积图的导航对话框该栏的内容相同,此处不再赘述。

根据三个不同的数据表达方式,SPSS 可以生成三种不同的

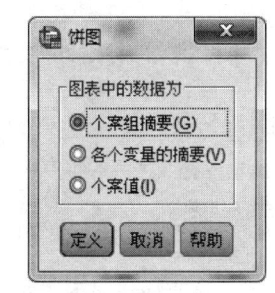

图 6-15　"饼图"导航对话框

面积图。本书以用户选择"个案组摘要"（Summaries for Groups of Cases）为例，阐述饼形图的绘制步骤，如果用户需要制作其他类型的饼图，请举一反三学习类似的步骤。

Step2：单击【定义】（Define）按钮。

进入如图 6-16 的所示"定义饼图：个案组摘要"（Define Pie：Summaries for Groups of Cases）对话框。根据用户所选的数据表达方式的不同，出现的对话框名称也不同。

剩下操作和前面例子几乎完全相同，此处不再赘述。［例 6-4］结果如图 6-17 所示。

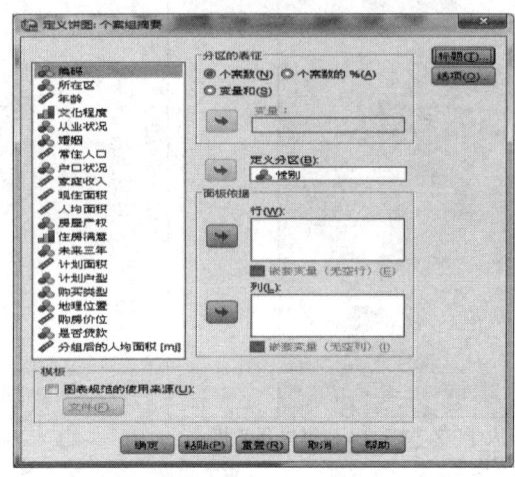

图 6-16　"定义饼图：个案组摘要"对话框

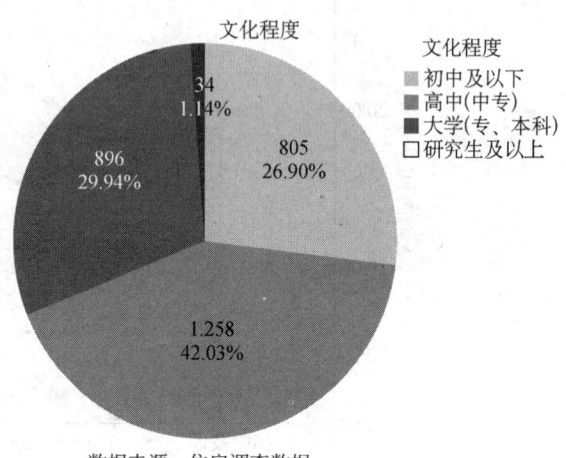

图 6-17　文化程度饼图

6.5　高低图

高低图（High-Low Charts）是用多个垂直线段来表示数值区域的统计图，如一组测定值的范围（最小值—最大值）、$\bar{X} \pm 1.96 \cdot SD$（低值—均值—高值）、95％置信区间（下限—上限）等。

【**例 6-5**】　现有"住房状况.sav"调查数据（见第 6 章例题、思考题数据二维码），请作出关于文化程度的现住、人均、计划居住面积高低图。

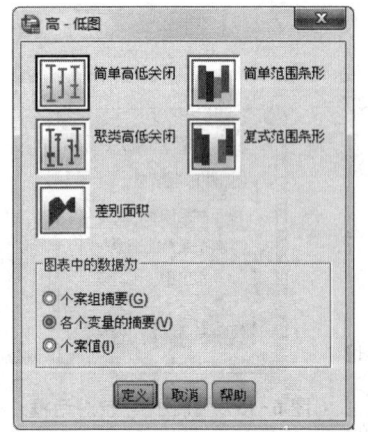

图 6-18　"高-低图"导航对话框

绘制高低图操作：

Step1：打开【图形】（Graphs）菜单，选择【旧对话框】（Legacy Dialogs）下的【高-低图】（High-Low Charts）命令。

进入如图 6-18 所示的"高-低图"（High-Low Charts）导航对话框。

在该导航对话框中，用户可以选择高-低图的类型，并定义高低图中数据的表达方式。

SPSS 将高-低图大致分为如下五种类型：

简单高低关闭（Simple High-Low-Close）：一个图形中只有一组高-低图，高值与低值之间用垂直线段连接。闭合（Close）是指用户指定的一个特殊变量，特殊变量的数值可以在图中以小圆圈的形式标识出来。

聚类高低关闭(Clustered High-Low-Close)：一个图形中有多组高-低图，每组高值与低值之间用垂直线段连接，不同组别的高低图用不同颜色的线段表示。

简单范围条形(Simple Range Bar)：一个图形中只有一组高-低图，高值与低值之间用垂直条形连接。

复式范围条形(Clustered Range Bar)：一个图形中有多组高-低图，每组高值与低值之间用垂直条形连接，不同组别的高低图用不同颜色的条形表示。

差别面积(Difference)：一个图形中只有一组高-低图，根据分组变量，对应的高值与高值连接，低值与低值连接，两条折线中形成面积区域。

该导航对话框中的"图表中的数据为"(Data In Chart)栏与其他图形的导航对话框的该栏内容相同，此处不再赘述。

通过以上 5 个高-低图类型和 3 个数据表达方式的不同搭配，SPSS 可以生成 15 种不同的面积图。本书以用户选择"简单高低关闭"(Simple High-Low-Close)和"各个变量的摘要"(Summaries of Separate Variables)为例，阐述高-低图的绘制步骤。

Step2：单击【定义】(Define)按钮。

进入如图 6-19 所示的"定义高-低-闭合：各个变量的摘要"(Define Simple High-Low-Close：Summaries of Separate Variables)对话框。

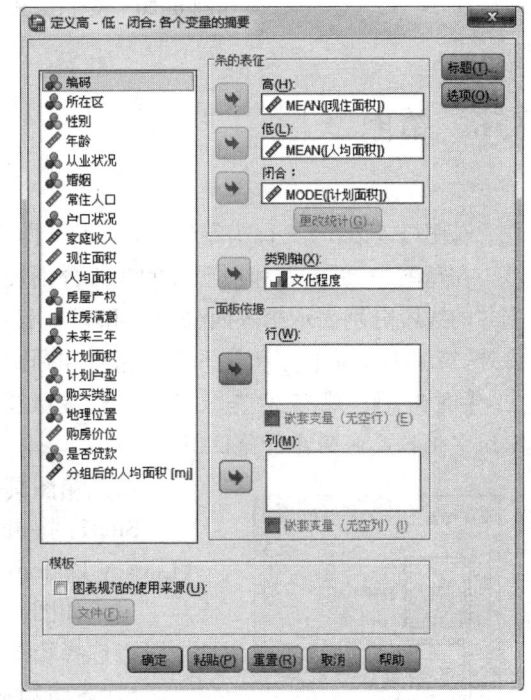

根据用户所选的高-低图类型和数据表达方式的不同，出现的对话框名称也不同，用户可以选择高-低图绘制的相关细节。用户通过单击 按钮，可从左边原变量中选择如下 3 个变量进入右边对应的变量列表框中：

高(High)：作为高值的变量。

低(Low)：作为低值的变量。

闭合(Close)：用户需要指定一个变量，该变量的数值可以在图中以小圆圈的形式标识出来。

以上 3 个变量，用户都可以选择指定的统计量作为显示的数值，只要在对应列表框中选中变量，然后单击【更改统计量】(Change Statistics) 按钮，SPSS 就会弹出"统计量"(Statistic)对话框。默认的统计量是"数据的平均值"(Mean of Values)。

图 6-19　"定义高-低-闭合：各个变量的摘要"对话框

在"类别轴"(Category Axis)列表框中，用户同样需要通过单击 按钮从左边原变量中选择一个变量作为分类变量(也称为分组变量)，以保证高值、低值、闭合值的一一对应。

剩下操作和前面例子几乎完全相同，此处不再赘述。[例 6-5]结果如图 6-20 所示。

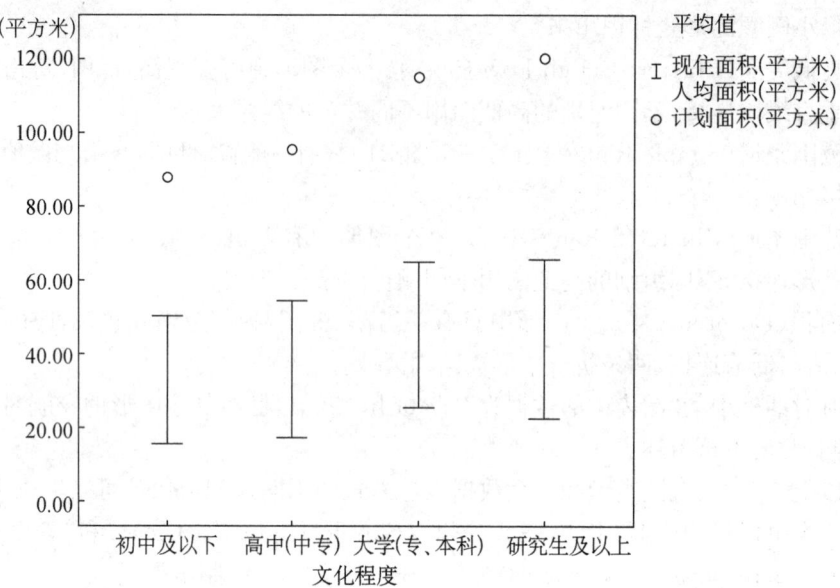

数据来源：住房调查数据。

图 6-20　现住、人均、计划居住面积高低图

6.6　箱图

箱图（Boxplot）又称为箱锁图，是表示样本数据的中位数、四分位数和极端值的统计图形。在箱图中，最上方和最下方的线段分别表示数据的最大值和最小值，其中箱图的上方和下方的线段分别表示第三四分位数和第一四分位数，箱图中间的粗线段表示数据的中位数。另外，箱图中在最上方和最下方的星号和圆圈分别表示样本数据中的极端值。

【例 6-6】　现有"住房状况.sav"调查数据（见第 6 章例题、思考题数据二维码），请作出不同文化程度的购房价箱位图。

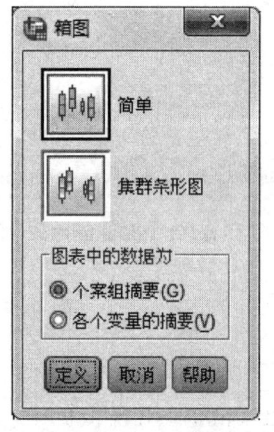

图 6-21　"箱图"导航对话框

绘制箱图具体操作：

Step1：打开【图形】（Graphs）菜单，选择【旧对话框】（Legacy Dialogs）命令下的【箱图】（Boxplot）命令。

进入如图 6-21 所示的"箱图"（Boxplot）导航对话框。用户可以选择箱图的类型，并定义箱图中数据的表达方式。

SPSS 将箱图大致分为以下两种类型：

简单（Simple）：一个图形中有多个箱，各个箱是相互独立的。

集群条形图（Clustered）：一个图形中有多个箱，多个箱之间按照分组变量分成若干组，相同组别的箱集中放置，以方便用户进行比较。

图表中的数据为（Data in Chart）栏：用户可以选择如下的数据表达类型：

个案组摘要（Summaries for Groups of Cases）：用分类值

作图,箱图中每一条线代表观测量的一个分类;

各个变量的摘要(Summaries of Separate Variables):用变量值作图,箱图中每一条线代表一个变量。

通过以上 2 个箱图类型和 2 个数据表达方式的不同搭配,SPSS 可以生成 4 种不同的箱图。本书以用户选择"简单"箱图和"个案组摘要"为例,阐述箱图的绘制步骤。

Step2:单击【定义】(Define)按钮。

进入如图 6-22 所示的"定义简单箱图:个案组摘要"(Define Simple Boxplot:Summaries for Groups of Cases)对话框。根据用户所选的箱图类型和数据表达方式的不同,出现的对话框名称也不同,但对话框的主体内容大致相同。

在该对话框中,用户可以选择箱图绘制的相关细节:

"变量"(Variable)列表框:用户需要通过单击 ➡ 按钮从左边原变量中选择一个变量作为分析变量,分析变量的数据将作为箱图中各四分位点的依据。

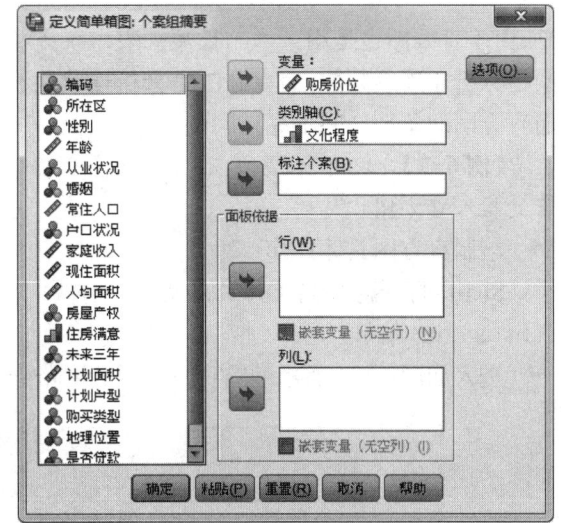

图 6-22　"定义简单箱图:个案组摘要"对话框

"类别轴"(Category Axis)列表框:用户需要选择一个变量作为分类变量(也称为分组变量),SPSS 将按照分组变量所分的组别决定箱图的个数。

"标签个案"(Label Cases by)列表框:非必选项,用户可以选择一个变量作为标识变量,以保证分析变量与分类变量的一一对应。

剩下操作和前面例子几乎完全相同,此处不再赘述。[例 6-6]结果如图 6-23 所示。

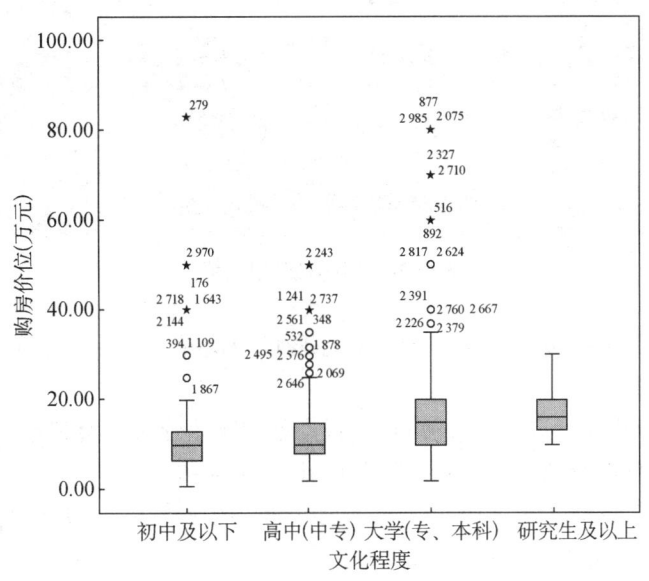

图 6-23　购房价位箱图

6.7 直方图

直方图(Histogram)是用条形的长短来表示连续性频数大小的统计图。其统计意义与面积图(Area Charts)相似,但是直方图能进行多组资料的比较,而面积图无此项功能。另外,由于直方图也是用条形的长短来表示统计意义,故其外观上与条形图类似。但由于条形图是分析非连续频数,而直方图是分析连续性频数,因此,条形图的条形之间存在一定间隔,而直方图的条形之间不存在间隔。

【例6-7】 现有"住房状况.sav"调查数据(见第6章例题、思考题数据二维码),请作出家庭收入直方图。

绘制直方图具体操作:

Step1:打开【图形】(Graphs)菜单,选择【旧对话框】(Legacy Dialogs)命令下的【直方图】(Histogram)命令。

进入如图6-24所示的"直方图"(Histogram)对话框。

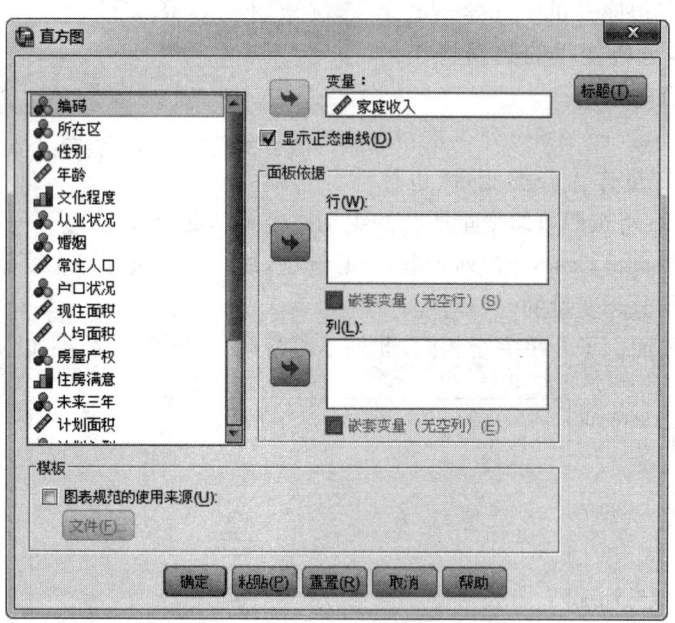

图6-24 "直方图"对话框

Step2:在该对话框中,单击![按钮]按钮从左边原变量中选择一个变量作为分析变量进入"变量"(Variable)列表框中。

SPSS自动将分析变量进行频数分析,并根据各个频数分布段绘制直方图。直方图的横轴代表分析变量数据的频数区间,纵轴代表每个区间的频数。

"显示正态曲线"(Display Normal Curve)复选框:选择该选项,SPSS将在频数分布图中绘制正态分布曲线,以方便用户将数据与正态分布进行比较,判断样本数据是否符合正态分布。

剩下操作和前面例子几乎完全相同,此处不再赘述。[例 6-7]结果如图 6-25 所示。

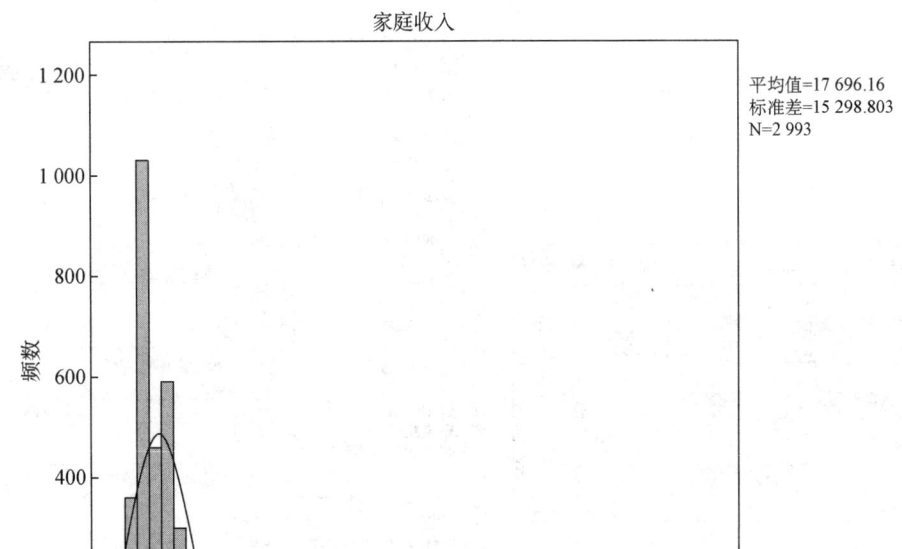

图 6-25　家庭收入直方图

6.8　散点图

散点图是各种统计图中比较简单的一种,共分为 Simple、Matrix(以矩阵的形式显示多个变量间两两的散点图)、Overlay(将多个变量间两两的散点图同时作在一张图上)和 3D(将 X、Y、Z 3 个变量间的相关散点图作在一个立体空间中)四种。

【例 6-8】　现有"住房状况.sav"调查数据(见第 6 章例题、思考题数据二维码),请作出家庭收入与购房价位散点图。

绘制直方图具体操作:

Step1:打开【图形】(Graphs)菜单,选择【旧对话框】(Legacy Dialogs)命令下的【散点】(Scatter)命令。

进入如图 6-26 所示"散点图"(Scatter Plot)对话框。然后选择需要的散点图,图中的五个选项依次是"简单散点图"(Simple Scatter)、"矩阵散点图"(Matrix Scatter)、简单点图(Simple dot Scatter)、"重叠散点图"(Overlay Scatter)和"三维散点图"(3D Scatter)。

Step2:单击【定义】(Define)按钮。

进入如图 6-27 所示的简单散点图(Simple Scatterplot)对话框。

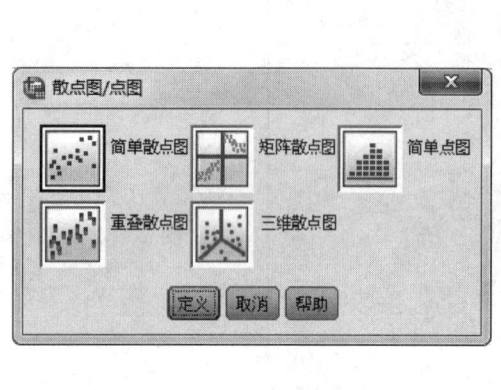

图 6-26　散点图对话框

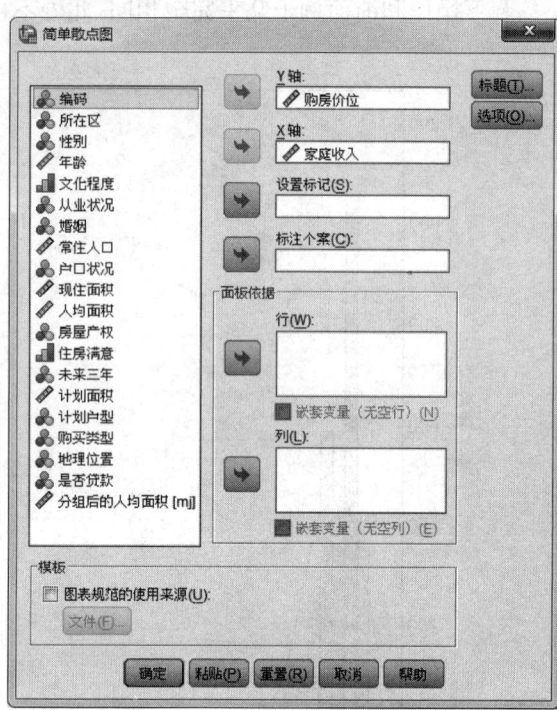

图 6-27　简单散点图对话框

Step3：选择变量分别进入 X 轴和 Y 轴，单击【确定】(OK)按钮。

剩下操作和前面例子几乎完全相同，此处不再赘述。[例 6-8]结果如图 6-28 所示。

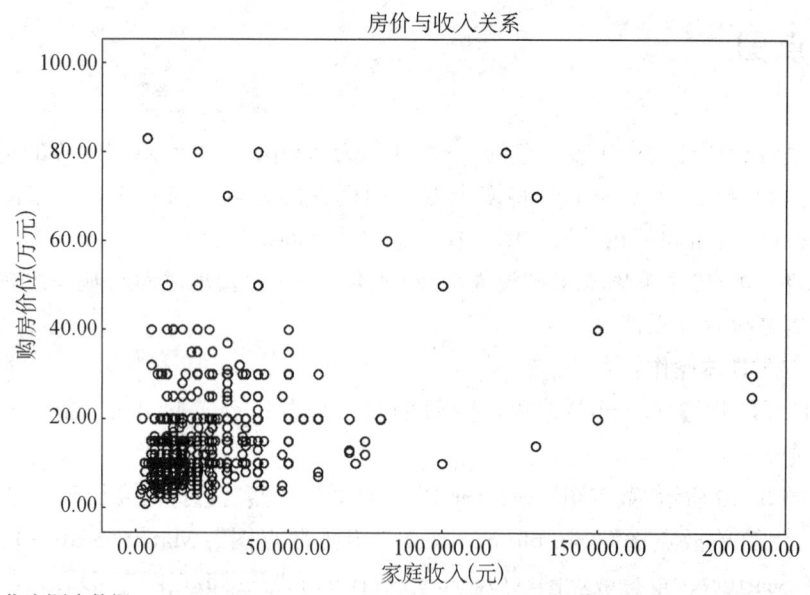

数据来源：住房调查数据。

图 6-28　购房价位与家庭收入散点图

6.9　时间序列图

时间序列图(Time Series Diagram)也叫推移图,是以时间轴为横轴,变量为纵轴的一种图。经常应用在产品质量管理中,时间序列图主要目的是观察变量是否随时间变化而呈现某种趋势。它是统计技术中的一种,便于管理者随时掌握管理效果或产品的主要性能参数的动态趋势,便于管理者及时分析改进。其好处是一目了然。

【例 6-9-1】　现有"出口.sav"数据(见第 6 章例题、思考题数据二维码),请作出出口量的趋势图。

画出趋势图具体操作:

方案一

Step1:单击【分析】(Analyze)菜单,选择【预测】(Forecasting),点击【序列图】(Sequence Chart)。

进入如图 6-29 所示的序列图(Sequence Chart)对话框,在打开的对话框中将出口量(amounts)选入"Variables"列表框,时间变量 Date 选入"Time Axis Labels"。

Step2:单击【确定】(OK)按钮。

在结果输出窗口中得到如图 6-30 所示的出口量序列。

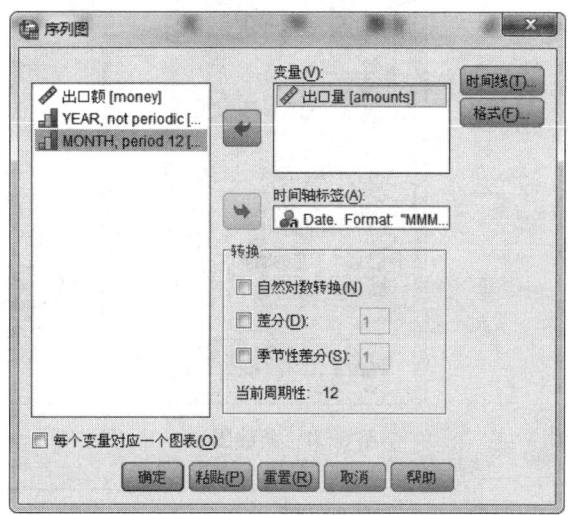

图 6-29　序列图(Sequence Chart)对话框

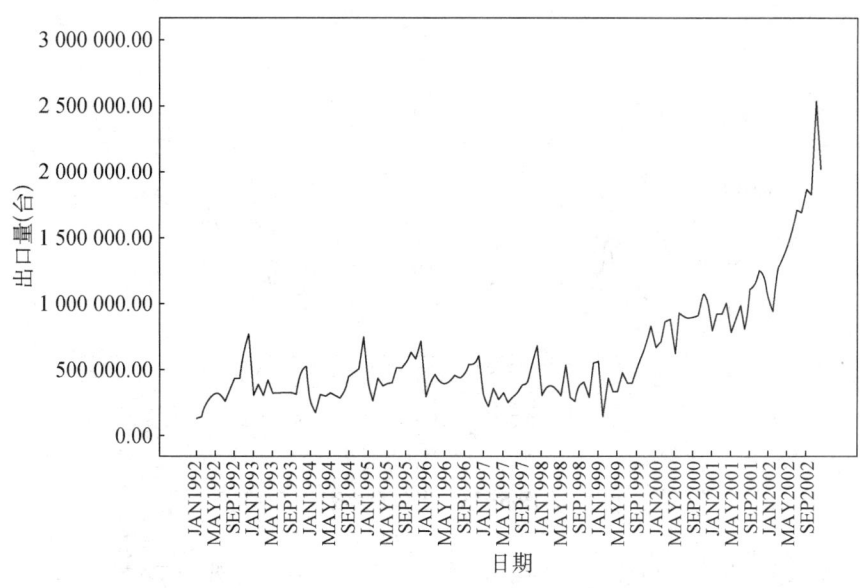

图 6-30　出口量序列

方案二(参考6.2线图)

具体步骤:打开【图形】(Graphs)菜单,选择【旧对话框】(Legacy Dialogs)命令下的【折线图】(Line Charts)命令,进入图6-31,选择"个案值",点击【定义】(Difine)按钮,进入图6-32,并照图选入相应变量,点击【确定】按钮。在结果输出窗口中得到如图6-33所示的"出口量序列"。

图6-31　折线图

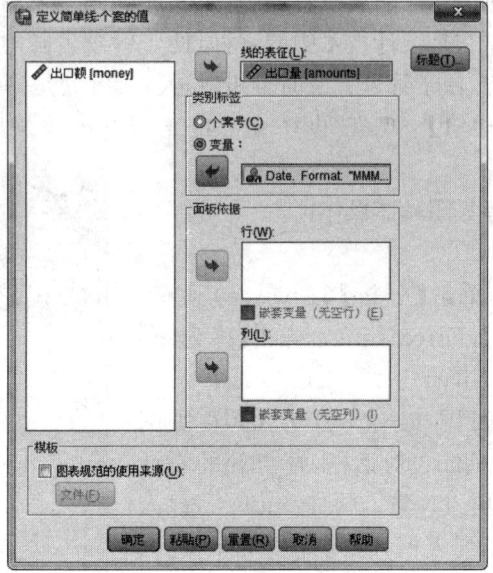

图6-32　定义简单线

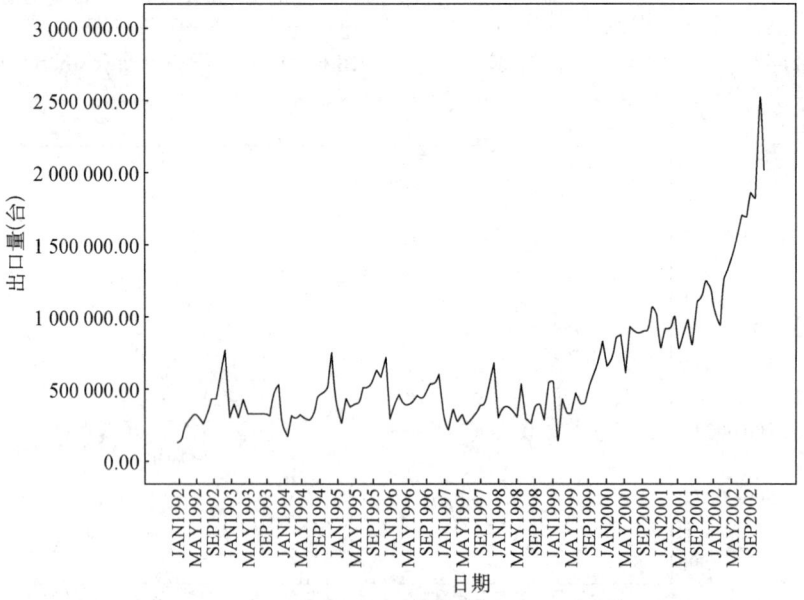

图6-33　出口量序列

【例6-9-2】　现有"出口.sav"数据(见第6章例题、思考题数据二维码),请作出出口量自相关图。

Step1：单击【分析】（Analyze）菜单，选择【预测】（Forecasting），点击【自相关】（Autocorrelation）。

进入如图 6-34 所示的"自相关"（Autocorrelation）对话框，左边框内选择出口量（amounts）进入右边 Variables 对话框。

如果需要对时间序列进行变换，从【转换】（Transform）栏中选择对变量的的变换方式：

自然对数转换：Natural Log Transform；

差分变换：Differfence；

季节差分变换：Seasonally Difference。

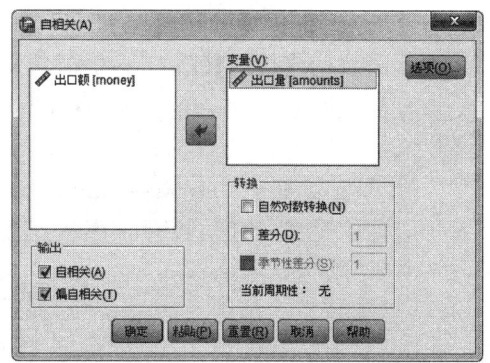

图 6-34　自相关对话框

【输出】（Display）栏中选择自相关图（Autocorrelations）和偏自相关图（Partial Autocorrelations）。

Step2：单击【选项】（Options）按钮。

进入如图 6-35 所示的"自相关：选项"对话框，在"最大延迟数"（Maximum Number of Lags）参数框中选择最大滞后数值，默认值是 16。

Step3：在"自相关：选项"对话框，单击【继续】（Continue）。

图 6-35　"自相关：选项"对话框

Step4：在"自相关"（Autocorrelation）对话框中，单击【确定】（OK）按钮。

在输出窗口观察到自相关图（见 6-36）和偏相关图（见 6-37）。

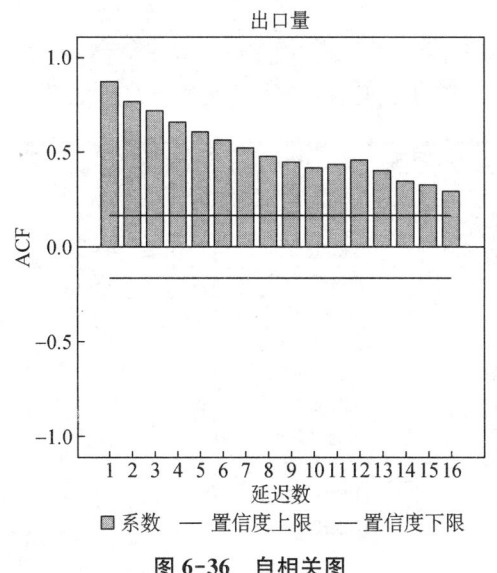

图 6-36　自相关图

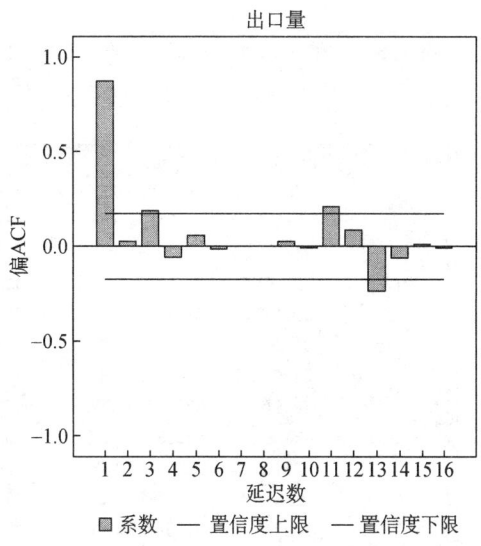

图 6-37　偏相关图

从图 6-36 和图 6-37 中都可以看出，这个时间序列具有很强的自相关性。图 6-37 反映出这个时间序列不是平稳的时间序列，有一定的趋势性。

周期性时间序列的日期型变量设定。

Step1：打开【数据】(Data)，选择【定义日期】(Define Dates)命令。

进入如图 6-38 所示的"定义日期"(Define Dates)对话框。完成第一个个案设置。

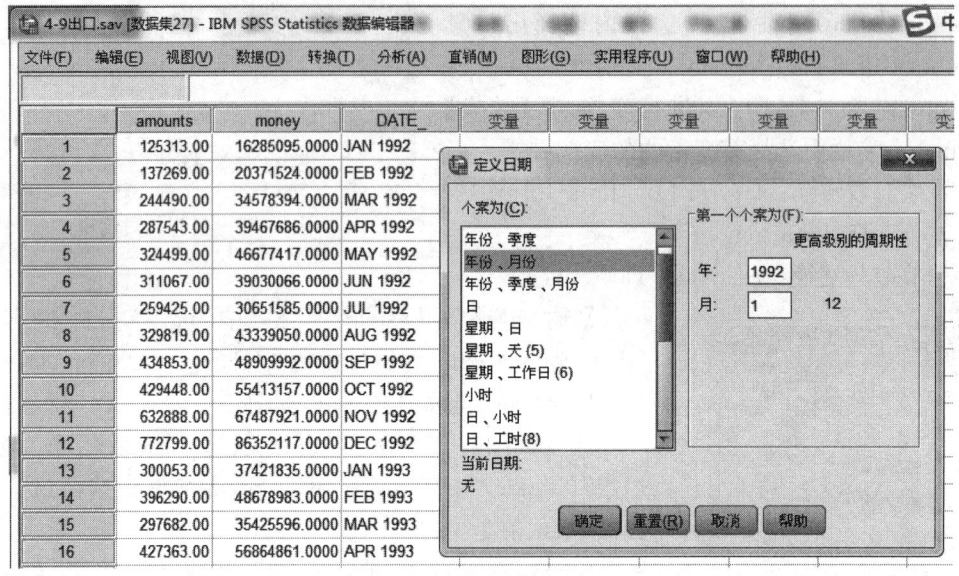

图 6-38 "定义日期"(Define Dates)对话框

Step2：在"定义日期"(Define Dates)对话框中，单击【确定】(OK)按钮。

进入如图 6-39 所示的数据编辑器窗口，完成周期性时间序列的日期型变量设定。

	amounts	money	YEAR_	MONTH_	DATE_	变量	变量
1	125313.00	16285095.0000	1992	1	JAN 1992		
2	137269.00	20371524.0000	1992	2	FEB 1992		
3	244490.00	34578394.0000	1992	3	MAR 1992		
4	287543.00	39467686.0000	1992	4	APR 1992		
5	324499.00	46677417.0000	1992	5	MAY 1992		
6	311067.00	39030066.0000	1992	6	JUN 1992		
7	259425.00	30651585.0000	1992	7	JUL 1992		
8	329819.00	43339050.0000	1992	8	AUG 1992		
9	434853.00	48909992.0000	1992	9	SEP 1992		
10	429448.00	55413157.0000	1992	10	OCT 1992		
11	632888.00	67487921.0000	1992	11	NOV 1992		
12	772799.00	86352117.0000	1992	12	DEC 1992		
13	300053.00	37421835.0000	1993	1	JAN 1993		
14	396290.00	48678983.0000	1993	2	FEB 1993		
15	297682.00	35425596.0000	1993	3	MAR 1993		

图 6-39 日期型变量设定

本 章 小 结

本章主要介绍条形图、线图、面积图、饼形图、高低图、箱图、直方图、位散点、趋势图、自相关图的 SPSS 操作。

思 考 题

1. 现有"住房状况.sav"调查数据,请作出不同从业状况的人均住房面积条形图。

2. 现有"住房状况.sav"调查数据,请作出不同从业状况的人均住房面积线图。

3. 现有"住房状况.sav"调查数据,请作出不同从业状况的人均住房面积面积图。

4. 现有"住房状况.sav"调查数据,请作出不同从业状况的人均住房面积的饼形图。

5. 现有"住房状况.sav"调查数据,请作出不同从业状况的现住、人均、计划居住面积高低图。

6. 现有"住房状况.sav"调查数据,请作出不同从业状况的购房价位箱图。

7. 现有"住房状况.sav"调查数据,请作出人均住房面积直方图。

8. 现有"住房状况.sav"调查数据,请作出人均住房面积与购房价位散点图。

9. 现有"年人均消费支出和教育.sav"数据,请作出人均消费支出趋势图、自相关图。

第 6 章例题、思考题数据

第7章 参数检验

 学习目标

➢ 掌握假设检验的基本思想和步骤。
➢ 掌握单样本 t 检验的基本原理、SPSS 操作及结果解释。
➢ 掌握两独立样本 t 检验的基本原理、SPSS 操作及结果解释。
➢ 掌握两配对样本 t 检验的基本原理、SPSS 操作及结果解释。

统计方法大体可分为描述统计和推断统计两大类。在第 5 章,我们已经介绍了描述统计在统计学中的重要地位,并针对变量的不同尺度类型介绍了变量的描述统计方法,从本章开始,我们将接触推断统计内容了。描述统计和推断统计最大的区别在于描述统计仅仅针对样本数据进行处理,而推断统计要求从样本数据出发,推断其总体的性质。

为了解总体的分布,从总体中随机抽取 n 个个体,记其指标值为 x_1, x_2, $\cdots$, x_n,则 x_1, x_2, $\cdots$, x_n 称为总体的一个样本,n 称为样本容量(或样本量),样本中的个体称为样品。样本分为随机样本和非随机样本,统计中基本都是研究随机样本。

"简单随机样本"需满足下述两条:

样本具有随机性,即要求总体中每一个体都有同等的机会被选入样本,即每个样品 X_i 与总体 X 有相同的分布。

样本要有独立性,即要求每一样品的取值不影响其他样品的取值,意味着 X_1, X_2, $\cdots$, X_n 相互独立。

如果 X_1, X_2, $\cdots$, X_n 之间相互独立,且与总体 X 有相同的分布。则称样本是独立同分布于总体的分布。

在经济社会问题的研究过程中,常常需要比较现象之间的某些指标有无显著差异,特别当考察的样本容量 n 比较大时,由中心极限定理知,样本均值近似地服从正态分布。所以,均值的比较检验主要研究关于正态总体的均值有关的假设是否成立的问题。参数检验主要集中在【比较平均值】(Compare Means)菜单中,如图 7-1 所示。

图 7-1 参数检验菜单

【平均值】(Means)主要用于产生均值等描述统计量。

【单样本 t 检验】(One-Sample t Test),主要用于完成从一个总体中抽取样本推断总体性质的假设检验。

【独立样本 t 检验】(Independent-Sample t Test),主要完成从两个独立总体中抽样推断总体性质的假设检验。

【配对样本 t 检验】(Paired-Sample t Test),主要完成从两个配对总体中抽样推断总体性质的假设检验。

本章重点介绍中间的三项菜单,我们将结合具体例子分为三节内容来介绍,在学习时一定要注意三种方法的区别,切实掌握每种方法的适用条件和操作。

7.1　单样本 t 检验

单样本 t 检验是三种检验中最简单、最容易掌握的方法,因为它只涉及一个总体和样本。在介绍单样本 t 检验之前,有必要介绍假设检验的基本思想和一般步骤。

利用样本对总体进行推断主要基于两方面:一方面是在某些情况下,总体几乎不可能得到;另一方面是通过随机原则抽取的样本中含有总体的信息,样本的确能够代表总体,利用数理统计的知识就能够用样本推断总体的信息。因此,假设检验成为一种科学的推断总体性质的统计方法。

假设检验基于如下思想,用样本估计总体是指根据样本情况对总体情况作出一种推断,包括用"形"与用"数"两个方面来估计。用"形"估计就是用样本数据,列出频数(频率)分布表,画出频数分布直方图、频率分布直方图和频数(率)折线图,这"一表三图"是同一组数据分布的不同表现形式;用"数"估计就是用样本数据的特征数字来估计总体的特征数字,最常用的特征数字是平均数、中位数、众数、方差(标准差)。平均数表示一组数据的平均水平,中位数表示一组数据的中等水平,众数表示一组数据的多数水平。借助平均数、中位数、众数、方差(标准差)来估计一组数据的平均水平、中等水平、多数水平和估计一组数据离散性、波动性、稳定性。这就是用样本估计总体的基本思想,它是研究数理统计问题的一个核心思想。

假设检验所依据的基本原理是小概率原理。"小概率事件在一次试验(或观测)中几乎是不可能出现的。"根据这一原理,若某事件在实际中出现了,我们就推翻原来的假设,认为原假设不成立,从而接受备择假设。接下来就说明假设检验的步骤:

第一步:提出原假设(记为 H_0)和备择假设(记为 H_1)。

第二步:选择检验统计量,即根据要检验的性质,构建一个样本统计量,样本统计量要不含未知的参数;然后根据总体的分布得到统计量的分布。

第三步:根据具体问题确定显著水平 α,在实际问题中,显著性水平通常选择是 0.05 或 0.01。

第四步:根据统计量的分布,计算出样本观测值所对应的统计量观测值发生的概率,我们习惯上将这个计算出的概率称为"P 值",或者称为"观测到的显著水平"。

第五步:将 P 值和 α 作比较,作出决策,如果 P 值小于 α,则说明小概率事件发生了,此时要拒绝原假设;相反,就不能拒绝原假设。

7.1.1 单样本 t 检验的 SPSS 实现

单样本 t 检验用于检验一个样本均值与假设的总体均值的差异是否显著。对于一个总体来说,其集中趋势或者说中心值是我们关心的,因此需要了解总体的均值,但是由于总体的不可知性,我们首先对总体均值的取值进行假设,然后对总体进行抽样,通过样本均值的情况来检验我们对总体均值的假设是否成立,根据假设检验的小概率原则,如果在我们假设的总体均值下,样本均值观测值出现的概率是小概率,那么说明总体均值的假设是错误的;反之,则说明总体均值的假设是可以接受的。

构造单样本 t 检验的步骤如下:

第一步:提出原假设,由于是对总体均值的假设,因此原假设可以写成:

$H_0:\mu=\mu_0$,其中 μ 代表总体均值,是未知的,而 μ_0 是对总体均值的假设,即待检验的值。

第二步:选择检验统计量并给出统计量的分布,假设总体服从正态分布,检验统计量是 t 统计量,其构成为:

$$t=\frac{\bar{X}-\mu_0}{S/\sqrt{n}}$$

其中,$S=\sqrt{\frac{1}{n-1}\sum_{i=1}^{n}(X_i-\bar{X})^2}$。

在原假设为真(即总体均值确实等于待检验值)的条件下,此统计量服从自由度为 $n-1$ 的 t 分布。

第三步:给定显著水平 α,SPSS 默认是 0.05。

第四步:SPSS 会根据样本观测值自动计算 t 统计量的观测值,并根据统计量的分布自动计算统计量观测值发生的概率(P 值)。

第五步:根据 P 值和我们事先确定的显著水平 α,如果 P 值小于 α,此时拒绝原假设;相反,就不能拒绝原假设。

单样本 t 检验使用前提:

(1) 单个样本数据。

(2) 样本来自的总体要服从或近似服从正态分布。

(3) 样本数据为连续性数据。

【例 7-1】 为了了解某市民间信贷的发展情况,相关部门随机抽取了该市某年 30 家信贷公司的贷款年利率,已知该市所属省份信贷公司的贷款年平均利率为 16%,试利用"贷款利率.sav"(见第 7 章例题、思考题数据二维码)数据,分析该市信贷利率是否和其所属省份的贷款利率一致。

接下来我们就来看在 SPSS 中如何实现单样本 t 检验。根据[例 7-1]的叙述,我们进行如下操作:

Step1:打开文件"贷款利率.sav"。

Step2:选择【分析】(Analyze)菜单→【比较均值】(Compare Means)菜单→【单样本 t 检验】(One Sample t Test)菜单。

出现如图 7-2 所示的对话框,将待检验变量"年利率"选入检验变量框,在检验值框中输入待检验值"16"。

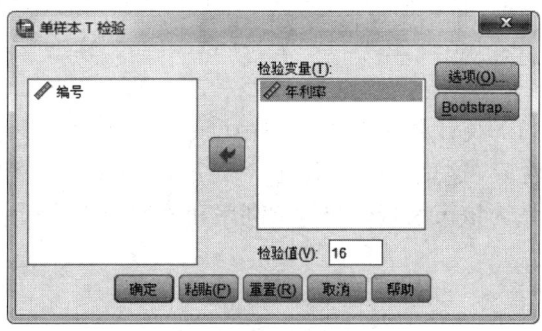

图 7-2　单样本 t 检验主对话框

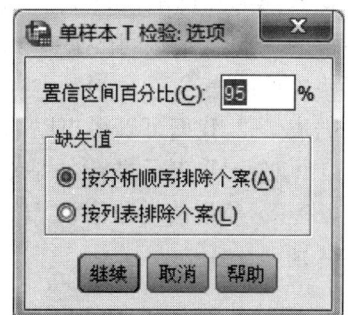

图 7-3　选项子对话框

Step3:完成置信水平的设置。

点击主对话框的【选项】(Options)按钮,进入选项子对话框,如图 7-3 所示,在【置信区间百分比】(Confidence Interval)框中指定置信水平,默认值为 95%。置信水平和显著水平相加等于 1,因此如果显著水平为 0.05,则置信水平为 0.95。当然在此选项框中还可以指定对缺失值的处理方式。

Step4:单击【继续】(Continue),回到主对话框再点【确定】(OK)按钮。

7.1.2　单样本 t 检验的结果分析

对于单样本 t 检验的结果比较简单,大家需要注意以下两个表格,表 7-1 列出均值的一些样本统计量,如样本数为 16,表明该市某年 30 家信贷公司,样本均值为 16.6767,样本标准差为 2.71632,样本均值的标准误差为 0.49593。表 7-1 有助于我们了解样本的一些特征,并和下面的结果进行比较。

表 7-1　单样本统计(One-Sample Statistics)

	N	平均值	标准偏差	标准误差平均值
年利率	30	16.6767	2.71632	0.49593

表 7-2　单样本检验(One-Sample Test)

	检验值＝16					
	t	自由度	显著性(双尾)	平均差	差值的 95% 置信区间	
					下限	上限
年利率	1.364	29	0.183	0.67667	−0.3376	1.6910

表 7-2 列出了假设检验的结果,是单样本 t 检验最重要的结果表格,表中主要有以下几项重要结果:

t:表明 t 统计量的样本观测值,用于计算 P 值。

自由度(df):即 t 统计量的自由度 29。

显著性(双尾)[Sig.(2-Tailed)]:双边检验 P 值,根据 P 值和显著水平的大小关系就可以得出是否拒绝原假设的结论了。

平均差(Mean Difference):样本均值与待检验值的差,从这一项也可以计算样本均值。

差值的 95% 置信区间(95% Confidence Interval of The Difference):95% 置信区间上下限与待检验值的差。

根据表 7-2,我们可以得出以下结论,t 统计量为 1.364,自由度 $df=29$(N−1=30−1),"Sig.(双侧)"表示进行的是双侧检验,这里 t 的显著性检验 P 值为 0.183,即 $P=0.183>0.05$,所以接受原假设 H_0,即认为该市信贷公司贷款利率和该省的贷款利率没有显著性区别。

7.2 独立样本 t 检验

本节主要讲述两独立样本的 t 检验,是指两个样本之间彼此独立没有关联,各自接受相同的测量,主要目的是分析两个独立样本的均值是否有显著差异。

两独立样本的 t 检验应用前提:

(1) 样本来自的总体应服从或近似服从正态分布。

(2) 两样本相互独立,即从一总体中抽取一组样本对从另一总体中抽取一组样本没有任何影响,两组样本的个案数目可以不等。

(3) 样本数据为连续性变量。

检验的一般步骤:

第一步:提出原假设,由于是检验两独立总体 X、Y 均值是否相等,因此原假设可以写成:$H_0:\mu_1=\mu_2$,其中 μ_1 代表总体 X 的均值,而 μ_2 是总体 Y 的均值,两总体的均值都是未知的。

第二步:选择检验统计量并给出统计量的分布,假设总体服从正态分布,按照两个总体的方差是否相等,检验 t 统计量的构成情况:

第一种情况:当两个总体的方差相等时,将两个总体的方差合并作为方差的估计。修正的样本标准差 S_p^2 定义为:

$$S_p^2=\frac{\sum_{i=1}^{n_1}(X_i-\bar{X})^2+\sum_{j=1}^{n_2}(Y_j-\bar{Y})^2}{n_1+n_2-1}=\frac{(n_1-1)S_1^2+(n_2-1)S_2^2}{n_1+n_2-1}$$

式中,n_1、n_2 分别表示两个独立样本的样本数;而 S_1^2、S_2^2 分别表示两个总体的修正样本方差。

t 统计量的定义为:

$$t=\frac{\bar{X}-\bar{Y}-(\mu_1-\mu_2)}{S_p/\sqrt{n}}$$

在原假设为真(即总体均值确实等于待检验值)的条件下,此统计量服从自由度为 n_1+n_2-2 的 t 分布。

第二种情况,当两个总体方差不相等时,此时分别采用各自的方差,此时独立样本均值差的方差定义为:

$$S_{12}^2 = \frac{S_1^2}{n_1} + \frac{S_2^2}{n_2}$$

统计量定义为:

$$t = \frac{\bar{X} - \bar{Y} - (\mu_1 - \mu_2)}{S_{12}}$$

当原假设为真时,此统计量服从修正自由度的 t 分布,修正自由度 f 定义为:

$$f = \frac{\left(\dfrac{S_1^2}{n_1} + \dfrac{S_2^2}{n_2}\right)^2}{\dfrac{\left(\dfrac{S_1^2}{n_1}\right)^2}{n_1} + \dfrac{\left(\dfrac{S_2^2}{n_2}\right)^2}{n_2}}$$

至此可见,两独立样本 t 检验,两总体的方差是否相等是决定如何计算抽样分布方差的关键,因此,有必要通过有效的方式对方差是否相同进行检验。SPSS 中通过 Levene F 方法采用 F 统计量进行检验,具体结果我们将在结果解释中说明。

第三步:给定显著水平 α,SPSS 默认是 0.05。

第四步:SPSS 会根据样本观测值自动计算 t 统计量的观测值,并根据统计量的分布自动计算统计量观测值发生的概率(P 值)。

第五步:根据 P 值和我们事先确定的显著水平 α,如果 P 值小于 α,此时拒绝原假设;相反,就不能拒绝原假设。

7.2.1　独立样本 t 检验的 SPSS 实现

【例 7-2】　为研究分析 ST 公司与非 ST 公司净利润是否存在显著差异,交易所随机抽查了 30 家 ST 和非 ST 公司,收集了他们的相关数据,请利用数据"ST 和非 ST 公司.sav"(见第 7 章例题、思考题数据二维码),试分析两者净利润是否存在显著性差异。

该数据包括了 ST 公司与非 ST 公司两个样本的数据,题目想研究两个样本背后的总体是否有显著性的差异,因为这两类公司是相互独立的,因此可用两独立样本 t 检验进行分析。

综上所述,此问题适合用独立样本的 t 检验来解决,问题的假设可以写成:

$$H_0: \mu_x = \mu_y$$

首先,根据样本验证两个总体方差是否相等,再根据方差的情况构造如表 7-2 所述的 t 统计量,其次根据 t 统计量样本观测值所对应的 P 值,就可以完成上述的独立样本均值检验了。下面我们来看具体的实现步骤。

Step1:打开文件"ST 和非 ST 公司.sav"。

Step2:选择【分析】(Analyze)菜单→【比较均值】(Compare Means)菜单→【独立样本 t

检验】(Independent Sample t Test)菜单。

在如图 7-4 所示的对话框中,将待检验的变量"净利润"选入检验变量框 Test Variabile (S),这里是一个复选框,可以同时进行两个总体多个特征的比较,在此处我们只比较净利润的均值,只将一个变量选入检验变量框。

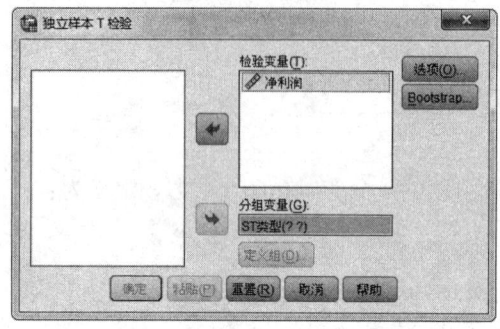

图 7-4　独立样本检验主对话框

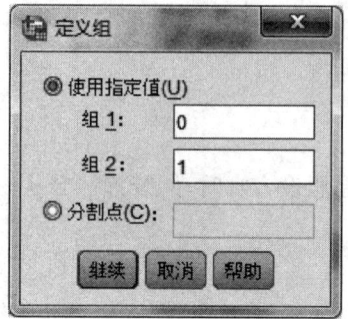

图 7-5　总体分组对话框

Step3:利用总体分组变量对总体进行分组。

将分组变量"ST 类型"选入总体分组变量框 Grouping Variable 中,点击定义组(Difine Groups)进入图 7-5 总体分组对话框,这里有两种可供选择的方式设置总体分组:

(1) 使用指定值(Use Specified Values):利用两个总体在分组变量上的特定取值来分组,即在分组变量上,一个总体取值全为 1,另一个总体取值全为 0(或 2),用这两个特定取值来区分不同总体,这种分组方式使用于分组变量只取两个值的情形。

(2) 分割点(Cut Point):利用一个分界值将总体分开,指出一个分组分界值 K,分组变量的取值大于 K 所有案例被分为一组,分组变量的取值小于 K 的其他案例被分为另外一组,此种分组方式适用于分组变量取值较多,又比较容易确定一个分组分界值的情形。

本题由于分组变量只取 0 和 1 两个值,因此我们选择第一种分组方式,选择两个总体对应的取值 0 和 1。在【使用指定值】(Use Specified Values)下输入之前定义"ST 类型"的数值,"0"表示"非 ST 公司","1"表示"ST 公司",所以分别输入"0"和"1",如果依次输入的是"1"和"0"也是可以的,只不过在输出结果部分这两种方式的 t 统计量一个为正值,另一个为负值而已,但是它们的绝对值相等,所得结论也是一样的。

Step4:点击【继续】(Continue),回到主对话框,完成置信水平的设置。

Step5:点击【继续】(Continue),再点【确定】(OK)按钮。

7.2.2　独立样本 t 检验的结果解释

下面我们对独立样本 t 检验的 SPSS 输出结果进行分析和解释,使大家掌握如何利用 SPSS 完成独立样本的假设检验。

首先出现的还是一个待检验变量的信息表格,表 7-3 是统计组,可以看出 ST 公司利润均值为 $-2\,233.0967$ 万元,标准差为 $3\,766.59172$ 万元,而非 ST 公司净利润的样本均值为 $7\,830.8867$ 万元,标准差为 $7\,778.35802$ 万元,还包括两者的样本量和均值的标准误。我们需要用这些信息验证两个样本各自的总体是否有差异,因此还需利用表 7-4 进行分析,分以下两步进行。

表 7-3 组统计（Group Statistics）

	ST 类型	数字	平均值	标准偏差	标准误差平均值
净利润	非 ST 公司	15	7 830.8867	7 778.35802	2 008.36341
	ST 公司	15	−2 233.0967	3 766.59172	972.52980

表 7-4 独立样本检验

		列文方差相等性检验		平均值相等性的 t 检验						
		F	显著性	t	自由度	显著性（双尾）	平均差	标准误差差值	差值的 95% 置信区间	
									下限	上限
净利润	已假设方差齐性	8.295	0.008	4.510	28	0.000	10 063.98333	2 231.44298	5 493.07959	14 634.88707
	未假设方差齐性			4.510	20.223	0.000	10 063.98333	2 231.44298	5 412.57008	14 715.39659

判断两者方差是否相等。利用 F 检验判断两总体方差是否相等，其原假设 H_0 为 ST 公司与非 ST 公司净利润方差没有显著差异（即方差近似相等），表述为 $H_0:\sigma_1 = \sigma_2$。由表 7-4 可看出，F 检验统计量为 8.295，F 检验所对应的概率 P 值为 0.008，$P = 0.008 < \alpha = 0.05$ 时，拒绝原假设 H_0，即可以认为 ST 公司与非 ST 公司净利润的方差不相等。

判断两总体均值是否有差异。前面已经证明 ST 公司与非 ST 公司净利润的方差不相等，这时选择"假设方差不相等"那一行的数据进行两独立样本 t 检验；如果遇到两样本方差相等的情况，则选择第一行的数据进行分析。此时可以看出，$t = 4.510$，$P = 0.000 < \alpha = 0.05$ 时，拒绝原假设 H_0，因此，可以认为 ST 公司与非 ST 公司净利润均值有显著差异。

7.3 配对样本 t 检验

配对样本 t 检验是检验两个有联系正态总体的均值是否存在显著的差异。它又称配对样本的 t 检验。例如，检验某种药品使用的效果是否显著，需要对使用者使用前后情况进行比较。又如，对某电子计时器准确度效果进行检验，采用同一批志愿者分别用手工计时器和电子计时器测量他们的跑步成绩以进行比较。在经济、金融统计中，配对样本的 t 检验常用于检验某一项政策对企业或机构的影响是否显著，或者用于检验同一企业、地区、国家的不同方面是否有显著差异。

配对样本 t 检验的步骤：

第一步：提出原假设，对两总体均值差的原假设可以写成：

$H_0:\mu_1 - \mu_2 = 0$，其中 μ_1、μ_2 代表配对总体的均值，都是未知的。

第二步：选择检验统计量并给出统计量的分布，假设总体服从正态分布，检验统计量是 t 统计量，其构成为：

$$t = \frac{\overline{D}}{S_D/\sqrt{n}}$$

其中，$\bar{D}$，S_D 定义分别为：

$$\bar{D} = \frac{1}{n}\sum_{i=1}^{n}(X_{i1} - X_{i2}), S_D^2 = \frac{1}{n-1}\sum_{i=1}^{n}(X_{i1} - X_{i2} - \bar{D})^2$$

在原假设为真（即总体均值差确实等于 0）的条件下，此统计量服从自由度为 $n-1$ 的 t 分布。

第三步：给定显著水平 α，SPSS 默认是 0.05。

第四步：SPSS 会根据样本观测值自动计算 t 统计量的观测值，并根据统计量的分布自动计算统计量观测值发生的概率（P 值）。

第五步：根据 P 值和我们事先确定的显著水平 α，如果 P 值小于 α，此时拒绝原假设；相反，就不能拒绝原假设。

7.3.1 配对样本 t 检验的 SPSS 实现

【例 7-3】 中国 A 股沪深证券交易所对财务状况和其他财务状况异常的上市公司的股票交易进行特别处理（英文为 Special Treatment，缩写为"ST"）。其中异常主要指两种情况：一是上市公司经审计两个会计年度的净利润均为负值；二是上市公司最近一个会计年度经审计的每股净资产低于股票面值。对于 ST 上市公司，其财务状况的变化特别受到关注。本小节收集了部分 ST 公司 2006、2007 年两年的财务数据（"ST 财务数据.sav"，见第 7 章例题、思考题数据二维码），请分析这些 ST 公司的利润状况整体有没有改善。

对于本题，要求分析 ST 上市公司的利润状况是否改善，ST 公司的整体利润是总体，现在从 ST 公司抽取的 43 个公司作为样本，并收集了它们 2006 年和 2007 年的财务数据，分析在这 1 年中，ST 公司整体利润是否有显著改善。本题适合用配对样本 t 检验来完成，将 43 个样本公司 2006 年和 2007 年的利润金额进行配对，再检验其均值是否有显著差异，就可以推断 ST 公司整体利润是否有显著的改善了。下面我们就具体完成这个检验的 SPSS 操作，并根据软件的分析结果来说明是否 ST 公司整体利润有显著改善。

7.3.2 配对样本 t 检验的 SPSS 实现

Step1：打开文件"ST 财务数据.sav"。

首先进行数据选取的预处理，利用"类型（lx）"变量将所有 ST 公司样本选出。

Step2：选择【分析】（Analyze）菜单→【比较均值】（Compare Means）菜单→【配对样本 t 检验】（Paired-Sample t Test）菜单。

进入如图 7-6 所示的对话框，在左边的变量框中选择配对的第一个变量"06 年度应计利润总量（yjlr06）"，再按住 Ctrl 键选择配对的第二个变量"07 年度应计利润总量（yjlr07）"，点击对话框中间的箭头，将配对变量选入中间的配对变量框（Paired Variables）中。对于配对变量的选择还有其他的方式，例如，可以首先选择第一个配对变量，再点击中间的箭头，则此变量将会出现在第 1 配对的"Variable1"框，然后同样操作选择第二配对变量，这样一组配对变量就选择好了。

Step3：完成置信水平的设置。

点击主对话框的【选项】（Options）按钮，进入选项子对话框，如图 7-3 所示，在【置信区

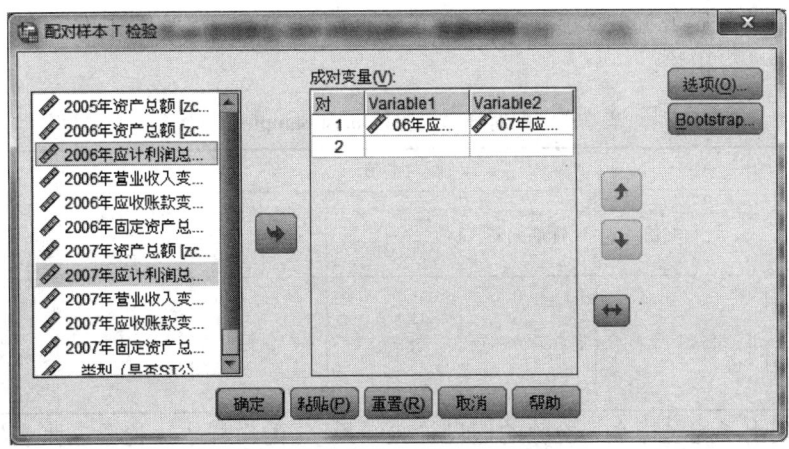

图 7-6　配对样本 t 检验主对话框

间百分比】(Confidence Interval)框中指定置信水平,默认值为 95%。置信水平和显著水平相加等于 1,因此如果显著水平为 0.05,则置信水平为 0.95。当然在此选项框中还可以指定对缺失值的处理方式。

Step4:单击【继续】(Continue),回到主对话框再点【确定】(OK)按钮。

7.3.3　配对样本 t 检验的结果解释

下面我们来看 SPSS 分析的配对样本 t 检验的结果。

表 7-5　配对样本统计(Paired Samples Statistics)

		平均值	N	标准偏差	标准误差平均值
配对 1	2006 年应计利润总量	−208 251 957.1140	43	343 192 981.06261	52 336 438.96023
	2007 年应计利润总量	−22 109 084.3091	43	242 864 465.20126	37 036 483.72778

表 7-5 配对样本 t 检验的统计量情况:2006 年应计利润总量平均数为 −208 251 957.1140 元,样本数为 43,样本标准差是 343 192 981.06261 元,样本均值的标准误差是 52 336 438.96023 元;2007 年应计利润总量平均数为 −22 109 084.3091 元,样本数为 43,样本标准差是 242 864 465.20126 元,样本均值的标准误差是 37 036 483.72778 元。从这些统计量上可以看出,ST 上市公司虽然仍在亏损,但是 2007 年比 2006 年大幅减少了亏损,2007 年亏损额大约为 2006 年亏损额的 10%,其盈利情况可能已经发生了改善,是否真正改善需要从表 7-6 和表 7-7 中获得证明。

表 7-6　配对样本相关性(Paired Samples Correlations)

		N	相关系数	显著性
配对 1	2006 年应计利润总量和 2007 年应计利润总量	43	−0.263	0.088

表 7-6 说明配对两变量的相关关系,从表中数值看,2006 年和 2007 年应计利润总量样本相关系数为 −0.263,且此相关系数的统计检验 P 值为 0.088,假定显著水平为 0.05,则说明此相关关系不显著,说明不能拒绝相关系数为 0 的假设,即 2006 年和 2007 年 ST 上市公

司的应计利润没有显著相关关系。表 7-6 在整个配对样本 t 检验中作用不大,只是用于说明两配对总体是否相关。

表 7-7　配对样本检验(Paired Samples Test)

		配对差值					t	自由度	显著性(双尾)
		平均值	标准偏差	标准误差平均值	差值的95%置信区间				
					下限	上限			
配对1	2006 年应计利润总量—2007 年应计利润总量	−186 142 872.80488	469 767 438.96426	71 638 862.83086	−330 715 951.09454	−41 569 794.51523	−2.598	42	0.013

表 7-7 列出了配对样本 t 检验的假设检验结果,是配对样本 t 检验三张表格中最重要的一张表格,由于表格太长,将表格的列显示改为行显示。从表中可以看出,2007 年比 2006 年 ST 上市公司的应计利润总额增加 1.861×10^8,检验的统计量观测值为 -2.598,自由度为 42,对应的检验概率 P 值为 0.013,假如确定显著水平为 0.05,则应该拒绝原假设,认为 2007 年利润和 2006 年有显著的增长。当然,从 95% 置信区间的值同号也能得出相同的结论。

综上所述,可以认为 ST 上市公司 2007 年利润情况较 2006 年有了显著的提高,利润情况有了显著的改善。

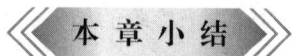

本 章 小 结

1. 本章介绍了参数检验的基本概念,完成假设检验的一般性步骤。

2. 在统计决策中,如果没有特殊说明,显著水平一般为 0.05。

3. 如果只涉及一个样本,用单样本 t 检验作差异分析,在使用单样本 t 检验时,会指定一个具体的检验值。

4. 如果涉及两个样本,但这两个样本是独立的,采用两独立样本 t 检验作差异分析。

5. 如果涉及两个样本,但是两个样本是彼此有关联的,一般情况下采用两配对样本 t 检验作差异分析。

思 考 题

1. 假设检验的基本步骤有哪些? 所谓小概率事件原理指的是什么? 它在假设检验中又是如何应用的?

2. 统计学中常用的显著差异是什么意思? 假设检验的应用条件是什么? 在 SPSS 中对这些条件如何验证?

3. 请写出[例 7-3]假设检验的流程,包括原假设、检验统计量、统计量的分布,以及假设检验的结果。

4. 某生产食盐的生产线(生产线.sav),其生产的袋装食盐的标准质量为 500 克,现随机抽取 10 袋,其质量分别为 495 克、502 克、510 克、497 克、506 克、498 克、503 克、492 克、

504 克、501 克。假设数据呈正态分布,请检验生产线的工作情况。

5. 为比较两种不同品种的玉米的产量,分别统计了 8 个地区的单位面积产量,具体数据见"玉米产量.sav"。假定样本服从正态分布,且两组样本相互独立,试比较在置信度为95%的情况下,两种玉米产量是否有显著性差异。

第 7 章例题、思考题数据

第 8 章　方　差　分　析

 学习目标

> 了解方差分析的含义。
> 掌握单因素方差分析基本原理、SPSS 操作及结果解释。
> 掌握多因素方差分析基本原理、SPSS 操作及结果解释。
> 掌握协方差分析的基本原理、SPSS 操作及结果解释。

在第 7 章,我们讲述了两独立样本参数的 t 检验,通过 t 检验可以判断两个总体的均值是不是有显著差异。那么,我们不禁要问:如果要判断的总体不止两个,而是多个,我们该如何进行均值间的比较呢? SPSS 提供方差分析来完成这一工作。

一个复杂的事物,其中往往有许多因素互相制约又互相依存。方差分析的目的是通过数据分析找出对该事物有显著影响的因素,各因素之间的交互作用,以及显著影响因素的最佳水平等。方差分析是在可比较的数组中,把数据间的总的"变差"按各指定的变差来源进行分解的一种技术。对变差的度量,采用离差平方和。方差分析方法就是从总离差平方和分解出可追溯到指定来源的部分离差平方和,这是一个很重要的思想。在工业、农业、经济、医学、金融等许多学科领域,方差分析发挥了越来越重要的作用。掌握方差分析,不仅让我们掌握了一件分析数据的有力工具,而且有助于我们对统计思想的深入理解,培养统计思维。下面我们就来具体说说方差分析的基本思想和步骤。

8.1　方差分析概述

方差分析是 R. A. Fister 发明的,用于两个及两个以上样本均数差别的显著性检验。由于各种因素的影响,研究所得的数据呈现波动状,造成波动的原因可分成两类:一类是不可控的随机因素;另一类是研究中施加的对结果形成影响的可控因素。方差分析的基本思想是:通过分析研究中不同来源的变异对总变异的贡献大小,从而确定可控因素对研究结果影响力的大小。方差分析从实质上来说是两独立样本 t 检验推广到多独立总体情形的假设检验,是一种参数检验方法,其检验的是多总体的均值是否存在显著差异。

在证券市场中,我们要考察不同行业的股票,在一轮大牛市中上涨的平均幅度是否相同,即股票在牛市中是否存在行业差异。此时,我们需要在每个行业中选取一些股票作为样本,计算其涨幅,然后再比较这些行业平均涨幅是否相同。这也仅仅考虑行业对证券的影响,其实证券的影响因素还有很多:地域、概念、宏观政策等,这些因素中哪些对股票有显著的影响,哪些没有显著的影响。更进一步来说,如果肯定了行业对股票涨幅有影响,那么我们还需要确定究竟是哪个行业的股票的平均涨幅最大,哪个行业的平均涨幅最小,它们之间的差异是不是显著的。在清楚了这些问题以后,我们就可以针对某个行业的股票制定投资策略了。

以下三条假设在进行方差分析时是非常关键的,否则易产生错误的统计结论。

(1) 总体分布的正态性。方差分析与 Z 检验或 t 检验一样,也要求样本必须来自正态分布的总体。在财务与金融研究领域,大多数变量是可以假设其总体服从正态分布的。因此在一般进行方差分析时要求检验总体的正态性。但是当我们有确实的证据证明总体分布不正态时,就需要对数据进行一些处理,如采用某种方式进行数据的转换,转换后的数据分布呈正态分布后再作方差分析。

(2) 各个实验组的方差齐性。方差分析要求各总体的方差或标准差相同。如果各总体的方差不一致,那么方差分析得出差异显著结论时就无法进行很好的回因分析。例如,某校在实验班和普通班进行教学方法的实验,以新方法施教于实验班,以传统方法施教于普通班。实验结束后发现两班成绩差异非常显著,然而这种差异究竟是教法不同造成的,还是两班学生原有学习水平不同引起的,我们无法回答这个问题。因此,方差分析前需对各样本的方差作一致性检验,称方差齐性检验,只有满足了方差齐性的条件才可作方差分析。

(3) 变异具有可加性。变异具有可加性是方差分析中的又一重要假设。众所周知,影响事物的因素是多种多样的,方差分析是将事物的总变异分解为各个不同变异来源,分解后的各部分变异是相互独立,相加后就构成总变异。

8.2　单因素方差分析

在方差分析中,我们把要考察其均值是否存在显著差异的指标变量称为观测变量(应变量),对观测变量取值有影响的其他变量称为因素(控制变量或水平)。例如,某企业在制定商品的广告策略时,收集了该商品在不同地区采用不同广告形式促销后的销售额数据,希望对广告形式和地区是否对商品销售额产生影响进行分析。在方差分析中,因素的取值应为离散型的,其不同的取值称为水平。又如,每一个具体地区或者每一种广告形式都对应着一个水平。根据控制变量的个数可以将方差分析分成单因素方差分析、多因素方差分析和协方差分析。控制变量是一个变量时的方差分析称为单因素方差分析,这是所有方差分析中最简单的一种。我们就从单因素方差分析开始讲解方差分析的基本原理。

8.2.1　单因素方差分析的基本原理

方差分析的数学模型是:假设在控制变量各个水平上,观测变量样本取值为:

$$X_{ij} = \mu_i + \varepsilon_{ij}, \ i = 1, 2, \cdots, k, \ j = 1, 2, \cdots, n_i$$

其中,i 代表控制变量的第 i 个总体,μ_i 表示第 i 个总体的均值,ε_{ij} 是服从正态分布的随机变量,表示第 i 个总体第 j 个样本受随机因素的影响,n_i 表示第 i 个总体中的样本数;k 表示总体数,则样本总量为:

$$n_1 + \cdots + n_k = n$$

总的均值为各总体均值求平均：

$$\mu = \frac{1}{k} \sum_{i=1}^{k} \mu_i$$

如果各总体均值都相等，则样本取值就只受到随机因素的影响；如果各总体均值不相等，则样本取值就同时受到总体均值和随机因素的影响。方差分析要检验的就是样本取值是否受各总体均值的影响，在构造统计量时，需要用样本统计量 $\bar{X}_i$ 和 $\bar{X}$ 去估计各总体均值 μ_i 和总均值 μ。

假设检验的原假设：

$H_0: \mu_1 = \mu_2 = \cdots = \mu_k$，备择假设：$H_1: p, q, s.t. \quad \mu_p \neq \mu_q$

即原假设成立时，则观测变量主要受随机误差的影响。考虑观测变量的样本方差构成：

$$S^2 = \frac{1}{n-1} \sum_{i=1}^{k} \sum_{j=1}^{n_i} (X_{ij} - \bar{X})^2 = \frac{1}{n-1} \sum_{i=1}^{k} \sum_{j=1}^{n_i} (X_{ij} - \bar{X}_i + \bar{X}_i - \bar{X})^2$$

$$= \frac{1}{n-1} \sum_{i=1}^{k} \sum_{j=1}^{n_i} \left[(X_{ij} - \bar{X}_i)^2 + (\bar{X}_i - \bar{X})^2 \right]$$

$$= \frac{1}{n-1} \left[\sum_{i=1}^{k} \sum_{j=1}^{n_i} (X_{ij} - \bar{X}_i)^2 + \sum_{i=1}^{k} n_i (\bar{X}_i - \bar{X})^2 \right]$$

从公式可知样本方差由组内方差（SSA）和组间方差（SSE）两部分构成，其中 $SSA = \sum_{i=1}^{k} \sum_{j=1}^{n_i} (X_{ij} - \bar{X}_i)^2$，$SSE = \sum_{i=1}^{k} n_i (\bar{X}_i - \bar{X})^2$。如果原假设为真，那么样本方差的主要部分将是组内方差，组间方差较组内方差来说将会很小；如果原假设不真，那么样本方差的主要部分将是组间方差，组间方差较组内方差来说就会较大。

构造统计量：$F = \dfrac{SSA/(k-1)}{SSE/(n-k)} = \dfrac{MSA}{MSE}$

式中，MSA 和 MSE 分别称为组间和组内的平均方差。在原假设为真的条件下，则组内方差（分母）大，组间方差（分子）小，且统计量服从自由度为 $k-1$ 和 $n-k$ 的 F 分布。如果 F 统计量观测值较小，此时不能拒绝原假设；如果 F 统计量观测值较大，此时就要拒绝原假设，即控制变量各水平对观测变量有显著影响。SPSS 会自动计算 F 统计量的观测值以及相应的概率 P 值，根据 P 值就可以完成统计检验了。

8.2.2 单因素方差分析的 SPSS 实现

在本小节中，我们还是通过一个具体的例子来加深对单因素方差分析的理解。

【例 8-1】 利用数据"股票净利润.sav"（见第 8 章例题、思考题数据二维码）分析盘股板块对公司净利润的影响是否显著，收集到了交易所的相关数据，不同盘股板分别为小盘股、中盘股和大盘股。

Step1：打开本章数据"股票净利润.sav"。

Step2：选择【分析】（Analyze）菜单→【比较均值】（Compare Means）菜单→【单因素

ANOVA】(One-Way ANOVA)命令。

　　进入图 8-1 所示的"单因素方差分析"(One-Way ANOVA)主对话框。ANOVA 是 Analysis of Variance 的缩写,代表方差分析。左边是 SPSS 数据集文件中的所有变量列表,中间是因变量列表(Dependent List)是观测变量列表,下面(因子)Factor 框中是控制因素列表,由于是单因素方差分析,因此控制因素只能选择一个变量,而观测变量可以是多个,SPSS 将会按照同一个控制因素分别对这些观测变量进行方差分析。右边有三个按钮是用于方差分析进一步分析的,我们将在下一小节讲到它们。

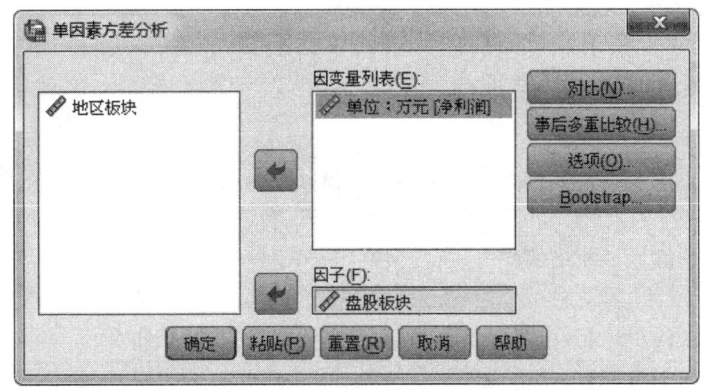

图 8-1　"单因素方差分析"(One-Way ANOVA)主对话框

　　Step3:选择观测变量和控制因素。

　　将观测变量"净利润"选入因变量列表(Dependent List),将变量"盘股板块"选入因子框(Factor),设置完成后点击【确定】(OK)按钮,完成操作。

　　单击【选项】(Option)按钮进入其对话框,如图 8-2 所示,在弹出的对话框中可进行如下设置。

　　(1)【统计量】(Statistics)复选框:选择输出统计量。

　　描述性(Descriptive):要求输出描述统计量。选择此项输出观测值容量、均值、标准差、标准误、最小值、最大值、各组中每个因变量的 95% 置信区间。

　　固定和随机效果(Fixed and Random Effects):显示固定和随机描述统计量。

　　方差同质性检验(Homogeneity-of-Variance):计算 Levene 统计量进行方差齐性检验。

　　Brown-Forsythe:计算检验组均值相等假设的布朗检验。在方差齐性假设不成立时,这个统计量比 F 统计量更优越。

　　Welch:计算检验组均值相等假设的 Welch 统计量,在不具备方差齐性假设时,也是一个比 F 统计量更优越的统计量。

图 8-2　选项对话框

　　(2)平均值图(Means Plot):均值折线图。根据各组均值变化描绘出因变量的分布情况。

（3）【缺失值】(Missing Values)选项组中提供了缺失值处理方法,该选项和均值比较过程中的缺失值选项意义相同。

Step4:选中【描述性】【方差同质性检验】和【平均值图】复选框,单击【继续】按钮回到主对话框,其他选项默认,最后单击【确定】按钮。

8.2.3 单因素方差结果分析

在结果输出表 8-1、表 8-2、表 8-3、图 8-3。

表 8-1 是基本描述统计量分析。从表面数据上看,大盘股利润均值＞中盘股利润均值＞小盘股利润均值。但是这种差异是否达到统计学标准呢? 这就需要进行假设检验了。

表 8-1 描述性

	N	平均值	标准偏差	标准误差	平均值95%置信区间		最小值	最大值
					下限	上限		
小盘股	12	3 776.587 5	1 611.103 66	465.085 57	2 752.941 1	4 800.233 9	1 987.34	6 789.67
中盘股	12	4 779.054 2	1 483.795 78	428.334 95	3 836.295 3	5 721.813 0	2 956.90	7 065.46
大盘股	12	8 712.365 0	2 241.289 00	647.004 41	7 288.317 9	10 136.412 1	5 123.67	12 624.77
总计	36	5 756.002 2	2 784.541 96	464.090 33	4 813.848 8	6 698.155 7	1 987.34	12 624.77

方差齐性检验:由表 8-2 可知,Levene 检验统计量为 1.532,对应的概率 P 值为 0.231,$P=0.231>0.05$,可以认为不同盘股的净利润方差没有显著差异,即认为各个总体方差相等,满足方差分析的前提,可进行 F 检验。

表 8-2 方差同质性检验

Levene 统计	df_1	df_2	显著性
1.532	2	33	0.231

F 检验:由表 8-3 可知,F 检验统计量为 24.950,对应的概率 P 值为 0.000,$P=0.000<0.05$ 时,拒绝原假设 H_0,即可以认为不同盘股板块的净利润均值比较是有显著差异。

表 8-3 ANOVA

	平方和	df	均方	F	显著性
组间	163 351 092.236	2	81 675 546.118	24.950	0.000
组内	108 027 494.719	33	3 273 560.446		
总计	271 378 586.955	35			

图 8-3 为几种板块股票均值的折线图,可以看出均值分布比较陡峭,均值差异也较大。利用以上的分析,我们就可以得到三个总体均值是否有显著差异的结果,也就知道了各盘对

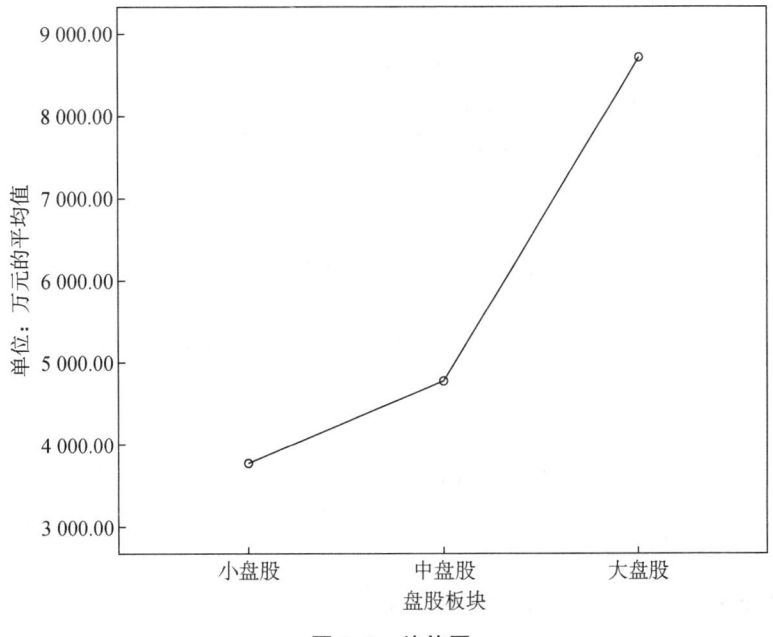

图 8-3　均值图

股票的均值是否有显著影响。如果方差分析检验结果是不显著的,说明各水平上观测变量均值没有显著差异,没有比较各水平的必要,自然方差分析到此终止;但是,如果方差分析检验结果是显著的,即各盘股票的均值是不同的,那么我们就还想知道更多的结论,例如,哪盘股票平均净利润最大,哪盘股票平均净利润最小,两个盘的平均工资差异是多少,这个差异在统计上是否是显著的等结论,这个就需要利用方差分析的进一步分析功能。

SPSS 进行多重比较检验的操作步骤如下:

单击【两两比较】(Post Hoc)按钮进入其对话框,如图 8-4 所示的【事后多重比较】(Post

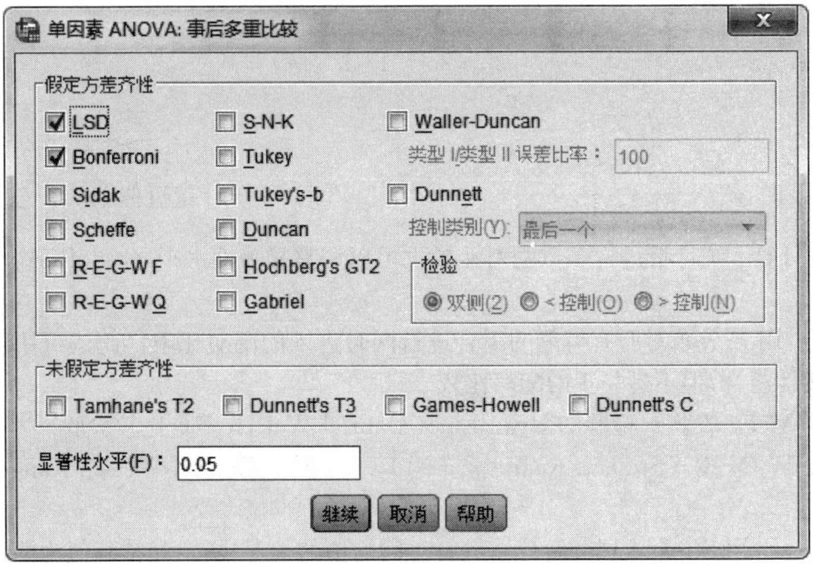

图 8-4　事后多重比较(Post Hoc Multiple Comparisons)对话框

Hoc Multiple Comparisons）。已经知道方差齐性检验，所以应该选择【假定方差齐性】(Equal Variances Assumed)选项组中的方法，这里只选择 LSD。

多重比较检验。多重比较检验的原假设是：观测变量在指定两水平上均值没有显著差异。接下来就是选择统计量，SPSS 给我们提供了非常丰富的多重比较检验统计量，我们仅介绍几个重要的统计量：

LSD 方法：采用最小显著性差异法（Least Significant Difference）。统计量式中 MSE 表示平均组内方差，统计量服从自由度为 $n-k$ 的 t 分布。

$$t = \frac{(\bar{X}_i - \bar{X}_j) - (\mu_i - \mu_j)}{\sqrt{MSE\left(\frac{1}{n_i} + \frac{1}{n_j}\right)}}$$

Bonferroni 方法：和 LSD 方法基本相同，不同之处是 Bonferroni 方法对犯第一类错误的概率进行了控制，将每次检验的显著性水平除以两两检验的总次数 N，从而控制了犯第一类错误的概率。

Tukey 方法：Tukey 方法采用 q 统计量，其构造为：

$$q = \frac{(\bar{X}_i - \bar{X}_j) - (\mu_i - \mu_j)}{\sqrt{MSE/r}}$$

式中，r 表示各水平下样本个数。可见 Tukey 方法要求各水平下样本个数相等，这点要求比 LSD 方法苛刻，如本例中就不能采用 Tukey 方法。Tukey 方法的 q 统计量服从自由度为 k 和 $n-k$ 的 q 分布。

S-N-K 方法：S-N-K（Student Newman-Keuls）方法是一种高效划分相似子集的方法。该方法也要求各水平样本数相等，统计量为：

$$Z = \frac{\frac{d_l\sqrt{r}}{\sqrt{MSE}} - 0.5}{3\left[0.25 + 1/(n-k)\right]}$$

当 $l=3$ 时，$Z = \dfrac{\dfrac{d_l\sqrt{r}}{\sqrt{MSE}} - 1.2\log l}{3\left[0.25 + 1/(n-k)\right]}$，当 $l > 3$ 时，Z 统计量近似服从正态分布。

Sidak：计算 t 统计量进行多重配对比较。可以调整显著性水平，比 Bofferroni 方法的界限要小。

Scheffe：用 F 分布对所有可能的组合进行同时进入的配对比较。此法可用于检查组均值的所有线性组合，但不是公正的配对比较。

R-E-G-W F：基于 F 检验的 Ryan-Einot-Gabriel-Welsch 多重比较检验。

R-E-G-W Q：基于 Student Range 分布的 Ryan-Einot-Gabriel-Welsch Range Test 多重配对比较。

Tukey's-b：用 Stndent Range 分布进行组间均值的配对比较，其精确值为前两种检验相应值的平均值。

Duncan：指定一系列的 Range 值，逐步进行计算比较得出结论。

Hochberg's GT2：用正态最大系数进行多重比较。

Gabriel：用正态标准系数进行配对比较，在单元数较大时，这种方法较自由。

Waller-Dunca：用 t 统计量进行多重比较检验，使用贝叶斯逼近的多重比较检验法。

Dunnett：多重配对比较的 t 检验法，用于一组处理对一个控制类均值的比较。默认的控制类是最后一组。

方差不具有齐性(Equal Varance Not Assumed)时，有如下方法供选择。

Tamhane's T2：基于 t 检验进行配对比较。

Dunnett's T3：基于 Student 最大模的成对比较法。

Games-Howell：Games-Howell 比较，该方法较灵活。

Dunnett's C：基于 Student 极值的成对比较法。

显著性水平：确定各种检验的显著性水平，系统默认值为 0.05，可由用户重新设定。

综合各种方法的条件，本例中只适合用 LSD 方法和 Bonferroni 方法。

表 8-4 多重比较说明。LSD 方法中第一行数据中(I)盘股板块为"小盘股"，(J)盘股板块为"中盘股"，对应的均值差($I-J$)为 $-1\,002.46667$，概率 P 值为 0.184，$P=0.184>0.05$，接受原假设，则结论为小盘股与中盘股利润的均值没有显著性差异。Bonferroni 方法中第一行数据中(I)盘股板块为"小盘股"，(J)盘股板块为"中盘股"，对应的均值差($I-J$)为 $-1\,002.46667$，概率 P 值为 0.552，$P=0.552>0.05$，接受原假设，则结论为小盘股与中盘股利润的均值没有显著性差异。

表 8-4　多　重　比　较

因变量：

	(I)盘股板块	(J)盘股板块	平均差 ($I-J$)	标准错误	显著性	95%置信区间	
						下限	上限
LSD(L)	小盘股	中盘股	$-1\,002.46667$	738.64295	0.184	$-2\,505.2470$	500.3137
		大盘股	$-4\,935.77750^*$	738.64295	0.000	$-6\,438.5579$	$-3\,432.9971$
	中盘股	小盘股	$1\,002.46667$	738.64295	0.184	-500.3137	$2\,505.2470$
		大盘股	$-3\,933.31083^*$	738.64295	0.000	$-5\,436.0912$	$-2\,430.5305$
	大盘股	小盘股	$4\,935.77750^*$	738.64295	0.000	$3\,432.9971$	$6\,438.5579$
		中盘股	$3\,933.31083^*$	738.64295	0.000	$2\,430.5305$	$5\,436.0912$
Bonferroni (B)	小盘股	中盘股	$-1\,002.46667$	738.64295	0.552	$-2\,865.4815$	860.5481
		大盘股	$-4\,935.77750^*$	738.64295	0.000	$-6\,798.7923$	$-3\,072.7627$
	中盘股	小盘股	$1\,002.46667$	738.64295	0.552	-860.5481	$2\,865.4815$
		大盘股	$-3\,933.31083^*$	738.64295	0.000	$-5\,796.3256$	$-2\,070.2960$
	大盘股	小盘股	$4\,935.77750^*$	738.64295	0.000	$3\,072.7627$	$6\,798.7923$
		中盘股	$3\,933.31083^*$	738.64295	0.000	$2\,070.2960$	$5\,796.3256$

* 均值差的显著性水平为 0.05。

8.3 多因素方差分析

和单因素方差分析不同,如果我们需要研究两个以上控制因素是否是对观测变量有显著影响,将采用新的方法,由于考虑了多个控制因素,所以叫作多因素方差分析;多因素方差分析模型比单因素方差分析模型复杂,因为不仅要分析单个控制因素独立地对观测变量的影响(相当于多个单因素方差分析),而且还要考虑多个控制因素的交互作用对观测变量的影响,我们将在后面的叙述中详细解释这种差异。下面我们仍然从一个具体的例子来认识多因素方差分析的模型和假设检验过程。让读者了解多因素方差分析的具体操作步骤和结果解释。

首先,简要介绍多因素方差分析的模型。

假设观测变量可能受两个控制因素 A、B 的影响,其中因素 A 有 p 个水平,因素 B 有 q 个水平,则两个因素的交叉将观测变量分成了 $p \times q$ 个水平,每个水平的观测变量的样本可以描述为:

$$X_{ijk} = \mu_i + \nu_j + \delta_{ij} + \varepsilon_{ijk}, \ i = 1, 2, \cdots, p; \ j = 1, 2, \cdots, q; \ k = 1, 2, \cdots, n_{ij}$$

X_{ijk} 为因素 A 的第 i 个水平,因素 B 的第 j 个水平中第 k 个样本;ε_{ijk} 为相应的随机误差,服从正态分布;而 μ_i,ν_j 分别表示因素 A 和因素 B 各自在 i,j 水平上的总体均值,代表了因素独立的影响;而 δ_{ij} 代表了两个因素的 i,j 水平的交互作用对观测变量样本的影响。

当因素 A 对观测变量没有显著影响时,μ_i 等于常数,此时变量主要受因素 B 和交互作用及随机作用的影响,因素 A 不是主要影响因素;同理可以分析因素 B。对于因素的影响,和单因素方差分析一样,仍然是从样本方差入手,只是现在计算的样本方差更多,我们对样本方差 SST 的分解为:

$$SST = \sum_{i=1}^{p} \sum_{j=1}^{q} \sum_{k=1}^{n_{ij}} (X_{ijk} - \bar{X})^2 = SSA + SSB + SSAB + SSE$$

式中,n_{ij} 表示观测变量在因素 A 的 i 水平,因素 B 的 j 水平样本数。有:

$$\sum_{i=1}^{p} n_{ij} = n_{\cdot j}, \ \sum_{j=1}^{q} n_{ij} = n_{i \cdot}, \ \sum_{i=1}^{p} \sum_{j=1}^{q} n_{ij} = n$$

式中,$n_{i \cdot}$,$n_{\cdot j}$ 分别表示观测变量在 i,j 水平边际样本数;n 表示样本总数。其他统计量可以定义为:

$$SSA = \sum_{i=1}^{p} \sum_{j=1}^{q} n_{ij} (\bar{X}_i^A - \bar{X})^2 = \sum_{i=1}^{p} n_{i \cdot} (\bar{X}_i^A - \bar{X})^2$$

$$SSB = \sum_{i=1}^{p} \sum_{j=1}^{q} n_{ij} (\bar{X}_j^B - \bar{X})^2 = \sum_{j=1}^{q} n_{\cdot j} (\bar{X}_j^B - \bar{X})^2$$

$$SSE = \sum_{i=1}^{p} \sum_{j=1}^{q} \sum_{k=1}^{n_{ij}} (X_{ijk} - \bar{X}_{ij}^{AB})^2$$

$$SSAB = SST - SSA - SSB - SSE$$

对交互作用,我们直观解释如下,如果因素 A 水平发生变化,如从水平 1 变化到水平 2,无论因素 B 取哪个水平,观测值变量要么同时增加,要么同时减少,即因素 A 的变化就可以决定观测值的变化,此时称 A、B 无交互作用;反之,如果因素 A 从水平 1 变化到水平 2,观测值在 B 的不同水平上变化方向不同,在有些水平上增加,在有些水平上减少,即需要 A、B 交叉的水平才能确定观测变量的变化,此时称 A、B 因素存在交互作用,表 8-5 和表8-6可以帮助读者更好理解交互作用。

表 8-5　无交互作用的观测变量在各因素取值

	A 因素水平 1	A 因素水平 2
B 因素水平 M	4	7
B 因素水平 N	5	10

表 8-6　有交互作用的观测变量在各因素取值

	A 因素水平 1	A 因素水平 2
B 因素水平 M	4	7
B 因素水平 N	9	5

表 8-5 中,因素 A 水平从 1 到 2 时,无论因素 B 取 M 水平还是 N 水平,观测变量的值都上升,反过来当因素 B 水平由 M 到 N 时,无论 A 取何水平,观测变量的值都上升,此时两因素无交互作用。

表 8-6 中,因素 A 水平从 1 到 2 时,观测变量在因素 B 的 M 水平上增加,N 水平减少,即是说需要因素 A、B 共同的水平,例如:$1 \times M \to 2 \times M$,观测变量值增加;$1 \times N \to 2 \times N$,观测变量值减少,此时两因素有交互作用。

多因素方差分析就是要检验这些各因素单独的影响和因素之间的交互影响是否存在,我们需要利用样本方差构造统计量完成假设检验,假设检验基本步骤为:

第一步,提出假设检验原假设。

多因素方差分析原假设为各因素的各水平下,观测变量各总体均值无显著差异,用公式表达为:

$$H_0: \mu_1 = \mu_2 = \cdots = \mu_p = \mu, \; \nu_1 = \nu_2 = \cdots = \nu_q = \nu, \; \delta_{ij} = 0, \; i = 1, \cdots, p, \; j = 1, \cdots, q$$

第二步,选择检验统计量。

和单因素方差分析相同,多因素方差分析也是选用 F 统计量,针对三个不同的原假设,需要构造三个不同的统计量:

$$F_A = \frac{SSA/(p-1)}{SSE/(n-pq)} = \frac{MSA}{MSE}$$

$$F_B = \frac{SSB/(q-1)}{SSE/(n-pq)} = \frac{MSB}{MSE}$$

$$F_{AB} = \frac{SSAB/(p-1)(q-1)}{SSE/(n-pq)} = \frac{MSB}{MSE}$$

从上面式中可看出,各统计量的构造形式和单因素方差分析基本一致,只是其中具体计算公式有所不同,统计量的构造体现了多因素方差分析的思想。在原假设为真时,这些统计量都服从不同自由度的 F 分布。

第三步,计算样本统计量观测值和概率 P 值。

SPSS 会自动计算各统计量观测值和对应的概率 P 值,并以表格的方式输出。

根据 P 值,进行统计检验。如果 P 值大于显著水平,则不能拒绝原假设,仍为因素水平上没有显著差异,如果 P 值小于显著水平,当然就要拒绝原假设,认为在各因素水平上有显著差异。注意,此处有三个统计量,因此要计算三个 P 值,完成三个检验,分别对应 A、B 因素各自的影响和 A、B 交互作用的影响。

8.3.1　多因素方差分析的 SPSS 实现

【例 8-2】　根据[例 8-1]的分析结果可知,不同盘股板块对净利润的均值有显著差异,进一步研究:不同盘股板块、不同地区板块对净利润的影响是否存在显著差异,同盘股板块、不同地区板块的交互作用是否对净利润产生显著影响。不同盘股板块为小盘股、中盘股、大盘股;不同地区板块为北京板块、福建板块、湖南板块以及广西板块,利用数据"股票净利润.sav"(见第 8 章例题、思考题数据二维码)进行分析。

Step1:【分析】(Analyze)菜单→【一般线性模型】(General Linear Model)菜单→【单变量】(Univariate)命令。

弹出【单变量(Univari ate)】对话框,这是多因素方差分析的主操作窗口。在如图 8-5 所示的主对话框中,因变量(Dependent Variable)框中代表观测变量,Fixed Factor(S)代表固定因子,即人为可控的控制变量,Random Factor(S)代表随机因子,即人为不可控制,但是取值是有限个,可以作为控制因素的控制变量。Covariate(S)代表协变量,而 WLS Weight 表示选择加权最小二乘方法的加权变量。右边有 7 个按钮用于多因素方差分析进一步分析使用。

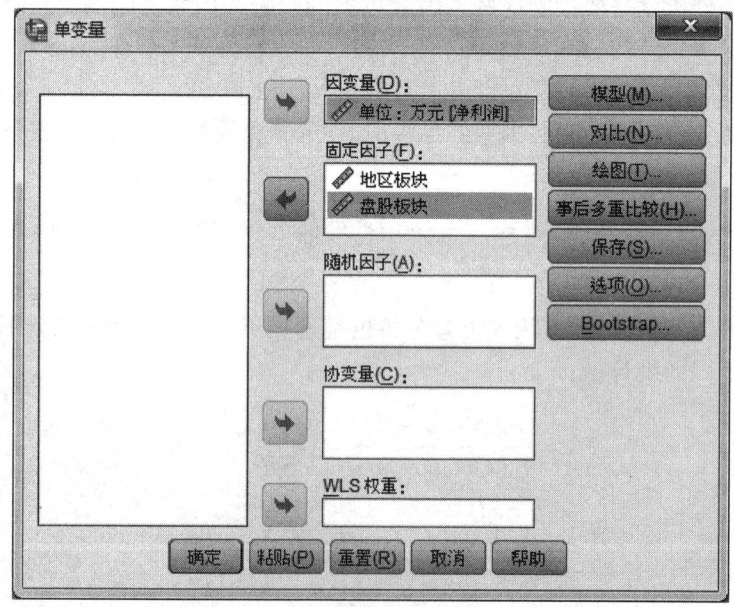

图 8-5　多因素方差分析主对话框

Step2：选择观测变量和控制变量。

将变量"净利润"选入观测变量框因变量中，将变量"地区板块"和"盘股板块"选入控制变量框固定因子(Fixed Factors)中，因为这两者都是固定因子而非随机因子的。设置完成后点击确定 ▭OK▭ 完成操作。结果如表 8-7 所示。

表 8-7　主体间效应的检验

因变量：

源	Ⅲ类平方和	自由度	均方	F	显著性
校正的模型	259 939 276.926[a]	11	23 630 843.357	49.578	0.000
截距	1 192 736 216.960	1	1 192 736 216.960	2 502.395	0.000
地区板块	92 584 571.118	3	30 861 523.706	64.748	0.000
盘股板块	163 351 092.236	2	81 675 546.118	171.358	0.000
地区板块 * 盘股板块	4 003 613.572	6	667 268.929	1.400	0.255
误差	11 439 310.029	24	476 637.918		
总计	1 464 114 803.915	36			
校正后的总变异	271 378 586.955	35			

a. R 平方＝0.958(调整后的 R 平方＝0.939)。

由表 8-7 可知：第一，不同地区板块对净利润产生显著影响；第二，不同盘股板块对净利润产生显著影响；第三，地区板块和盘股板块对净利润没有产生显著的交互作用影响。结果显示没有显著交互作用，尝试建立非饱和模型。

1. 模型选择

这是多因素方差分析比单因素方差分析增加的功能。SPSS 默认是对所有的影响作用都要做检验，如本例是 2 个因素，就需要做 3 个假设检验，分析控制变量主效应和交互效应。这种考虑了所有情况的模型称为饱和模型，如果不选择模型，则 SPSS 按默认的饱和模型完成多因素方差分析。

我们可以通过点击模型(Model)按钮进入如图 8-6 所示的模型选择对话框，在指定模型(Specity Model)单选框组中选择定制模型(Custom)，我们可以选择构建项(Build Terms)框中的类型(Type)下拉菜单有六个选项，下面分别介绍如下：

Main Effect：主效应，即控制因素单独对观测变量的影响，选择此项时只需直接将控制变量选入右边框中即可；Interaction：交互效应，即两个以上因素的交互作用对观测变量的影响，选择此项时，要同时选中两个以上变量，在点击中间箭头，此时右边框中会出现地区板块 * 盘股板块字样，表示交互效应，本例中，选择了两个变量的主效应和它们的交互效应以后就等价于饱和模型了；对于后面的 All 2-Way 到 All 5-Way 表示从 2 次到 5 次的所有效应，这些选项使用很少。本例中只分析主效应，不选交叉效应，则选择两个变量，选 Main Effect 选项。点击 ▭Continue▭ 按钮回到主对话框。

Step3：单击【模型】(Model)按钮进入其对话框，如图 8-6 所示。系统默认选择【全因子】(Full Factor)选项，建立饱和模型。要建立非饱和模型，则选择【定制】(Custom)选项。在【因子与协变量】(Factor & Covariactes)框中把"地区板块"和"盘股板块"添加到【模型】

(Model)框中,在【类型】(Type)下拉列表框中选择主效应。

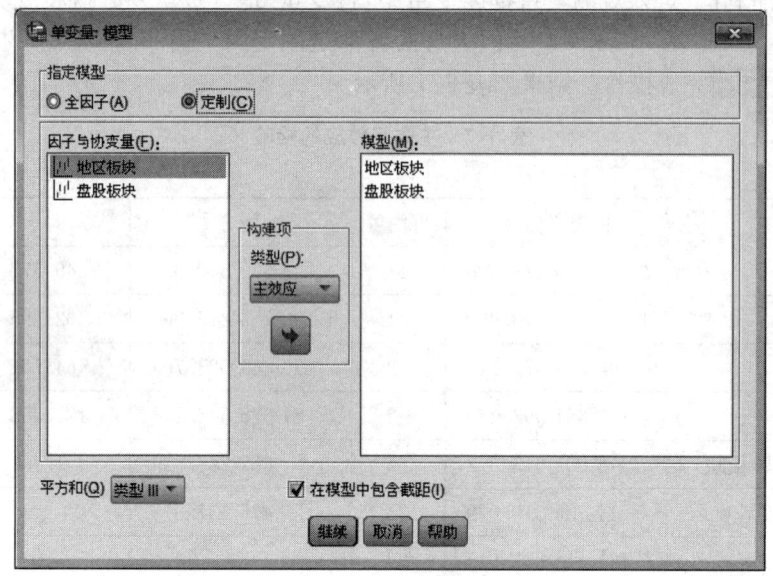

图 8-6 模型选择框

表 8-8 给出了多因素方差非饱和模型分析结果。因为在建立饱和模型分析时,结果表明地区板块和盘股板块不存在显著的交互作用,所以在构建非饱和模型时,交互作用项被系统剔除。从表 8-8 最后一列数据显著性可看出,不同地区板块和不同盘股板块对净利润产生显著影响。

表 8-8 主体间效应的检验

因变量:

源	Ⅲ类平方和	自由度	均方	F	显著性
校正的模型	255 935 663.354[a]	5	51 187 132.671	99.438	0.000
截距	1 192 736 216.960	1	1 192 736 216.960	2 317.054	0.000
地区板块	92 584 571.118	3	30 861 523.706	59.953	0.000
盘股板块	163 351 092.236	2	81 675 546.118	158.666	0.000
误差	15 442 923.601	30	514 764.120		
总计	1 464 114 803.915	36			
校正后的总变异	271 378 586.955	35			

a. R 平方＝0.943(调整后的 R 平方＝0.934)。

2. 多因素方差均值比较分析

(1) 对比检验。对比检验可通过点击【对比】 Contrasts... 按钮进入单变量:对比对话框,选择控制变量,在下拉菜单中选择【简单】(Simple)后点击【更改】(Change)就可以了,对于下拉菜单的选项,解释如下:

Diviation 表示检验观测变量总的均值和各水平上均值的差异,Simple 表示检验第一水

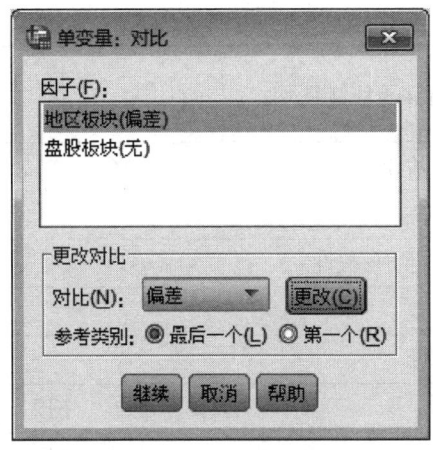

图 8-7 对比选择框

平 First 或最后水平 Last 与各水平上均值的差异，Difference 表示当前水平上的均值和前一水平均值比较，Helmert 表示当前水平均值和后一水平均值比较。这里我们对 yrsscale 变量进行 Simple 检验。点击继续 Continue 按钮回到主对话框。

Step4：对话框中单击【对比】(Contrasts)按钮进入其对话框，在【对比】(Contrasts)下拉列表框中选择"偏差"(Diviation)。如图 8-7 所示，然后单击【更改】(Change)按钮，单击【继续】(Continue)按钮回到主对话框。

表 8-9 对比结果(K 矩阵)

地区板块偏差对比[a]		因变量	
		单位：万元	
水平 1 Vs.平均值	对比估计值	2 360.759	
	假设值	0	
	差分(估计−假设)	2 360.759	
	标准差	207.116	
	显著性	0.000	
	差值的 95% 置信区间	下限	1 937.772
		上限	2 783.746
水平 2 Vs.平均值	对比估计值	364.773	
	假设值	0	
	差分(估计−假设)	364.773	
	标准差	207.116	
	显著性	0.088	
	差值的 95% 置信区间	下限	−58.214
		上限	787.761

（续表）

地区板块偏差对比^a		因变量
		单位：万元
水平 3 Vs.平均值	对比估计值	−704.484
	假设值	0
	差分（估计−假设）	−704.484
	标准差	207.116
	显著性	0.002
	差值的 95% 置信区间 下限	−1 127.472
	差值的 95% 置信区间 上限	−281.497

a. 省略的类别＝4。

表 8-9 为不同地区板块下净利润的均值对比检验结果，数据只显示了前三个水平，省略了第四水平，检验值是各水平的均值。水平 1（北京板块）与检验值的差为 2 360.759，标准误差为 207.116，概率 P 值为 0.000，说明北京板块的净利润与总体净利润存在显著差异，且明显高于总体水平。水平 2（福建板块）的净利润与检验值的差为 364.773，$P＝0.088＞0.05$，说明其与总体净利润不存在差异；水平 3（湖南板块）的净利润明显低于总体水平。

（2）多重比较检验。在主对话框单击【事后多重比较】（Post Hoc）按钮进入其对话框，如图 8-8 所示。在【因子】（Factor）框中，把"地区板块""盘股板块"添加到【事后检验】（Post Hoc Test for）框中。如果方差相等，则选择【假定方差齐性】（（Equal Variances Assumed））选项组中的分析方法；如果方差不相等，则选择【未假定方差齐性】（（Equal Variances Not Assumed））选项组中的分析方法。

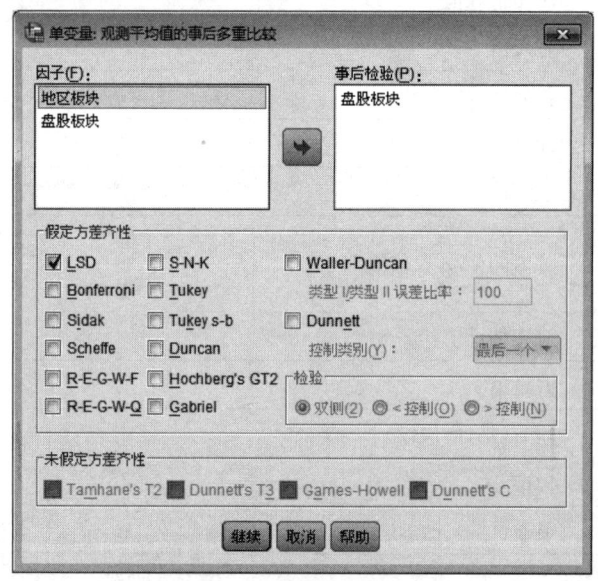

图 8-8 多重比较检验对话框

对所有进一步检验设置完成后点击 OK (确定)完成操作。结论如表 8-10、表 8-11、表 8-12 所示。

表 8-10　主体间因子

		值标签	N
地区板块	1	北京板块	9
	2	福建板块	9
	3	湖南板块	9
	4	广西板块	9
盘股板块	1	小盘股	12
	2	中盘股	12
	3	大盘股	12

表 8-11　主体间效应的检验

因变量：

源	III 类平方和	自由度	均方	F	显著性
校正的模型	255 935 663.354[a]	5	51 187 132.671	99.438	0.000
截距	1 192 736 216.960	1	1 192 736 216.960	2 317.054	0.000
地区板块	92 584 571.118	3	30 861 523.706	59.953	0.000
盘股板块	163 351 092.236	2	81 675 546.118	158.666	0.000
错误	15 442 923.601	30	514 764.120		
总计	1 464 114 803.915	36			
校正后的总变异	271 378 586.955	35			

a. R 平方＝0.943(调整后的 R 平方＝0.934)。

表 8-11 显示,在模型选择中已经去掉了交互作用,检验结果都是整体显著、地区板块水平上显著、盘股板块水平上显著。

表 8-12　多重比较

因变量：

LSD(L)

(I)盘股板块	(J)盘股板块	平均值差值 $(I-J)$	标准错误	显著性	95％的置信区间	
					下限	上限
小盘股	中盘股	−1 002.4667*	292.90616	0.002	−1 600.6609	−404.2725
	大盘股	−4 935.7775*	292.90616	0.000	−5 533.9717	−4 337.5833
中盘股	小盘股	1 002.4667*	292.90616	0.002	404.2725	1 600.6609
	大盘股	−3 933.3108*	292.90616	0.000	−4 531.5050	−3 335.1166

（I）盘股板块	（J）盘股板块	平均值差值（$I-J$）	标准错误	显著性	95％的置信区间	
					下限	上限
大盘股	小盘股	4 935.7775*	292.906 16	0.000	4 337.5833	5 533.9717
	中盘股	3 933.3108*	292.906 16	0.000	3 335.1166	4 531.5050

基于观察到的平均值。

误差项是均方（误差）＝514 764.120。

＊均值差的显著性水平为 0.05。

从表 8-12 中我们可以看出，在各个水平上总体均值都是显著差异的。

8.4 协方差分析

8.4.1 协方差分析概述

协方差分析是指将那些很难人为控制的控制因素作为协变量，并在排除协变量对因变量影响的条件下，分析自变量对因变量的作用，从而更加准确地对自变量进行评价。

协方差分析将观测变量的变化归结为四种影响的共同作用：控制变量的各自独立影响、控制变量交互作用的影响、协变量的影响以及随机因素的影响。协方差分析就要在分析观测变量方差时，扣除协变量影响的方差后，再分析控制变量对观测变量的影响。下面我们就来看看协方差分析的数学模型：

单因素协方差分析的数学模型为：

$$X_{ij} = \mu + \alpha_i + \beta Z_{ij} + \varepsilon_{ij}, i=1,2,\cdots,k; j=1,2,\cdots,n_i$$

式中，α_i 表示控制变量各水平对观测变量样本的影响；Z_{ij} 表示协变量对应于观测变量的取值；β 表示协变量对观测变量的影响系数；而 ε_{ij} 表示服从正态分布的随机误差。

协方差分析的假设检验模型过程如下：

（1）给定原假设：原假设是协变量对观测变量影响不显著，即 $\beta=0$；扣除协变量影响，控制变量各水平上观测变量均值无显著差异。

（2）给出检验统计量：检验仍然采用 F 统计量，统计量的构造为：

$$F_{cov} = \frac{SS_{reg}}{RSS/(n-2)}$$

$$F_{ANOVA} = \frac{(RSS-SSE)/(k-1)}{SSE/(n-k-1)}$$

第一个统计量是检验协变量对观测变量影响显著性的，第二个变量是检验控制变量各水平上观测变量均值是否有显著差异的。

SS_{reg} 和 RSS 分别代表回归平方和、残差平方和，是回归分析中的统计量。在协方差分析中，观测变量总方差有如下关系：

$$SST = SS_{reg} + SSA + SSE$$

其中，$SSA+SSE=RSS$，在原假设为真时，第一统计量服从自由度为 1 和 $n-2$ 的 F 分布，第二统计量服从自由度为 $k-1$ 和 $n-k-1$ 的 F 分布，SPSS 会自动计算统计量的观测值并给出相应的概率 P 值，运用 P 值就可以完成假设检验了。

协方差分析需要满足的以下假设条件：

（1）自变量是分类变量，协变量是定距变量，因变量是连续变量。

（2）对协变量的测量不能有误差。

（3）协变量与因变量之间的关系是线性关系，可以用协变量和因变量的散点图来检验是否违背这一假设。

（4）协变量的回归系数是相同的。在分类变量形成的各组中，协变量对因变量的回归系数必须是相等的，即各组的回归线是平行线。

（5）自变量与协变量互不相关，它们之间没有交互作用。

8.4.2　协方差分析的 SPSS 实现

【例 8-3】 为研究三种不同职业对月工资收入是否有影响，收集了 30 个个案数据（"职业与收入.sav"，见第 8 章例题、思考题数据二维码），数据包括"职业""工龄""月工资"三个变量，将工龄作为协变量，再分析职业对月工资收入的影响是否有所不同。

用 SPSS 进行协方差分析，可以分两大步骤进行：第一步，检验回归斜率相等与否；第二步，进行协方差分析。下面我们来看如何进行 SPSS 协方差分析：

第一步：检查回归斜率是否相等。

检验在不同的职业水平下工龄与月工资两者的回归线斜率是否相等，这可以通过考察工龄与职业是否存在交互作用来表示。

Step1：打开本章数据"职业与收入.sav"，依次选择【分析】（Analysis）菜单→【一般线性模型】（General Linear Model）菜单→【单变量】（Univariate）命令。命令框如图 8-9 所示。

图 8-9　命令框

Step2：对话框中将"月工资"移入【因变量】（Dependent Variable）框中；然后将"职业"移入【固定因子】（Fixed Factor）框中；再将"工龄"移入【协变量】（Covariable）框中，如图8-10所示。

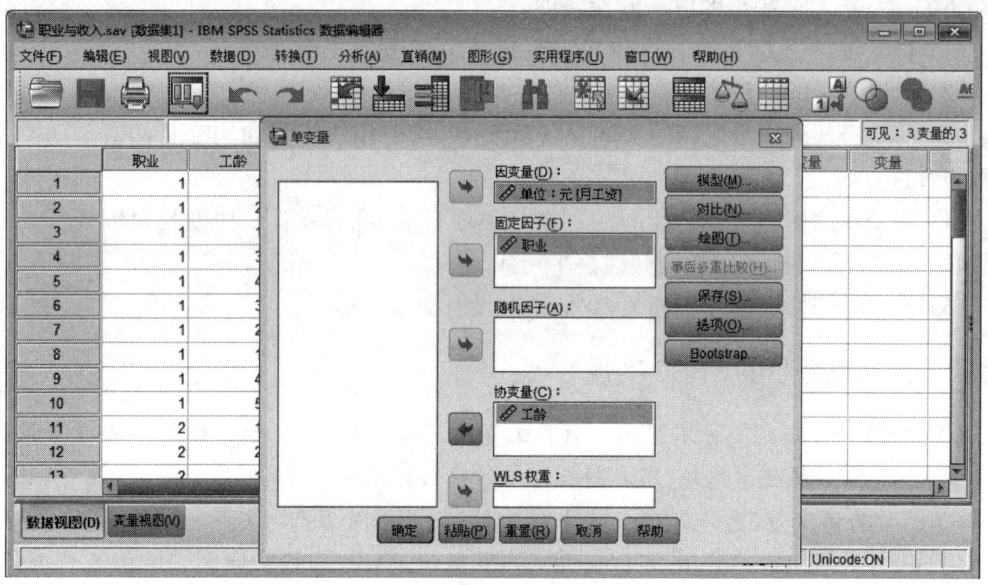

图 8-10　变量选择框

Step3：单击【模型】（Model）按钮，进入【单变量：模型】（Univariate：Model）对话框中。使用自定义因素模型。选中【定制】（Custom），从左侧的变量列表中选择"职业"将其移入【模型】（Model）框中。将变量列表中的"工龄"移入【模型】（Model）框中。最后在变量列表中同时选中"职业"和"工龄"，再单击右向箭头，将交互项移入【模型】（Model）方框中。

如图 8-11 所示，"职业＊工龄"放入模型，意为进行交互效应分析，检验回归线斜率相等的假设。

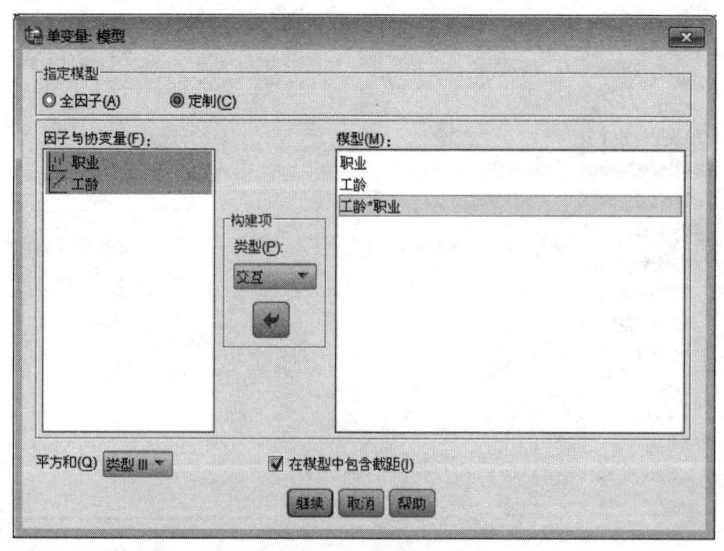

图 8-11　模型设定框

表 8-13 是组内回归斜率相同假设的检验结果,职业与工资的交互效应检验的 F 值为1.844,概率值为 0.180(大于 0.05),没有达到显著性水平,表明三组的回归斜率相同,即各组的回归线为平行线,符合了协方差分析的回归斜率相同的条件。这一结果表明,下面所进行的协方差分析的结果是有效的。

表 8-13　主体间效应的检验

因变量:

源	Ⅲ类平方和	自由度	均方	F	显著性
校正的模型	82 957 007.117[a]	5	16 591 401.423	8.459	0.000
截距	19 424 225.483	1	19 424 225.483	9.903	0.004
职业	110 206.042	2	55 103.021	0.028	0.972
工龄	60 940 187.409	1	60 940 187.409	31.070	0.000
职业 * 工龄	7 235 590.154	2	3 617 795.077	1.844	0.180
误差	47 073 743.494	24	1 961 405.979		
总计	937 469 281.159	30			
校正后的总变异	130 030 750.612	29			

a. R 平方=0.638(调整后的 R 平方=0.563)。

第二步:协方差分析。

Step1:打开数据"职业与收入.sav",依次选择【分析】(Analysis)菜单→【一般线性模型】(General Linear Model)菜单→【单变量】(Univariate)命令。

Step2:对话框中将"月工资"移入【因变量】(Dependent Variable)框中;然后将"职业"移入【固定因子】(Fixed Factor)框中;再将"工龄"移入【协变量】(Covariable)框中。

Step3:主对话框中单击【选项】(Options)按钮,从左侧框中选择"职业"将其移入【显示均值】(Display Means for)框中,选中【比较主效应】(Compare Main Effects)复选框,在【置信区间调节】(Confidence Interval Adjustment)下拉菜单中选择"LSD",选中【描述统计】(Description Statistics)和【方差齐性检验】(Homogeneity Test)复选框,单击【继续】(Continue)按钮回到主对话框。

第三步:选择组建对比方式和输出结果。

将"职业"移入【显示均值】框中,意为输出不同职业月工资调整后(考虑了协变量效应之后)的边缘平均值。选中【比较主效应】复选框,意为对"职业"各组的月工资平均值进行组间比较。在【置信区间调节】下拉菜单中选择"LSD",意为进行 Tukey LSD 事后检验。选择输出结果部分,选中【描述统计】和【同质性检验】复选框,分别意味着输出每一组的描述统计量和方差齐性检验。如图 8-12 所示。

Step4:主对话框中单击【模型】(Model)按钮,采用默认设置,单击【继续】(Continue)按钮回到主对话框,最后单击【确定】(OK)按钮,提交系统分析。

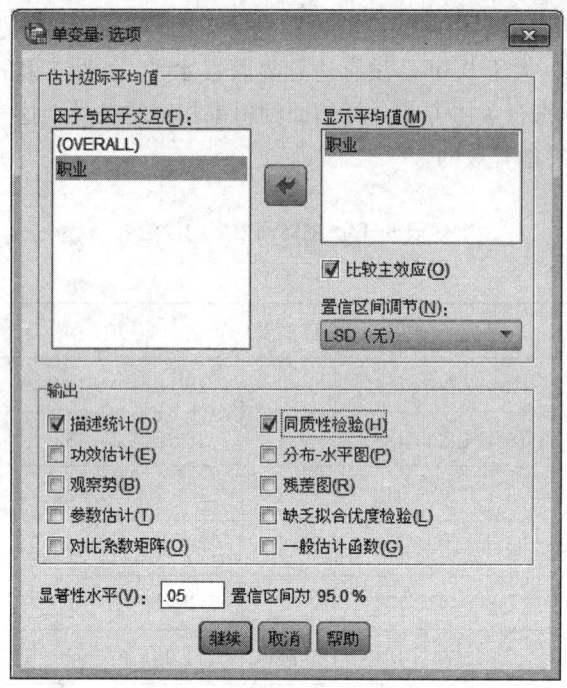

图 8-12　对比选项框

第四步:指定模型形式。

本例采用完全因素模型,即采用默认设置,如右图 8-13 所示。所有对话框指定完毕,单击【继续】按钮回到主对话框,最后单击【确定】按钮,提交系统分析。

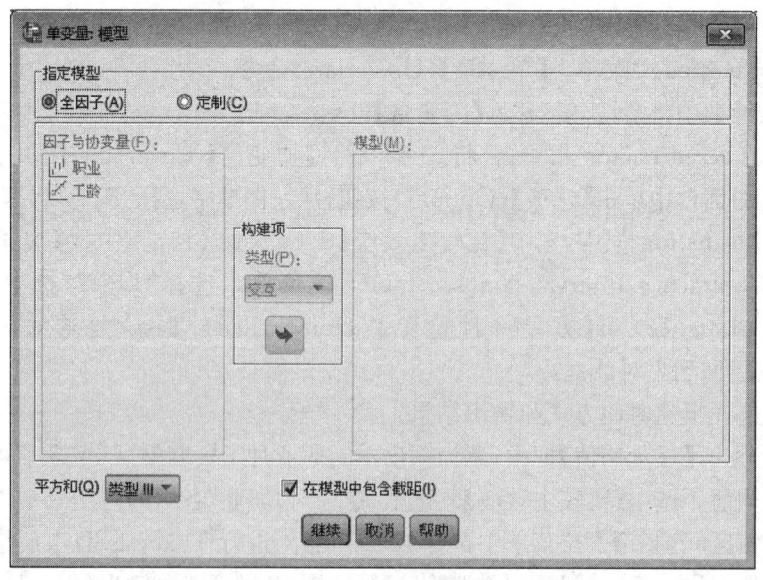

图 8-13　模型指定框

结果分析:

方差齐性检验。表 8-14 汇报了方差齐性检验结果,由表 8-14 我们可知,F 值为 0.576,

表 8-14 误差方差的齐性 Levene's 检验

F	df_1	df_2	显著性
0.576	2	27	0.569

概率值 P 为 0.569,即 P 大于 0.05,说明不同职业之间的月收入的方差基本相同,因此下面的方差分析结果是有效的。

方差分析表。加入协变量"工龄"之后的方差分析结果,协变量"工龄"的概率值 P＝0.000＜0.05,说明工龄对月工资产生了显著的影响。自变量"职业"也达到了显著水平,P＝0.001＜0.05,说明"职业"对月工资也产生了显著的影响。

表 8-15 主体间效应的检验

源	Ⅲ类平方和	自由度	均方	F	显著性
校正的模型	75 721 416.964[a]	3	25 240 472.321	12.084	0.000
截距	20 932 153.013	1	20 932 153.013	10.021	0.004
工龄	57 141 871.057	1	57 141 871.057	27.356	0.000
职业	37 863 487.989	2	18 931 743.994	9.063	0.001
误差	54 309 333.648	26	2 088 820.525		
总计	937 469 281.159	30			
校正后的总变异	130 030 750.612	29			

a. R 平方＝0.582(调整后的 R 平方＝0.534)。

表 8-16 是多重比较结果。模型预示的三种职业的平均月工资分别为 6 775.992(销售人员)、4 041.516(教师)和 4 773.281(银行职员)。从这一结果可以初步看出,第一种与第二种、第三种的差异较大,而第二种和第三种月工资的平均值较接近。

表 8-16 估 算

职业	平均值	标准错误	95%的置信区间	
			下限	上限
销售人员	6 775.992[a]	467.949	5 814.110	7 737.875
教师	4 014.516[a]	462.062	3 064.734	4 964.298
银行职员	4 773.281[a]	458.191	3 831.457	5 715.105

a. 按下列值对模型中显示的协变量进行求值:工龄＝3.367。

表 8-17 是成对比较结果:销售人员的月工资要显著高于教师行业的月工资;销售人员的月工资要显著大于银行职员的;教师与银行职员两者的工资没有显著差异。

表 8-17 成 对 比 较

（I）职业	（J）职业	平均值差值（I−J）	标准错误	显著性[b]	差值的 95% 置信区间[b]	
					下限	上限
销售人员	教师	2 761.476[a]	667.932	0.000	1 388.521	4 134.431
	银行职员	2 002.711[a]	659.883	0.005	646.302	3 359.121
教师	销售人员	−2 761.476[a]	667.932	0.000	−4 134.431	−1 388.521
	银行职员	−758.765	647.319	0.252	−2 089.348	571.818
银行职员	销售人员	−2 002.711[a]	659.883	0.005	−3 359.121	−646.302
	教师	758.765	647.319	0.252	−571.818	2 089.348

基于估计边际平均值。
a. 均值差的显著性水平为 0.05。
b. 调节多重比较：最小显著差异法（相当于没有调节）。

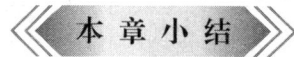

本 章 小 结

1. 本章介绍了方差分析的基本原理及分析步骤。

2. 介绍了常用的三种方差分析方法，单因素方差分析、多因素方差分析和协方差分析。

3. 重点介绍单因素方差分析中的方差齐性检验及多重对比检验；多因素方差分析中的非饱和模型的建立及交互作用图形的绘制。

思 考 题

1. 方差分析是如何利用方差的分解来说明多个总体均值的差异的？

2. 用四种饲料喂猪，共 19 头分为四组，每一组用一种饲料。一段时间后称重，猪体重增加数据见"饲料.sav"，比较四种饲料对猪体重增加的作用有无不同。

3. "广告城市与销售额.sav"数据是有关产品销售和广告方式及销售地区的数据，分别以广告方式和销售地区作为控制变量进行多因素方差分析，并说明结果。

4. "生猪与饲料.sav"数据是有关养猪体重增加的数据，请将小猪体重作为协变量，进行协方差分析。并与一般单因素方差分析作比较，阐述结果的差异说明了什么？

第 8 章例题、思考题数据

第9章 非参数检验

 学习目标

➤ 理解非参数检验和参数检验的区别。
➤ 掌握分布拟合检验的 SPSS 操作及结果解释。
➤ 掌握独立性检验的 SPSS 操作及结果解释。
➤ 掌握二项检验的 SPSS 操作及结果解释。

参数检验(Parametric Test)是在总体分布形式已知的前提下,检验同一分布族中的参数异同。非参数检验(Non-Parametric Test)是在总体分布未知,或参数检验的其他必要条件(如方差齐性)不满足时,对总体作统计推断的方法。两者的主要区别是:参数检验要求假定总体服从某种分布,对总体分布中一些未知的参数进行统计推断,其统计量是利用总体分布基础上构造推导出来的,通常是假设总体服从正态分布,统计量通常服从 T 分布;非参数检验是对总体分布不作假定,直接从样本挖掘总体的信息,推断总体的分布,由于该方法在推断总体分布时没有涉及总体分布的参数,因此命名为"非参数检验"。

SPSS 提供丰富的非参数检验方法和模型,这些方法和模型主要集中在【Analysis】菜单下的【Nonparametric Tests】子菜单中(见图 9-1)。方法比较如表 9-1 所示。

图 9-1 非参数检验方法

表 9-1　非参数检验和参数检验方法对应表

参数检验方法	非参数检验方法
t 检验法	两个独立样本的中位数检验
	两个独立样本的秩和检验
t 检验法（配对样本）	成对比较、单样本正负号检验
	成对比较、单样本符号秩检验
单因素方差分析	K 个独立样本的 H 检验法
多因素方差分析	Friedman 检验法
相关系数	Spearman 秩相关系数

9.1　参数方法和非参数方法的比较

9.1.1　参数方法和非参数方法的区别

首先，从应用范围来看，非参数方法的应用范围要大于参数方法，因为对于随机变量而言，我们了解的分布永远都是少数，大量非常见、非规则的分布，甚至有些分布都不能写出分布函数或密度函数，而非参数分布不需要假定总体分布，直接从样本出发，因此任何分布都可以用非参数的方法进行研究，这也决定了非参数方法更广的应用范围。

其次，研究的统计量有所不同，非参数方法中常常采用秩来构造统计量，而且通常要求样本数较大，而参数检验很少用到秩来构造统计量，无论样本数大或小都能对总体进行推断。

最后，非参数方法的统计检验力往往低于相应的参数检验。参数方法由于直接假定总体的分布，当总体真实分布就是假定分布或者与假定分布差异不大时，统计检验力较好，而非参数方法由于从样本出发，推导出的总体分布可能与真实的总体分布有一定差距，因而效率较低。

9.1.2　参数检验和非参数检验的应用环境

下面具体介绍两类方法的分类和应用环境。

1. 非参数检验方法大致可以分为两类

拟合优度检验方法：从样本出发检验拟合总体的分布，并检验样本拟合的分布与某理论分布是否有显著的差异，这是检验样本是否服从某一分布的常用方法。单样本非参数检验的多种方法包括分布比例卡方检验法、二项分布检验法、常用分布 K-S 检验法、列联表分析中的卡方检验等。

分布位置检验方法：用于检验样本所在总体的分布位置是否相同，我们平时所说的非参数检验方法大多属于这一类方法，其核心是用样本排序后的位置来判断总体间是否有差异。特别是 SPSS 中提供的独立样本和配对样本的检验方法都属于这一类方法。

2. 非参数检验的应用环境

卡方检验：适用于配合度检验，主要用于分析实际频数与某理论频数是否相符。

二项分布分析:有些总体只能划分为两类,如医学中的生与死、考试成绩的及格与不及格。从这种二分类总体中抽取的所有可能结果,要么是对立分类中的这一类,要么是另一类,其频数分布称为二项分布。调用 Binomial 过程可对样本资料进行二项分布分析。

游程分析:依时间或其他顺序排列的有序数列中,具有相同的事件或符号的连续部分称为一个游程。调用 Runs 过程可进行游程检验,即用于检验序列中事件发生过程的随机性分析。

单样本 K-S 分析:对单样本进行 Kolmogorov-Smirnov Z 检验,它将一个变量的实际频数分布与正态分布(Normal)、均匀分布(Uniform)、泊松分布(Poisson)进行比较。

两独立样本检验:对两个独立样本的均数、中位数、离散趋势、偏度等进行差异比较检验。

多独立样本检验:对多个独立样本进行中位数检验和 Kruskal-Wallis H 检验。

两相关样本检验:对两个相关样本资料(如配对资料)进行秩和检验。

多相关样本检验:对多个相关样本资料(如配伍资料)进行秩和检验。

9.2　单样本非参数检验

9.2.1　单样本分布比例的卡方检验

卡方检验是检验样本频数和总体的理论比例是否有显著差异,下面来说明这种检验的步骤:

第一步:提出原假设,是对分布的比例的检验,因此原假设可以写成:

$H_0: P_i = p_i$,其中 P_i 代表总体比例,是未知的,而 p_i 是根据待检验的比例计算得出。

第二步:如果总体分布与待检验比例无显著差异,则观测样本落入各个子集中的观察频数服从一个多项分布,当分组区间较多时近似服从卡方分布,基于这一分布,从样本数和期望数出发可以构造如下统计量:$\chi^2 = \sum_{i=1}^{K} \frac{(f_i - f_i^e)^2}{f_i}$,其中 f_i,f_i^e 分别代表实际样本频数和期望频数。

第三步:SPSS 会根据样本观测值自动计算统计量的观测值,并根据统计量的分布自动计算统计量观测值发生的概率(P 值)。

第四步:根据 P 值和我们事先确定的显著水平,得出假设检验的结论。

【例 9-1】　数据"收入分布.sav"(见第 9 章例题、思考题数据二维码)中,某社区 9 557 名居民的收入按行业惯例被分成了 7 个档次,如图 9-2 所示。检验该社区居民的人均月收入 X(元)是否来自服从 $N(6\,000, 2\,000)$ 的总体?

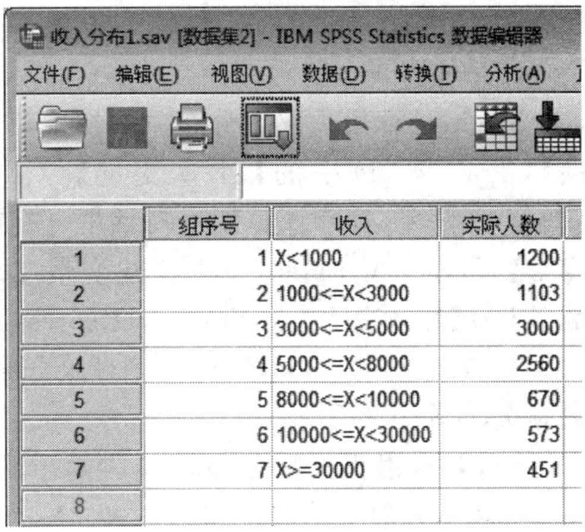

分析:这是一个典型的分布拟合检验,正态

	组序号	收入	实际人数
1	1	X<1000	1200
2	2	1000<=X<3000	1103
3	3	3000<=X<5000	3000
4	4	5000<=X<8000	2560
5	5	8000<=X<10000	670
6	6	10000<=X<30000	573
7	7	X>=30000	451
8			

图 9-2　收入分布图

	收入下限	var
1	1000.00	
2	3000.00	
3	5000.00	
4	8000.00	
5	10000.00	
6	30000.00	
7		

图 9-3　收入下限

分布参数是已知的,我们可以用拟合优度检验法来检验样本数据是否和该正态分布有差异。首先我们需要将理论分布计算出来。

第一步:计算理论分布。

Step1:先将每组收入下限输入一个新的数据集中,如图9-3所示。

Step2:计算出理论累积概率。选择主菜单【转换】(Transform)中的【计算变量】(Calculate Variable)命令,打开计算变量对话框。按图9-4中提示输入。计算出理论累积概率。

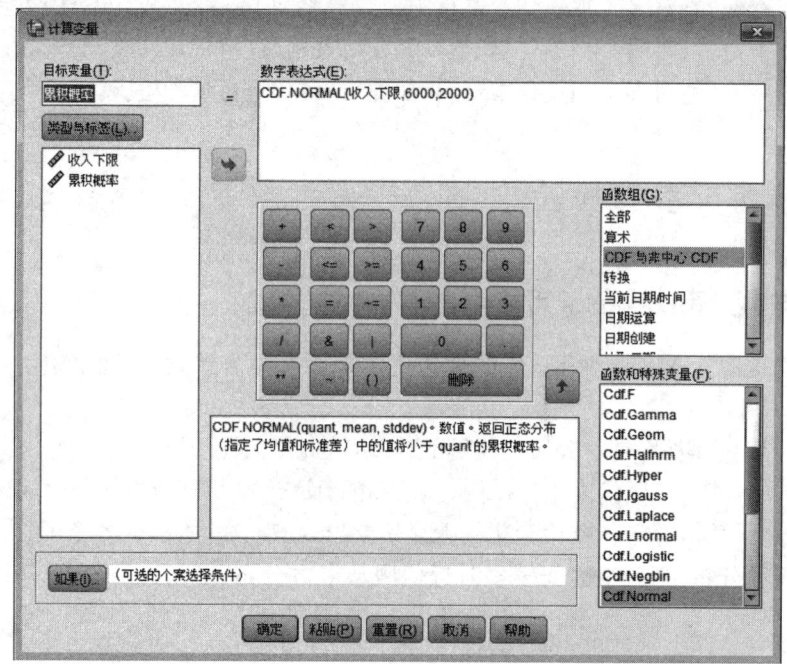

图 9-4　累积概率输入框

结果如图9-5所示。

Step3:计算累积次数分布。选择主菜单【转换】(Transform)中的【计算变量】(Calculate Variable)命令,打开计算变量对话框。在【目标变量】(Target Variable)框中新建变量"累积人数",并在【数学表达式】(Numeric Expression)框中填写"累计概率 * 9557",即得到理论分布的人数频次,如图9-6所示。

Step4:将累积次数分布转换成简单次数分布。用累积人数中的后一组人数减前一组就可以得到每组的简单次数分布情况,即每组的理论

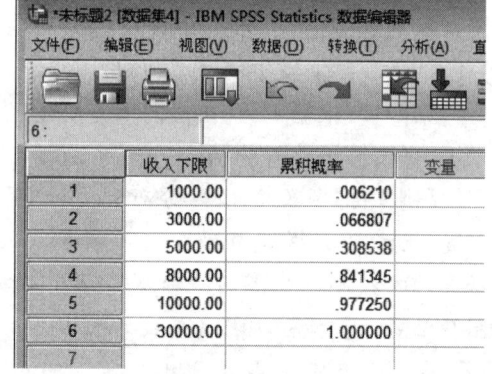

	收入下限	累积概率	变量
1	1000.00	.006210	
2	3000.00	.066807	
3	5000.00	.308538	
4	8000.00	.841345	
5	10000.00	.977250	
6	30000.00	1.000000	
7			

图 9-5　累计概率

人数,如图 9-7 所示。将这个理论人数复制到本章数据"收入分布 1.sav"数据中,如图 9-8 所示。

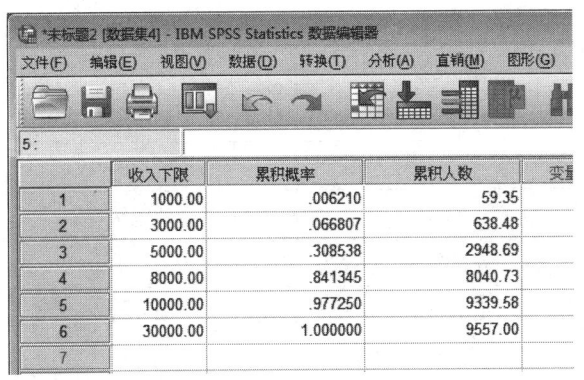

图 9-6 累积人数

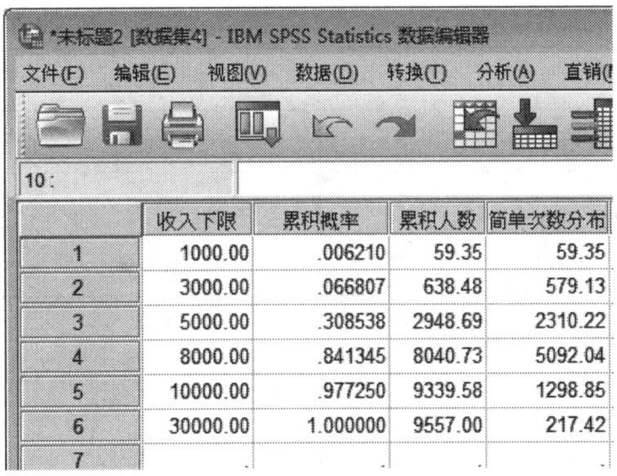

图 9-7 简单次数分布

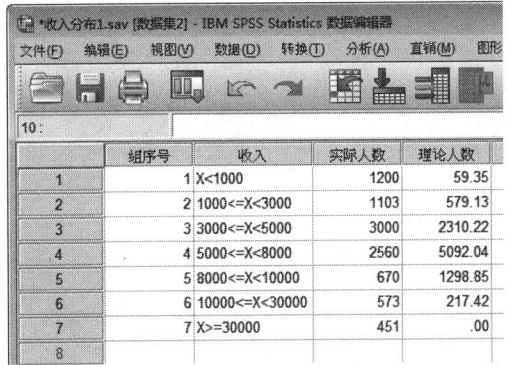

图 9-8 数据框

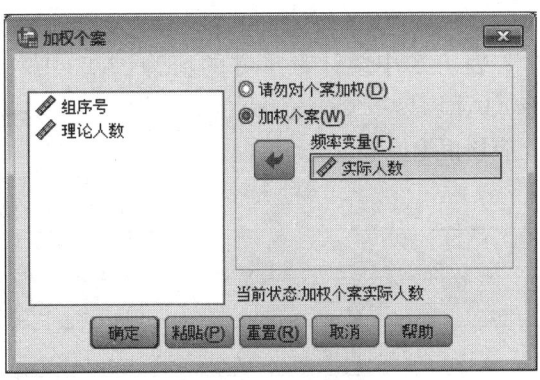

图 9-9 加权个案框

第二步:拟合优度检验。

在进行拟合优度检验之前,还要先对个案进行加权。选择主菜单【数据】(Data)中的【加权个案】(Weight Cases)命令,进入【加权个案】(Weight Cases)对话框,在对话框中选择【加权个案】(Weight Cases)选项,并将变量"实际人数"置入右边的【频率变量】(Frequency Variables)框中,如图 9-9 所示。

Step1:选择【分析】(Analyze)菜单→【非参数检验】(Nonparametric Tests)菜单→【旧对话框】(Legacy Dialogs)菜单→【卡方】(Chi-Square)菜单。

Step2:把变量"组序号"置入右边的【检验变量列表】(Test Variable List)框中,右边勾

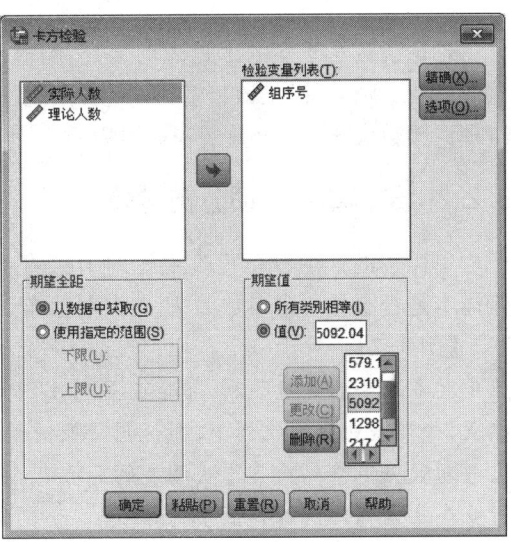

图 9-10 卡方检验主对话框

选【期望值】(Expected Values)下的【值】(Values)以便输入理论人数,如图 9-10 所示。

表 9-2 给出的是观测数、预期数和残差,利用这些数据我们做卡方检验。

表 9-2　组　序　号

	观测到的 N	预期的 N	残差
1	1 200	59.3	1 140.7
2	1 103	579.1	523.9
3	3 000	2 310.2	689.8
4	2 560	5 092.0	−2 532.0
5	670	1 298.8	−628.8
6	573	217.4	355.6
7	451	0.0	451.0
总计	9 557		

表 9-3 中统计量卡方的值为(2.034E9)2.034×10^9,对应的 P 值(渐进显著性)为 0.000,即 $P < 0.05$,该例题的原假设 H_0 是数据分布服从 $N(6\ 000, 2\ 000)$ 的正态分布,因此应该拒绝原假设。

表 9-3　检验统计

	组序号
卡方	203 425 079.240[a]
自由度	6
渐近显著性	0.000

a. 1 个单元格(14.3%)的期望频率小于 5。最少的期望频率数为 0。

理论次数小于 5 的单元格有 1 个,因此统计量不服从卡方分布。此时应采用费雪精确检验,但 SPSS 不提供该检验的办法,该怎样处理?可以合并最后两组,使得合并后的所有组理论频数大于 5。合并后我们可以重复上述的卡方拟合优度检验操作步骤。

9.2.2　单样本的二项分布检验

单样本的二项分布检验主要用于检验一个总体中的比率是否等于待检验值 P,通过检验样本是否服从一个参数为 P 的二项分布,即可得到总体的比例是否为 P。

【例 9-2】　对于一个行业,行业中企业的盈利比例是一个非常重要的指标,如果一个行业中大多数企业都能盈利,即企业盈利比例大,则说明这个行业发展性好,是一个朝阳行业;相反,如果企业盈利比例小,则说明行业前景堪忧。统计见"企业盈利.sav"(见第 9 章例题、思考题数据二维码),某行业调查的 505 家企业中盈利的有 382 家,亏损的有 123 家,检验该行业企业盈利比例是否低于 0.8。

对于二项分布检验的 SPSS 操作,由于这里给出的是每种类型的频数,因此也要进行数据加权的操作,加权变量是"企业数目(Num)",加权的操作留给读者完成。本书直接进入二项分布检验操作：

Step1：选择【分析】（Analyze）菜单→【非参数检验】（Nonparametric Tests）菜单→【旧对话框】（Legacy Dialogs）菜单→【二项式】（Binomial）菜单。

在图 9-11 所示的二项分布主对话框中，将待检验变量"盈利类型（Type）"选入 Test Variable List 框中。

Step2：指定待检验概率，点击【确定】（OK）按钮完成操作。

在对话框下方的检验比例（Test Propotion）文本框中指定待检验的总体概率，此处填写 0.8。

左边定义二分法（Define Dichotomy）单选组框，主要是用于对样本进行分类。

如果检验变量本身就是按照 0～1 二分组的，则可选默认选项；反之，就要指定一个分界值 Cut Point 来将样本分成两类。

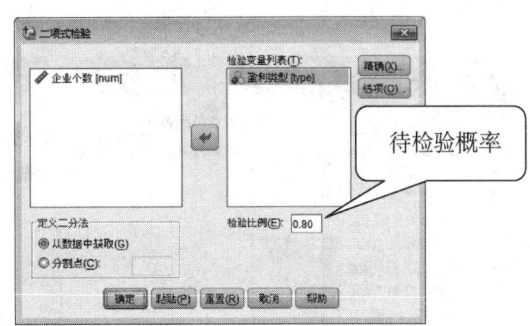

图 9-11 二项分布主对话框

从表 9-4 结果可以看出，观测到的概率为 0.8，待检验的概率是 0.8，注释 a 表明此处原假设为盈利比例大于 0.8，根据 SPSS 计算的近似概率 P 值 0.01，我们认为样本观测值的发生是一个小概率事件，应该拒绝原假设，即认为企业盈利比例小于 0.8。

表 9-4 二项式检验

	类别		N	观测到的比例	检验比例	精确显著性水平（单尾）
盈利类型	组 1	盈利	382	0.8	0.8	0.010[a]
	组 2	非盈利	123	0.2		
	总计		505	1.0		

a. 备用假设声明第一组中的个案比例＜0.8。

9.2.3 单样本常用分布 K-S 检验

当总体的分布是连续分布时，检验总体分布采用单样本 K-S 检验，该方法能够利用样本数据推断总体是否服从某一理论分布，适合探索连续性总体的分布。

单样本 K-S 检验的原假设是：假设总体的分布与指定的理论分布没有显著差异，SPSS 提供的理论分布包括正态分布、指数分布、均匀分布和泊松（Poisson）分布。

SPSS 实现 K-S 检验的过程如下：

根据样本数据和用户的指定构造出理论分布，查分布表得到相应的理论累计概率分布函数 $F_0(X)$；

利用样本数据计算各样本数据点的累计概率得到检验累计概率分布函数 $S_0(X)$；

计算 $F_0(X)$ 和 $S_0(X)$ 在相应的变量值点 X 上的差 $D(X)$，得到差值序列 D。单样本 K-S 检验主要对差值序列进行研究。

SPSS 在统计中将计算 K-S 的 Z 统计量，并依据 K-S 分布表（小样本）或正态分布表（大样本)给出对应的相伴概率值。如果相伴概率小于或等于用户的显著性水平 α，则应拒绝零假设 H_0，认为样本来自的总体与指定的分布有显著差异；如果相伴概率值大于显著性水平，则不能拒绝零假设 H_0，认为样本来自的总体与指定的分布无显著差异。

看下面的例子。

【例 9-3】 检验四川省 2007 年人均固定资产投资额（"人均固定资产投资额.sav"，见第 9 章例题、思考题数据二维码)是否服从正态分布。

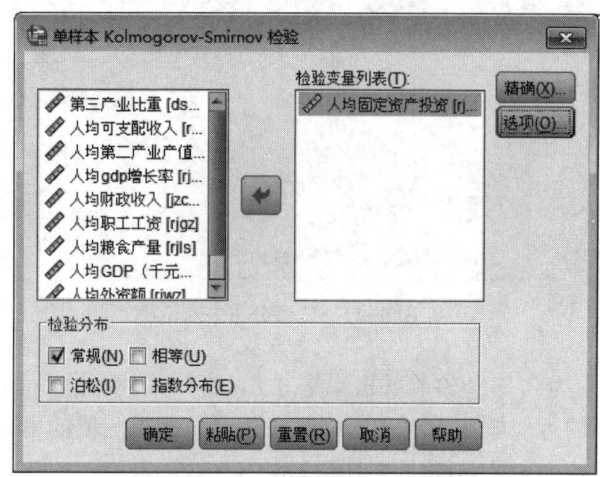

图 9-12　单样本 K-S 检验主对话框

在本例中，虽然 Q-Q 图中也能看出总体分布与待检验的理论分布是否有差异，但是图只能给我们直观的感觉，而无法从统计角度给出一个是否有显著差异的结论。下面是 K-S 检验 SPSS 操作过程。

Step1：选择【分析】（Analyze）菜单→【非参数检验】（Nonparametric Tests）菜单→【旧对话框】（Legacy Dialogs）菜单→【1-样本 K-S】（1-Sample K-S）菜单。

在图 9-12 的对话框中，将待检验变量"人均固定资产投资（rjkdzc）"选入检验变量框 Test Variable List 中，在左下角选择要检验的分布"Normal"，点击【确定】按钮完成操作。

SPSS 分析结果如表 9-5 所示。

表 9-5　单样本 Kolmogorov-Smirnov 检验

		人均固定资产投资
N		21
正态参数[a, b]	平均值	10 097.714286
	标准偏差	1 255.682450
最大差异	绝对	0.165556
	正	0.165556
	负	−0.152356
检验统计		0.165556
渐近显著性（双尾）		0.136780[c]

a. 检验分布是正态分布。
b. 根据数据计算。
c. Lilliefors 显著性校正。

表 9-5 给出单样本 K-S 检验的结果，首先计算样本数 N、样本均值 Mean 和样本方差 Std. Deviation，并把这些量作为总体值代入检验的总体分布中；接着是最大差异列表，即给

出理论值和实际值的最大差值,分别给出最大差异绝对值、正值和负值;最后是检验Z统计量和P值。结果显示$P=0.136780$,如果确定显著水平为0.136780,则样本观测值的发生不是一个小概率时间,不能拒绝原假设,即总体的分布和正态分布没有显著的差异。

9.2.4　单样本独立性的游程检验

单样本变量值的随机性检验是对某变量出现的取值是否随机进行检验,也称为游程检验(Run 过程)。

单样本变量值的随机性检验零假设为H_0:总体某变量的变量值出现是随机的。

单样本变量值的随机性检验通过游程(Run)数来实现。所谓游程是样本序列中连续出现的变量值的次数。

在 SPSS 单样本变量值的随机性检验中,SPSS 将利用游程构造Z统计量,游程r是一个具有独特抽样分布的统计量,如果假设m和n分别代表序列中出现 1 和 0 的个数,当m、n较大时,游程r的均值为:$\mu_r = \dfrac{2mn}{m+n}$,方差为:$\sigma_r^2 = \dfrac{2mn(2mn-m-n)}{2(m+n)(m+n-1)}$,原假设为真时,在大样本下,游程近似服从正态分布,即$Z = \dfrac{r-\mu_r}{\sigma_r} \sim N(0,1)$。

SPSS 将自动计算Z统计量的观测值,并依据正态分布给出对应的概率P值,根据P值,如果相伴概率小于或等于用户的显著性水平α,则应拒绝零假设H_0,认为样本值的出现不是随机的;如果相伴概率值大于显著性水平,则不能拒绝零假设H_0,认为变量值的出现是随机的。

【例 9-4】　对于 2007 年 12 月 3 日到 2008 年 1 月 31 日 42 个交易日的涨跌情况,1 为上涨,0 为下跌,请检验这段时间内股票的涨跌("股票涨跌.sav",见第 9 章例题、思考题数据二维码)是否随机。

本例适合用总体随机性检验来完成,下面来看 SPSS 操作:

Step1:选择【分析】(Analyze)菜单→【非参数检验】(Nonparametric Tests)菜单→【旧对话框】(Legacy Dialogs)菜单→【游程】(Runs)菜单。

在图 9-13 的对话框中,将检验变量"updown"选入检验变量框 Test Variable List 中,在

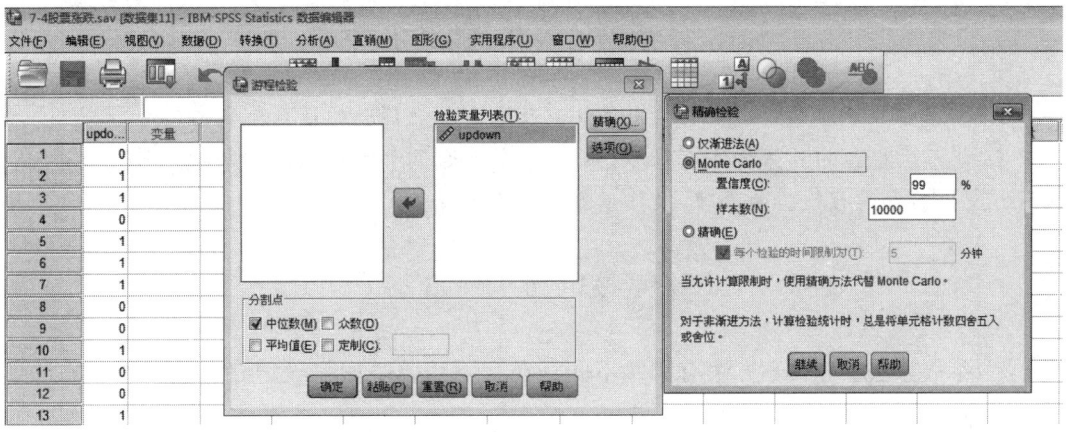

图 9-13　总体随机性游程检验主对话框

左下角的分割点复选框组中选择分组点,由于本例是用 0 和 1 编码的,因此用中位数或均值或任意 0 和 1 之间的数都可以。同时在 Exact 子对话框中利用 Mont Carlo 方法计算确切概率。设置完成后点击 OK 完成操作。

下面是 SPSS 分析计算的结果。

表 9-6　游 程 检 验

			updown
检验值[a]			1
个案数<检验值			17
个案数>检验值			25
个案总计			42
运行次数			21
Z			0.000
渐近显著性(双尾)			1.000
蒙地卡罗显著性(双尾)	显著性		1.000[b]
	99%的置信区间	下限	1.000
		上限	1.000

a. 中位数。

b. 基于 10 000 个带有起始种子值 299 883 525 的采样表格。

表 9-6 显示了游程检验的结果,依次是待检验值、大于和小于待检验值的样本数,总样本数、游程、Z 统计量的值,近似概率 P 值、蒙特卡罗方法计算的精确概率 P 值和 P 值的 99% 置信区间。P 值大约为 1,说明游程检验的 Z 统计量观测值发生不是小概率事件,不能拒绝原假设,即应该认为在这两个月中,股票的上涨下跌是随机的。

本 章 小 结

1. 本章学习了非参数检验的适用条件以及它和参数检验的区别与联系。

2. 非参数检验的具体方法有很多,本章着重讨论了卡方检验、二项检验、Kolmogorov-Smirnov 检验和游程检验的原理,操作步骤和结果解释。

思 考 题

1. 参数方法和非参数方法有哪些不同?在实际问题中如何确定究竟该用参数方法还是非参数方法?

2. 参数检验和非参数检验的应用环境是什么?

3."百米速度.sav"数据是上海师范大学天华学院某专业学生百米速度数据,选择合适的检验方法,验证其是否服从正态分布?

4."棉结杂质粒数.sav"数据是某纺织厂 15 天试得的棉条的棉结杂质粒数数据,试用游程检验方法研究生产情况是否正常?

第 9 章例题、思考题数据

第10章 相 关 分 析

 学习目标

➢ 掌握相关分析的概念。

➢ 掌握散点图的 SPSS 绘制过程及结果解释。

➢ 掌握 Pearson 相关系数的 SPSS 操作及结果解释。

➢ 掌握 Spearman 等级相关的 SPSS 操作及结果解释。

➢ 了解 Kendall 相关系数的 SPSS 操作及结果解释。

➢ 掌握偏相关分析的 SPSS 操作及结果解释。

客观世界是普遍联系的统一整体,事物之间不是相互独立的,存在着相互依存、相互制约、相互影响的关系,用于描述事物数量特征的变量之间自然也存在一定的关系。人们在实践中发现,变量之间的关系存在两种类型:函数关系和相关关系。当一个变量 x 取一个定值时,另一变量 y 可以按确定的函数公式取一个确定的值,记为:$y=f(x)$,则称 y 是 x 的函数,也就是说,y 和 x 两变量间存在函数关系。函数关系是变量间的一种确定性的关系,比较容易分析和测度,但在实际问题中,变量间的关系往往并不是那么简单,如家庭的收入与支出、一个人所受教育程度与其收入、子女身高和父母身高等,它们之间有着密切的关系,但这些关系又不能像函数关系那样,能够用一个确定的函数公式来描述,当变量 x 取一个定值时另一变量 y 可能有多个值。这样,变量之间存在密切联系,但某一个变量的值又不能由其他一个或几个变量的值确定时,变量之间的关系是不确定性关系,称为相关关系,也叫统计关系。

10.1 相关分析

10.1.1 相关关系的定义

衡量事物之间,或称变量之间线性相关程度的强弱并用适当的统计指标表示出来,这个过程就是相关分析。它是客观现象存在的一种非确定的相互依存关系,即自变量的每一个取值,因变量由于受随机因素影响,与其所对应的数值是非确定性的。相关分析中的自变量和因变量没有严格的区别,可以互换。在这种关系中,对于其中一个变量的确定取值,另一个变量取值并不是确定的,而是有多个不同的值与之对应。例如投资和 GDP 增长有密切关系,一般说来,投资加大会促进 GDP 增长,但是固定的投资值与之对应的 GDP 增长值却不固定,这是因为 GDP 增长还会受到消费、经济环境、国家政策等诸多因素影响,会围绕一个平均数上下波动。

10.1.2　相关关系的测定

相关分析是测定变量之间的关系的密切程度,所使用的工具是相关系数。判断两个变量有没有相关关系,主要从两方面:一是定性分析;二是定量分析。在定量分析之前需进行定性分析,定性分析主要是根据理论知识、专业知识和实践经验,对变量之间是否有相关关系进行判断,即回答相关关系的合理性和科学性问题,相关分析的工具主要有相关表、相关图和线性相关系数等。

【例 10-1】　某企业 2002—2011 年某种产品的产量与单位成本资料如表 10-1 所示。请分析该企业产量与单位成本是否存在相关关系,相关关系方向、形式和相关程度如何?

表 10-1　某企业产品产量与单位成本数据

年份	2002	2003	2004	2005	2006	2007	2008	2009	2010	2011
产量(万件)	6	8	9	11	12	14	15	17	19	20
单位成本(元)	52	51	51	49	48	47	46	44	42	41

相关表是将一变量按照升序或降序排列,观察对应的另一变量的值,如果另一变量取值也有相应的增加或减小趋势,则可以判断存在相关关系,如果另一变量取值大小随机,则无相关关系。

表 10-1 中产量是按照升序排列的,而单位成本明显有减少的趋势,因此可以判断相关关系存在,且为负相关。

相关图是用一个变量作为 x 轴,另一个变量作为 y 轴,将两个变量对应取值作为坐标,将所有数据在图中描绘出来,用于表明相关点分布状况的图形,从相关图可以看出变量的相关关系、相关方向、相关形式,大致也可以看出相关程度,图 10-3 是表 10-1 数据描绘的散点图。

对于[例 10-1],散点图之前需要首先建立"成本.sav"数据文件,如图 10-1 所示。

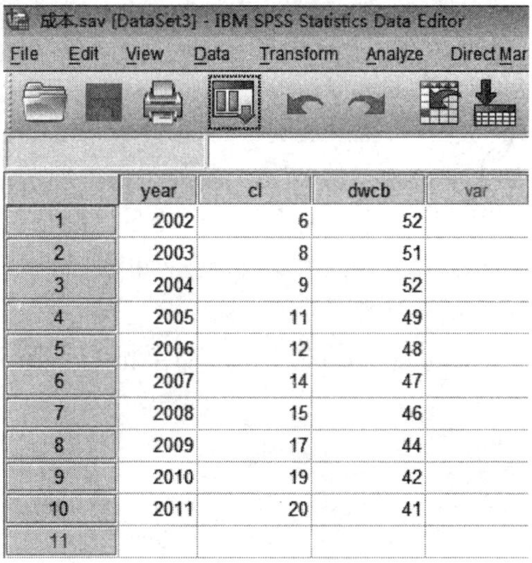

对于相关图,是 SPSS 中经常用到的一个操作,因此比较重要,我们进行如下操作:

Step1:选择【图形】(Graphs)菜单→旧对话框【Legacy Dialogs】菜单→散点【Scatter/Dot】菜单→【简单分布】(Simple Scatter)菜单。

图 10-1　构建数据

在图 10-2 所示的对话框中,将变量"单位成本(元)(dwcb)"选入 y Axis 框中,指定该变量为 y 轴变量,将变量"年产量(万件)(cl)"选入 x Axis 框中,指定该变量为 x 轴变量。

从图 10-3 中可以看出,产量和单位成本呈现负相关关系,相关关系的形式从散点的分布可以看出是线性相关,至于相关程度主要从散点离直线的远近来判断。相关图虽然能大致看出相关关系的方向、形式、相关程度,但是这种判断并不精确,根据图形也无法对相关程度是否显著进行判断,因此我们还需要将相关程度数值化的相关分析工具,这就是相关系数。

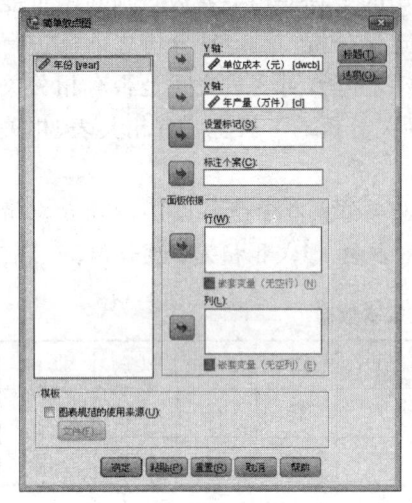
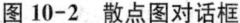

图 10-2　散点图对话框

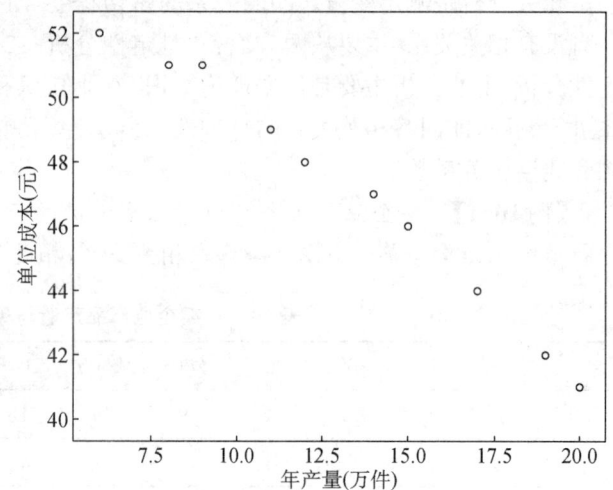

图 10-3　产量与单位成本散点图

相关系数是用来反映变量之间相关关系密切程度的统计量,依据相关关系之间的不同特性,相关系数有多种,反映两变量线性相关关系的统计量称为线性相关系数,反映两变量非线性相关关系的称为非线性相关系数。在统计学中,皮尔逊相关系数(Pearson Correlation Coefficient)通常用 r 或是 ρ 表示,是用来度量两个变量 x 和 y 之间的相互关系(线性相关)的,取值范围在 $[-1, +1]$ 之间。皮尔逊相关系数在学术研究中被广泛用来度量两个变量线性相关性的强弱,它是由 Karl Pearson 在 19 世纪 80 年代从 Francis Galton 介绍的想法基础发展起来的,但是发展后想法与原想法相似却略有不同的,这种相关系数常被称为"Pearson 的 r"。相关分析是处理变量之间相关关系的一种统计方法。通过相关分析,可以了解两个或两个以上的变量之间是否有相关关系,相关关系的方向、形式以及相关密切程度。本节我们主要讨论线性相关系数,根据线性相关系数计算方法不同,线性相关系数具体有如下分类。

(1)皮尔逊(Pearson)简单相关系数,用于度量两个间隔尺度变量之间的相关性,其数学定义为:

$$r = \frac{\sum\limits_{i=1}^{n}(x_i - \bar{x})(y_i - \bar{y})}{\sqrt{\sum\limits_{i=1}^{n}(x_i - \bar{x})^2 \sum\limits_{i=1}^{n}(y_i - \bar{y})^2}}$$

式中,n 表示样本数;x_i,y_i 表示两个变量的样本观测值,计算出的 r 称为样本相关系数,它实质是两变量样本标准化后的乘积再取平均数,因此也称为积矩相关系数。

注:当两个变量的标准差都不为零时,相关系数才有定义。

皮尔逊相关系数适用于:

两个变量之间是线性关系,都是连续数据。

两个变量的总体是正态分布,或接近正态的单峰分布。

两个变量的观测值是成对的,每对观测值之间相互独立。

皮尔逊(Pearson)相关系数假设检验统计量:

其检验的原假设是相关系数等于 0,即相关系数不显著,检验 t 统计量为:

$$t = \frac{r\sqrt{n-2}}{\sqrt{1-r^2}}$$

在原假设为真的条件下,t 统计量服从自由度为 $n-2$ 的 t 分布。

(2) 斯皮尔曼(Spearman)等级相关系数。

这是利用变量的秩构造的线性相关系数,是一种非参数的方法,由于只利用变量的秩,顺序尺度变量也可以计算斯皮尔曼(Spearman)等级相关系数,且不易受极端值的影响。其计算公式与皮尔逊(Pearson)简单相关系数类似,只是使用变量的秩 (u_i, v_i) 而非变量的值 (x_i, y_i) 进行计算,公式为:

$$r_{Sp} = \frac{\sum\limits_{i=1}^{n}\left(u_i - \frac{n+1}{2}\right)\left(v_i - \frac{n+1}{2}\right)}{\sqrt{\sum\limits_{i=1}^{n}\left(u_i - \frac{n+1}{2}\right)^2 \sum\limits_{i=1}^{n}\left(v_i - \frac{n+1}{2}\right)^2}}$$

由于:

$$\sum_{i=1}^{n} u_i = \sum_{i=1}^{n} v_i = \frac{n(n+1)}{2}, \quad \sum_{i=1}^{n} u_i^2 = \sum_{i=1}^{n} v_i^2 = \frac{n(n+1)(2n+1)}{6}$$

上述公式可以简化为:

$$r_{Sp} = 1 - \frac{6\sum\limits_{i=1}^{n}(u_i - v_i)^2}{n(n^2-1)} = 1 - \frac{6D}{n(n^2-1)}$$

斯皮尔曼等级相关系数对数据条件的要求没有皮尔逊相关系数严格,只要两个变量的观测值是成对的等级评定资料,或者是由连续变量观测资料转化得到的等级资料,不论两个变量的总体分布形态、样本容量的大小如何,都可以用斯皮尔曼等级相关系数来进行研究。在没有重复数据的情况下,如果一个变量是另外一个变量的严格单调函数,则斯皮尔曼(Spearman)秩相关系数就是 +1 或 −1,称变量完全斯皮尔曼(Spearman)秩相关。注意这和皮尔逊(Pearson)完全相关的区别,只有当两变量存在线性关系时,皮尔逊(Pearson)相关系数才为 +1 或 −1。

斯皮尔曼(Spearman)相关系数假设检验统计量。检验原假设也是相关系数等于 0,在小样本下,斯皮尔曼(Spearman)等级相关系数就是检验统计量,在大样本时,采用正态检验统计量:

$$Z = r\sqrt{n-1}$$

当原假设为真时,小样本下统计量服从斯皮尔曼(Spearman)分布,大样本下 Z 统计量近似服从标准正态分布。

（3）肯德尔（Kendall）相关系数。

在统计学中，肯德尔（Kendall）相关系数是以 Maurice Kendall 命名的，并经常用希腊字母 τ 表示其值。肯德尔（Kendall）相关系数是一个用来测量两个随机变量相关性的统计值。肯德尔（Kendall）检验是一个无参数假设检验，它使用计算而得的相关系数去检验两个随机变量的统计依赖性。肯德尔（Kendall）相关系数的取值范围在 -1 到 1 之间，当 τ 为 1 时，表示两个随机变量拥有一致的等级相关性；当 τ 为 -1 时，表示两个随机变量拥有完全相反的等级相关性；当 τ 为 0 时，表示两个随机变量是相互独立的。不过它所计算的对象是分类变量。分类变量可以理解成有类别的变量，可以分为无序的，如性别（男、女）、血型（A、B、O、AB）；有序的，如肥胖等级（重度肥胖、中度肥胖、轻度肥胖、不肥胖）。通常需要求相关性系数的都是有序分类变量。它利用变量秩数据计算一致对数目（U）和非一致对数目（V）来构造统计量。肯德尔（Kendall）相关系数 τ 定义为：

$$\tau = \frac{2(U-V)}{n(n-1)}$$

肯德尔（Kendall）相关系数假设检验统计量。

检验的原假设也是相关系数等于 0，在小样本下，肯德尔（Kendall）相关系数 τ 就是检验统计量，在大样本时，采用正态统计量：

$$Z = \tau \sqrt{\frac{9n(n-1)}{2n(2n+5)}}$$

当原假设为真时，小样本统计量服从肯德尔（Kendall）分布，大样本 Z 统计量近似服从标准正态分布。

10.1.3　相关分析的 SPSS 操作

相关分析操作步骤：

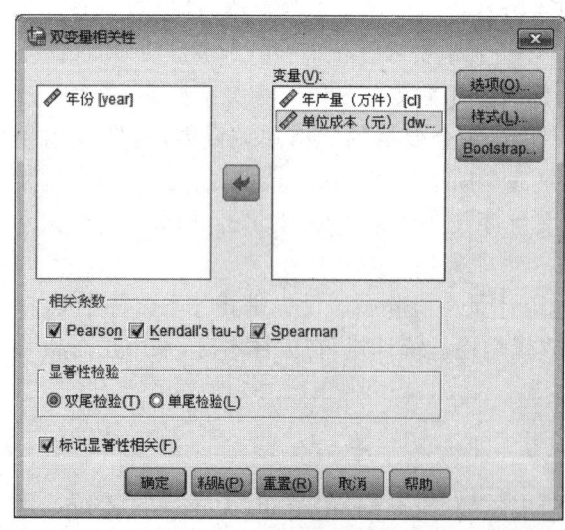

图 10-4　相关分析主对话框

Step1：选择【分析】（Analysis）菜单→【相关】（Correlate）菜单→【双变量】（Bivariate）菜单。

在图 10-4 的对话框中，将需要进行相关分析的变量"年产量（万件）""单位成本（元）"选入 Variables 对话框中。

Step2：选择需要计算的相关系数和需要完成的假设检验。

在图 10-4 对话框下部相关系数"Correlation Coefficients"复选框组中选择需要计算的相关系数种类，由于本例中两个变量都是间隔尺度变量，因此三个系数我们都选中。

在相关系数"Correlation Coefficients"

复选框组中的下方的显著性检验"Test of Significance"单选框中,选择进行单尾还是双尾检验,此处选择默认双尾检验。

Step3:完成其他设置。

在对话框下方按钮上方还有一个标记显著性相关"Flag Significant Correlations"复选框,选择此复选框后在结果中SPSS会自动在显著的相关系数右上角作上标记。同时还可以点击选项 Options... ,在图 10-5 所示的子对话框选择计算统计量和处理缺失数据。设置完成以后点击确定 OK 完成操作。

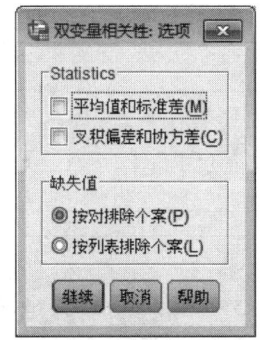

图 10-5　Option 子对话框

10.1.4　相关分析结果分析

皮尔逊(Pearson)简单相关分析的结果如表 10-2 所示。从表中结果可以看到,皮尔逊(Pearson)简单相关系数等于 -0.992,显然两变量是高度负相关,而相关系数的假设检验 P 值接近于 0,说明相关系数是显著不为 0 的,注意到相关系数右上角有两个"*",说明相关系数在 0.01 的显著水平上是显著的,即检验 P 值小于 0.01,这也说明两个变量的相关关系显著成立。

表 10-2　相　关　性

		年产量(万件)	单位成本(元)
年产量(万件)	Pearson 相关性	1	-0.992^{**}
	显著性(双尾)		0.000
	N	10	10
单位成本(元)	Pearson 相关性	-0.992^{**}	1
	显著性(双尾)	0.000	
	N	10	10

＊＊在置信度(双测)为 0.01 时,相关性是显著的。

表 10-3 显示了斯皮尔曼(Spearman)相关系数和肯德尔(Kendall)相关系数,两个变量的斯皮尔曼(Spearman)等级相关系数等于 -0.989,显示变量高度负相关,相关系数比皮尔逊(Pearson)相关系数略小,可能是采用秩而没有采用值的影响,检验的 P 值接近于 0,根据相关系数右上角的标记也是在 0.01 显著水平下显著。肯德尔(Kendall)相关系数 τ 等于 -0.997,两变量高度负相关,检验 P 值接近 0,而且根据相关系数标记,在 0.01 显著水平下显著。

表 10-3　相　关　性

			年产量(万件)	单位成本(元)
肯德尔 Tau_b	年产量(万件)	相关系数	1.000	-0.989^{**}
		显著性(双尾)		0.000
		N	10	10

(续表)

			年产量(万件)	单位成本(元)
肯德尔 Tau_b	单位成本(元)	相关系数	−0.989**	1.000
		显著性(双尾)	0.000	
		N	10	10
斯皮尔曼等级相关系数	年产量(万件)	相关系数	1.000	−0.997**
		显著性(双尾)		0.000
		N	10	10
	单位成本(元)	相关系数	−0.997**	1.000
		显著性(双尾)	0.000	
		N	10	10

＊＊相关性在 0.01 级别显著(双尾)。

10.2 偏相关分析

简单相关关系只反映两个变量之间的关系,但如果因变量受到多个因素的影响时,因变量与某一自变量之间的简单相关关系显然受到其他相关因素的影响,不能真实地反映两者之间的关系,所以需要考察在其他因素的影响剔除后两者之间的相关程度,即偏相关分析。例如在研究销售额与人口数、销售额与总收入之间的关系时,人口数量会影响销售额,总收入亦会影响销售额。由于人口数的变化总收入也在经常的变化中,应用简单相关系数往往不能说明现象之间的关系程度。这时,必须消除其他变量的影响后来研究两个变量之间的相互关系,这种相关分析叫偏相关分析。例如,在研究销售额与人口数的关系时可假定总收入不变。

相关分析中通过相关系数可以获知变量之间相关关系的方向、强弱。然而,相关系数有时并不是描述变量间相关关系的最好统计指标,往往会有夸大和缩小的嫌疑。线性相关系数可能有两方面的因素:一是两个变量直接的相关信息;二是两个变量通过中间相关因素"传递"的相关信息。如果两种信息相关方向相同,则夸大相关程度,如果两种信息相关方向相反,则减小相关程度,偏相关分析就是为了处理这类问题而引入的统计分析方法。

10.2.1 偏相关分析概述

偏相关分析在控制其他变量线性影响的条件下,分析两变量间的线性相关。偏相关系数衡量其他变量保持不变时两个变量之间关系。进行偏相关分析需要进行两大步骤:

第一步,计算样本偏相关系数。

假设两相关变量是 x 和 y,控制变量是 z,1 阶偏相关系数定义为:

$$r_{yx \cdot z} = \frac{r_{xy} - r_{yz} r_{xz}}{\sqrt{(1 - r_{yz}^2)(1 - r_{xz}^2)}}$$

式中，r_{xy}、r_{yz}、r_{xz} 分别表示变量 x 和 y、y 和 z、x 和 z 的 Pearson 简单相关系数。

第二步，针对样本观测值，对两变量代表的两总体的净相关显著性进行假设检验。

假设检验的原假设是两总体净相关系数与 0 无显著差异，假设检验的样本统计量为：

$$t = r_{xy \cdot z} \sqrt{\frac{n - q - 2}{1 - r_{xy \cdot z}^2}}$$

式中，q 为控制变量的个数。当原假设为真时，统计量服从自由度为 $n - q - 2$ 的 t 分布。

10.2.2　偏相关分析 SPSS 操作

【例 10-2】　在前面的［例 10-1］中，因为年销量和单位成本都含有时间因素，年销量随时间而增加，单位成本随时间而下降，现考虑去除时间的影响而分析销量和单位成本的净相关关系。同时通过净相关系数和简单相关系数的比较说明时间因素的作用。

销量和单位成本的偏相关系数，操作如下：

Step1：选择【分析】（Analysis）菜单→【相关】（Correlate）菜单→【偏相关】（Partial）菜单。

在图 10-6 的对话框中，中间的 Variables 框是进行相关分析的变量框，而下面的 Controling for 是控制变量框，我们将变量"年产量（万件）(cl)"和"单位成本（元）(dwcb)"选入相关分析变量框，将"年份（year）"选入控制变量框。

Step2：显著性检验 Test of Significance 选择双尾检验，同时勾选 Display Actual Significance Level 复选框，选项子对话框选择按列表排除个案，设置完成以后点击【确定】按钮。

如图 10-6 偏相关分析主对话框和图 10-7 所示的子对话框。

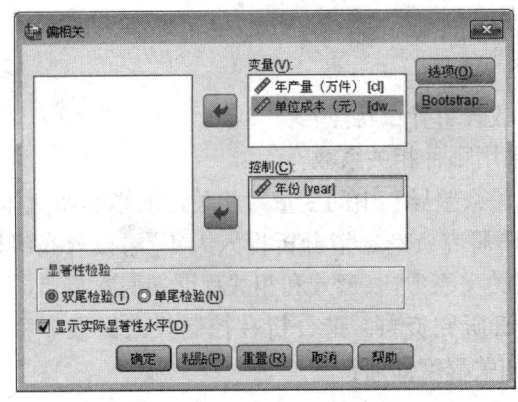

图 10-6　偏相关分析主对话框

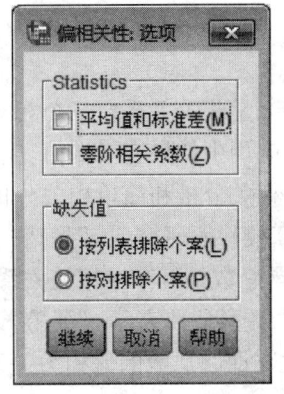

图 10-7　选项主对话框

10.2.3　偏相关分析结果分析

下面我们来看偏相关分析的结果：

表 10-3 列出偏相关分析的结果，在扣除时间因素的影响后，年产量和单位成本的偏相关系数为 -0.588，比简单相关系数 -0.987 相关程度降低了，说明时间因素在两个变量的相关关系中起到了一定的影响。在扣除了时间因素以后，单位成本和年产量的偏相关系数检验 P 值为 0.096，如果假定显著水平是 0.05，则不应拒绝原假设，认为偏相关系数不显著，

说明扣除了时间因素影响以外,年产量和单位成本没有相关关系,说明时间因素放大了两个变量的相关关系。

表 10-4 相 关 性

控制变量			年产量(万件)	单位成本(元)
年份	年产量(万件)	相关性	1.000	−0.588
		显著性(双侧)		0.096
		df	0	7
	单位成本(元)	相关性	−0.588	1.000
		显著性(双侧)	0.096	
		df	7	0

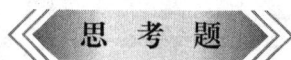

本 章 小 结

1. 本章学习了相关分析的相关概念。

2. 可以通过散点图和计算相关系数法进行相关分析。

3. 介绍了三种简单线性相关系数:皮尔逊(Pearson)相关系数、斯皮尔曼(Spearman)相关系数和肯德尔(Kendall)相关系数。

4. 介绍了偏相关并对其进行分析和解释。

思 考 题

1. 什么是相关关系? 三个相关系数各有什么特点?

2. 在应用中如果有极端值,应该采用哪种相关系数?

3. 偏相关分析和简单相关分析有什么差异? 中间变量对相关性的影响如何体现?

4. "高校科研研究.sav"是高校科研研究资料。请分析投入人年数、投入高级职称的人年数与课题总数是否存在相关关系,相关关系方向、形式和相关程度如何?

5. "高校科研研究.sav"是高校科研研究资料。请分析在控制投入高级职称的人年数时,论文数与课题总数的偏相关关系、相关程度如何?

第 10 章例题、思考题数据

第 11 章 回 归 分 析

 学习目标

➤ 掌握回归分析的概念。
➤ 了解简单线性回归分析的基本原理。
➤ 掌握简单线性回归分析的 SPSS 操作及结果解释。
➤ 了解多元线性回归分析的基本原理。
➤ 掌握多元线性回归分析的 SPSS 操作及结果解释。

回归分析(Regression Analysis)是确定两种或两种以上变量间相互依赖的定量关系的一种统计分析方法。在经济和金融研究中有十分广泛的应用,如分析投资对国家经济的拉动作用,分析利率及消费者物价指数(CPI)的变动和存款金额的依存关系等。回归分析按照涉及的自变量的多少,分为回归分析和多重回归分析;按照自变量的多少,可分为一元回归分析和多元回归分析;按照自变量和因变量之间的关系类型,可分为线性回归分析和非线性回归分析。

相关分析是回归分析的基础和前提,回归分析则是相关分析的深入和继续。相关分析需要依靠回归分析来表现变量之间数量相关的具体形式,而回归分析则需要依靠相关分析来表现变量之间数量变化的相关程度。相关分析只研究变量之间相关的方向和程度,不能推断变量之间相互关系的具体形式,也无法从一个变量的变化来推测另一个变量的变化情况,在具体应用过程中,只有把相关分析和回归分析结合起来,才能达到研究和分析的目的。相关分析着重说明变量之间的关系密切程度,对变量之间的关系没有要求,变量地位是对等的,同时也不能具体说明一个变量的变化将如何影响另一个变量;回归分析着重说明变量之间依存关系,即因变量是如何依靠自变量的因果关系。因此,回归分析要求变量有因变量和自变量之分,变量地位不再对等,同时将说明自变量的变化将怎样导致因变量变化,获取的信息比相关分析丰富。

在 SPSS 中,回归分析主要依靠菜单 Regression(见图 11-1)来完成。

SPSS 的回归 Regression 菜单中包括的内容极为丰富,但可被大致分为以下四大部分。

(1) 线性回归,它包括简单线性回归和多元线性回归,由 Linear 过程实现,这是应用最为广泛的回归过程。

(2) 非线性回归,是指线性趋势向非线性趋势的拓展,包括 Curve Estimation 过程和 Nonlinear Regression 过程,其中后者的分析能力极为强大,但要求的统计学知识也较多。

(3) 针对应变量为分类资料的回归方法,它们以 Logistic 模型为代表,包括二分类、无序多分类和有序多分类 Logistic 过程以及 Probit 过程。

(4) 其他回归过程,针对线性回归假设被违反的各种情况而设的一些补充方法,包括

图 11-1　回归分析菜单

Weight Estimation 过程、Two-Stage Least-Squares 过程等。

11.1　一元线性回归

一元线性回归是分析只有一个自变量(自变量 x 和因变量 y)线性相关关系的方法。一元线性回归作为数学模型,有着模型应用的条件和假设。所以,首先介绍一元线性回归的模型和假设条件。

11.1.1　回归的思想和假设

一元线性回归是研究两个变量依存关系的统计方法。因变量用 y 表示,自变量用 x 表示,一元线性回归的一般模型为:

$$y = \alpha + \beta x + \varepsilon$$

式中,α 表示线性方程的截距,β 表示线性方程的斜率,这两个方程的参数是不变的;ε 表示方程的随机误差,理解为自变量 x 以外的其他因素对因变量 y 影响。如果观察了 n 次两个变量的变化,记录相应数值,可以得到如下 n 个方程:

$$y_i = \alpha + \beta x_i + \varepsilon_i, \quad i = 1, 2, \cdots, n$$

在这 n 个方程中,必须满足以下条件:

线性趋势:自变量与应变量的关系是线性的。这可以通过散点图来加以判断。

独立性:随机误差零均值,相互独立,且方差相等,即满足下列三个等式:

$$E(\varepsilon_i)=0, \; \mathrm{var}(\varepsilon_i)=\sigma^2, \; \mathrm{cov}(\varepsilon_i, \; \varepsilon_j)=0, \quad i,j=1,2,\cdots,n, i \neq j$$

正态性:随机误差具有相同的分布,都服从正态分布,即:

$$\varepsilon_i \sim N(0, \sigma^2), \quad i=1,2,\cdots,n$$

随机误差与自变量相互独立,即:

$$\mathrm{cov}(\varepsilon_i, \; x_j)=0, \quad i,j=1,2,\cdots,n$$

11.1.2　回归分析一般步骤

回归分析被应用得非常广泛,作为一个严肃的统计学模型,它有着自己严格的适用条件,在拟合时也需要不断判断这些适用条件。下面给出回归分析操作步骤:

第一步,作出散点图,观察变量间的趋势。如果是多个变量,则还应当作出散点图矩阵、重叠散点图和三维散点图。当两变量间关系基本呈线性,可进行线性回归分析,散点图是线性回归分析之前的必要步骤,不能随意省略。

第二步,考察数据的分布,进行必要的预处理。即分析变量的正态性、方差齐等问题,并确定是否可以直接进行线性回归分析。如果进行了变量变换,则应当重新绘制散点图,以确保线性趋势在变换后仍然存在。

第三步,进行直线回归分析。包括变量的初筛、变量选择方法的确定等。

第四步,残差分析。主要分析两大方面。

(1) 残差间是否独立:采用 D-W 残差序列相关性检验进行分析。

(2) 残差分布是否为正态:可以采用残差列表及一些相关指标来分析,但最重要和直观的方法为图示法。好的残差图应该是残差的散点随机地均匀地分布在坐标上的一个带状区域内。

第五步,强影响点和多重共线性的判断。

只有以上五步全部通过,研究者才能认为得到的是一个统计学上无误的模型,下一步该做的事情就是结合专业实际,将分析结果运用到现实中,来看看结果有无实用价值,以及是否存在应用中的其他问题。

11.1.3　回归方程拟合

在下面的例子中,我们将应用 SPSS 完成一元线性回归模型的拟合,伴随例子的分析,我们将阐述一元线性回归的一般流程及 SPSS 实现。

【例 11-1】　利用"汽车销售数据.sav"(见第 11 章例题、思考题数据二维码),分析汽车销售量与价格的关系。

第一步,作两个变量的散点图,观察两个变量的相关性,其操作步骤为:

Step1:选择【图形】(Graphs)菜单→【旧对话框】(Legacy Dialogs)菜单→【散点图】(Scatter/Dot)菜单→【简单分布】(Simple Scatter)菜单。

散点图绘制对话框中,变量选择如图 11-2 所示。

从图 11-3 中可以明显看出这两个变量有线性相关关系,可以用一元线性回归方程拟合两个变量。

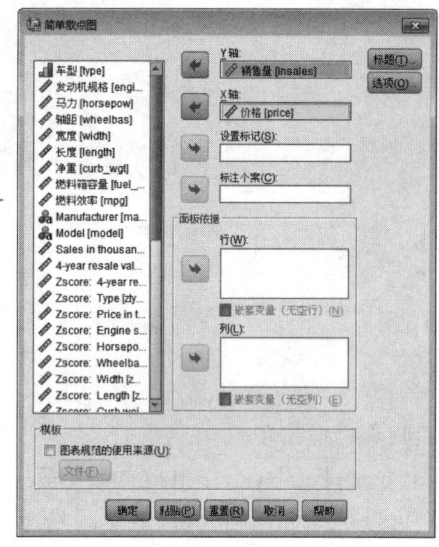

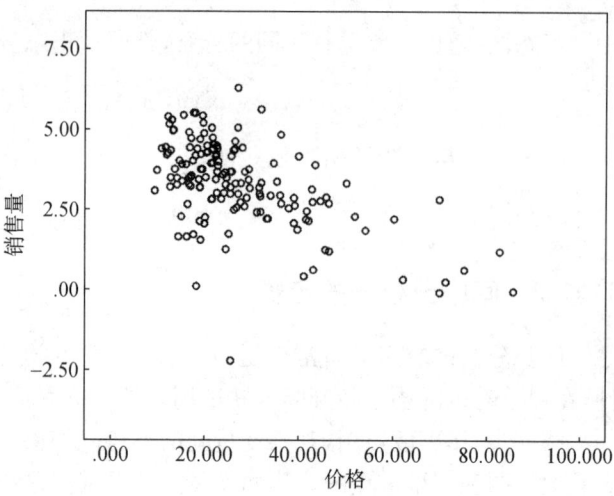

图 11-2　散点图设置　　　　　　　　　　图 11-3　销售量与价格散点图

第二步,选定自变量和因变量,进行回归拟合。将汽车价格作为自变量,汽车销售量作为因变量,进行回归方程拟合。其操作步骤为:

Step2:【分析】(Analyze)菜单→【回归】(Regression)菜单→【线性】(Linear)菜单。

图 11-4 为命令选择,选择因变量和自变量如图 11-5,如标注所示,左边列出了 SPSS 数据集所有的变量,中间 Dependent 是因变量框,而 Independent(S)是自变量框,中间下部分 Selection Variable 框是选择变量框,可以根据选择变量选定满足条件的案例进行分析;Case Label 是标注框,选择标准变量(通常是字符串变量)对每个案例进行标注,WLS Weight 是加权最小二乘框,用于进行加权最小二乘。右边四个按钮是选项按钮。

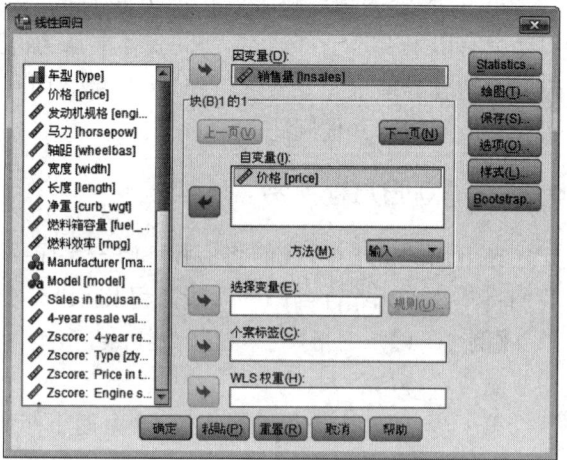

图 11-4　Linear 线性回归选项对话框　　　　　图 11-5　选择因变量和自变量

Step3:选择回归分析选项,进行设置。

点击统计 Statistics... 按钮,将会看到如图 11-6 所示的关于统计量的对话框。

选中 Residuals 复选框组中 Durbin-Watson 选项，表示选择进行自相关检验的统计量，接下来点击继续 Continue 按钮返回主对话框，选择保存 Save... 选项按钮，会看到如图 11-7 所示的保存对话框，对话框由七部分构成。

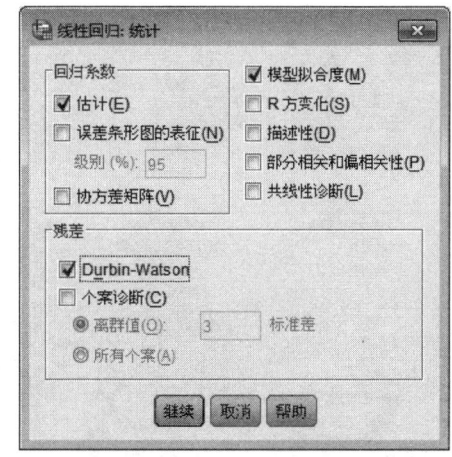

左上部是预测值"Predict Values"复选框组，包含四项：

未标准化（Unstandized）：非标准化预测值，即将 x 值代入拟合方程得到的拟合 y 值；

标准化（Standized）：标准化预测值，即预测值减去 y 的均值，除以方差，此预测值均值为 0，方差为 1；

图 11-6　Statistics 子对话框

调节（Adjusted）：去掉当前记录后，其余数据拟合新模型，新模型对 y 的预测值，类似交互检验的思想；

平均值预测值的 S.E.（S.E. of Mean Prediction）：预测值的标准差，可以用于构造预测值的置信区间。

右上部分是残差"Residuals"复选框组，包含五项：

未标准化（Unstandized）：非标准化残差，即因变量真实值减去拟合值；

标准化（Standized）：标准化残差，即残差除以其标准差；

学生化（Studentized）：学生化残差，即对残差进行 t 变换，计算其 t 统计量的值；

删除（Deleted）：将当前记录删除，剩余数据拟合新模型，得到新模型的拟合值，从而计算出的残差，有助于发现强影响点；

学生化已删除（Studentized Deleted）：Deleted 预测值的 t 变换。

左边中间是距离"Distance"复选框组，包含三项：

Mahalanobis 距离（Mahalanobis）：马氏距离，记录样本点到平均值的距离，如果马氏距离过大，则样本可能是离群点；

Cook 距离（Cook's）：如果该记录去除，残差将会发生变化，一般 Cook's 距离大于 1，则样本可能是离群点或强影响点；

杠杆值（Leverage Values）：用于测量样本的影响程度，一般大于 $2p/n$，即为强影响点，p 为参数个数，n 为样本量。

另外，SPSS 还提供一组专门判断强影响点的统计量，即是 Influence Statistics 复选框组中的选项，这里简单解释如下：

Dfbeta(S)：Difference in Beta 的缩写，即如果去掉该组数据重新拟合回归模型，模型的回归系数变化值；

标准化 Dfbeta(Standized Dfbeta)：标准化的 Dfbeta 值，当它大于 $2/\sqrt{n}$ 时，该点为强影响点；

Dffit：即 Difference in Fit Value 的缩写，即去掉该数据重新拟合回归模型，该预测值的变化；

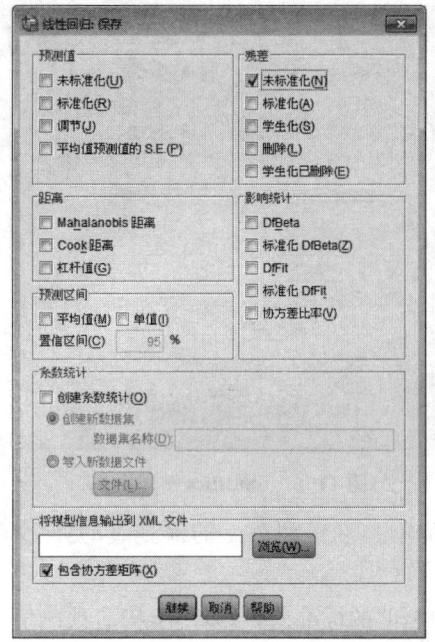

图 11-7　保存按钮子对话框

标准化 Dffit（Standized Dffit）：标准化的 Dffit 值，当它大于 $2/\sqrt{p/n}$ 时，该点为强影响点；

协方差比率（Covariance Ratio）：去掉该组数据的协方差阵与原协方差阵的比率。其绝对值大于 $3p/n$ 时，即为强影响点。

SPSS 还提供预测值区间复选框组，将变量值存储到新变量或新文件复选框组等，这里就不解释了。选中 Residuals 框中的 Unstandardized 选项，选择保存非标准化残差，点击确定 OK 按钮完成操作，如图 11-7 所示。

以下将结合结果对回归模型进行分析。

表 11-1 主要是回归方程的拟合优度检验，其中 R-Square 表明可决系数的取值，上述例子中可决系数等于 0.305，说明因变量的方差中，自变量能解释 30.5%。另外，最后一列给出了模型的 Durbin-Watson 取值，将在下面残差分析中用到。

表 11-1　模型摘要[b]

模型	R	R 平方	调整后的 R 平方	标准估算的错误	Durbin-Watson（U）
1	0.553[a]	0.305	0.301	1.10762	1.411

a. 预测变量：（常量）价格。
b. 因变量：销售量。

11.1.4　回归方程的检验

回归方程建立以后，必须对方程进行检验，通过检验，可以证明两个变量的关系是合理的，也可以说明变量间的关系是统计显著的；只有通过检验的方程才能应用于说明变量关系和进行因变量的预测中。回归方程的检验主要包括如下类型：

（1）方程意义检验。方程意义检验主要检验的自变量与因变量关系的合理性，包括回归方程参数正负、大小、关系是否合理，是否符合相关的理论等。如果符合，就可以通过检验；反之，将不能通过检验，必须寻找原因，重新拟合。

（2）方程拟合优度检验。方程拟合优度检验主要检验自变量对因变量的解释程度，应用可决系数 R^2 进行检验，可决系数定义为：

$$R^2 = 1 - \frac{RSS}{SS} = \frac{SS_{reg}}{SS}$$

式中，SS 表示因变量的方差；SS_{reg} 表示回归平方和，即自变量说明因变量方差的部分；RSS 表示残差平方和，即自变量不能解释的其他随机因素对因变量的影响；可决系数描述了因变量的方差中，自变量能够解释的方差。

（3）方程显著性检验。方程显著性检验通过 F 检验完成，F 统计量构造如下：

$$F = \frac{SS_{reg}/k}{RSS/(n-k-1)}$$

式中，k 表示自变量个数。如果计算出的 F 值大于临界值或者计算出的显著性水平概率小于 0.05，自变量与因变量线性关系统计显著。如果线性关系统计显著，说明自变量确实能影响因变量，就可以用自变量的取值去预测因变量的取值；相反，如果线性关系统计不显著，则说明变量之间没有线性关系，不能应用自变量对因变量进行操作。

　　（4）系数显著性检验。系数显著性检验旨在检验单个自变量和因变量之间的线性关系是否统计显著。有可能出现这样的情况，有三个自变量，对因变量线性关系统计显著，但是其中只有第一个和第二个自变量对因变量有显著影响，第三个自变量对因变量没有显著影响，则方程显著性检验能通过，系数显著性检验前两个变量能通过，第三个变量不能通过。总之，方程显著性检验是针对自变量全体的检验，而系数显著性检验是针对单个自变量的检验。系数显著性检验通过 t 检验完成，t 统计量构造如下：

$$t = \frac{\hat{\beta}_i}{S\hat{e}(\hat{\beta}_i)}$$

式中，$\hat{\beta}_i$ 表示对参数的估计值；$S\hat{e}(\hat{\beta}_i)$ 表示参数估计值的标准差。如果计算出的 t 值大于临界值或者计算出的显著性水平概率小于 0.05，一般认为单个自变量与因变量线性关系统计显著。

　　表 11-2 是方差分析表，主要列出了方程显著性检验的结果，表格的第二行、第三行、第四行分别表明回归平方和 SS_{reg}、残差平方和 RSS 和因变量总方差（总平方和）SS。表格第三列说明模型总平方和为 270.191，回归平方和为 82.489，残差平方和为 187.702，回归与残差平方和相加即得到总平方和；第四列说明回归平方和、残差平方和、总平方和各自的自由度为 1，153，154；第五列说明平方和的平均数，等于第三列数值除以对应第四列数值，表格第六列和第七列给出 F 统计量的值和对应的显著水平 P 值。在 SPSS 中，方程显著性检验主要通过观察表格的最后一列 P 值来给出，本例中显著水平小于 0.001，当然小于 0.05，说明方程显著性检验能够通过，销售量和价格线性关系显著。

表 11-2　Anova[a]

模型		平方和	自由度	均方	F	显著性
1	回归	82.489	1	82.489	67.238	0.000[b]
	残差	187.702	153	1.227		
	总计	270.191	154			

a. 因变量：销售量。
b. 预测变量：（常量），价格。

　　表 11-3 是系数表，主要说明两部分内容：其一是回归方程的形式；其二是系数显著性检验的结果，表格的最后两行说明方程系数的情况，"（常量）"代表截距，"价格"代表价格变量的斜率，表格第三、第四列表明非标准化系数的估计值和标准差，第五列是标准化系数值，第六列和第七列是 t 统计量的取值和相应的显著水平，在 SPSS 中，系数显著性检验主要通过

表 11-3　系　　数ᵃ

模型		非标准化系数		标准系数	t	显著性
		B	标准差	贝塔		
1	（常量）	4.692	0.192		24.417	0.000
	价格	−0.051	0.006	−0.553	−8.200	0.000

a. 因变量:销售量。

最后一列的 P 值来体现。

根据表格第三列截距和斜率的取值,可以得出回归方程为:

$$y_i = 4.692 - 0.051 x_i + e_i, \ i = 1, 2, \cdots, n$$

进行方程意义检验,上面例子中,截距为 4.692,说明在没有价格的情况下,汽车销售量 4 962 辆,截距为正是合理的。而斜率为 −0.051,说明价格增加和汽车销量的增加呈现负相关关系,这是合理的。而 −0.051 也是一个合理的数值。

接着进行系数显著性检验,截距的 t 统计量取值为 24.417,相应显著水平是 0.000,小于 0.05 说明截距显著不为 0,斜率的 t 统计量取值为 −8.200,相应的显著水平为 0.000,小于 0.05,说明斜率显著不为 0。综上所述,回归方程就是上述公式形式。

残差分析主要通过对残差的分析,来说明随机误差满足回归的条件。残差分析包括分布分析、异方差分析、自相关分析和非线性趋势分析,我们将在下面的例子中看到具体残差分析过程。

以下将进行残差分析,首先进行残差的分布分析,即作残差的 P-P 图。

Step1:选择【分析】(Analysis)菜单→【描述统计】(Descriptive Statistics) 菜单→【P - P 图】(P-P plot)菜单。

相应选择如图 11-8 所示。

选择检验变量和检验分布:

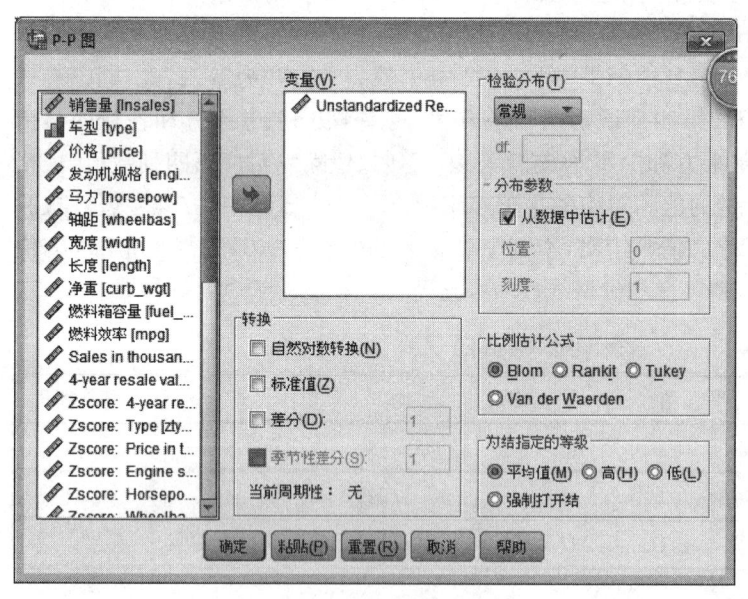

图 11-8　P-P 图的参数

Unstandardized Residual(Res_1)→Variables:　　　// 选择作图变量

Test Distribution: 选择 Normal　　　//选择作正态 P-P 图

选择确定 OK 按钮。

残差的分布与正态分布图如 11-9 所示，通过 P-P 图，可以看到残差数据基本服从正态分布，从而可知随机误差服从正态分布这个条件得到满足。

接下来我们进行残差自相关的分析，残差自相关分析主要通过 Durbin-Watson 统计量进行检验，$D.W.$ 统计量定义为：

$$D.W. = \frac{\sum\limits_{i=2}^{n}(e_i - e_{i-1})^2}{\sum\limits_{i=1}^{n}e_i^2}$$

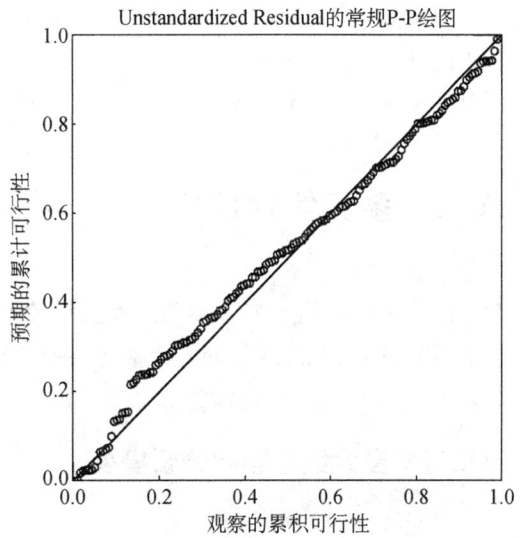

图 11-9　残差分布的 P-P 图

$D.W.$ 统计量取值在 $0 \sim 4$ 之间，当残差正相关时，即 e_i，e_{i-1} 接近，则 $D.W.$ 统计量取值接近 0，同理，当残差负相关时，即 e_i，$-e_{i-1}$ 接近，则 $D.W.$ 统计量取值接近 4，当 $D.W.$ 统计量取值接近 2 时，说明随机误差不存在自相关。本例中，$D.W.$ 统计量取值为 1.411（见表 11-1）。

最后，通过做残差图关于自变量的散点图，进行残差异方差和非线性分析。

Step2：【图形】（Graphs）菜单→【旧对话框】（Legacy Dialogs）菜单→【散点】（Scatter/Dot）菜单→【简单分布】（Simple Scatter）菜单。

Step3："未标准化残差"Unstandardized Residual(Res_1)→Y Axis，价格→X Axis，单击确定 OK 按钮。

残差的分布情况如图 11-10 所示。

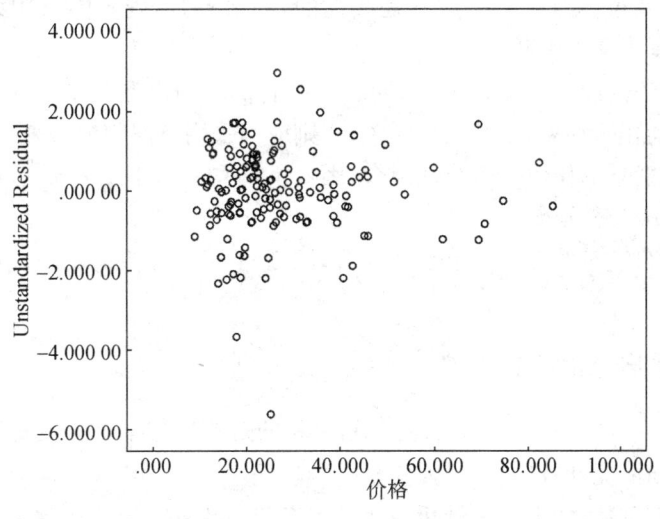

图 11-10　残差散点图

从 11-10 残差散点图中，可以看出残差基本没有异方差性。本例中回归拟合的直线方程合理有效，可以用于预测和控制。

综上所述,在一元线性回归中,应该遵循选择变量、作散点图、拟合方程、方程检验、方程修正的顺序完成,最终通过方程检验以后的线性回归方程才能用于解释变量关系以及用作预测和控制等。多元线性回归和一元线性回归过程基本相同,只是有些步骤更加复杂一些。

11.2　多元线性回归

Linear 过程用于拟合多元线性回归模型,它和 Binary Logistic 过程是 Regression 菜单中使用频率最高的两个过程。线性回归模型在科研、生产工作中应用非常广泛,而且 Logistic 回归又以它为基础,所以非常重要。

11.2.1　多元线性回归分析模型

多元线性回归模型为:

$$Y = \beta_0 + \beta_1 X_1 + \beta_2 X_2 + \cdots + \beta_k X_k + \varepsilon_i$$

其中,ε_i 为随机误差(随即扰动项),被假定为服从均数为 0 的正态分布。即对每一个个体而言,在知道了所有自变量取值时,我们能确定的只是因变量的平均取值,个体的具体取值在其附近的一个范围内。而具体取值和平均取值间的差异(记为 e_i)被称为残差,这一部分变异是当前模型所不能及的部分。

11.2.2　多元线性回归分析模型适用条件

根据不同的分析目的,线性回归模型的适用条件会有所不同,这里我们给出的是基本的适用条件:

线性趋势:自变量与因变量的关系是线性的,如果不是,则不能采用线性回归来分析。这可以通过散点图来加以判断。

独立性:可表述为因变量 y 的取值相互独立,它们之间没有联系。反映到模型中,实际上就是要求残差间相互独立,不存在自相关,否则应当采用自回归模型来分析。

正态性:就自变量的任何一个线性组合,因变量 y 均服从正态分布,反映到模型中,实际上就是要求 e_i 服从正态分布。

方差齐性:就自变量的任何一个线性组合,因变量 y 的方差均相同,就是要求残差的齐方差。

11.2.3　多元回归分析中的参数

偏回归系数:即模型中的 β_i 的估计值,它反映的是相应的某个自变量变动一个单位时,因变量取值的变动情况,即自变量对因变量的影响程度。

标准化偏回归系数:由于自变量间的变异程度和均数有时相差非常大,直接用偏回归系数是无法比较各自变量的影响程度大小的,为此人们将各自变量进行标准正态变换后再进行分析,此时得出的就是标化偏回归系数,它的大小可以直接用来比较各自变量对因变量的影响程度。

判定系数:即相应的相关系数的平方,用 R^2 表示,也叫拟合优度、决定系数,它反映因变量 y 的全部变异中能够通过回归关系被自变量解释的比例。$0 \leqslant R^2 \leqslant 1$,$R^2$ 越接近 1,方程拟合得就越好,如果 R^2 为 0.8,则说明回归关系可以解释因变量 80% 的变异。

调整的判定系数:判定系数的大小受自变量个数的影响。在实际的回归分析中,随着自变量个数的增加,R^2 也会随着增大,但与拟合好坏无关。因此,在自变量个数不同的回归方程之间比较拟合程度好坏时,R^2 就不是一个很合适的指标,必须加以修正,以剔除自变量个数增加对拟合优度的影响,调整的 R^2 为:$R^2_{adj} = 1 - (1 - R^2)(n-1)/(n-k-1)$。

11.2.4 多元回归分析中的显著性检验

回归方程的显著性检验:

这种检验包括两种方法:一个是拟合优度的检验;另一个是 F 检验。F 检验是利用方差进行的。F 统计量为:平均的回归平方和与平均的残差平方和(均方误差)之比,如果 F 值较大,则说明自变量造成的因变量的变动远远大于随机因素对因变量造成的影响。该检验的假设是总体的回归系数均为 0。

回归系数的显著性检验:

在多元回归中,回归方程的显著性并不代表回归系数的显著性,因此要从回归方程中剔除那些次要的变量,重新建立更简单的回归方程。回归系数的显著性检验是检验各自变量 $x_1, x_2, \cdots, x_k$ 对因变量 y 的影响是否显著,从而找出哪些自变量 y 的影响是重要的,哪些是不重要的。t 统计量为:$\beta_i/S_{\beta i}$,该检验的假设是 $\beta_i = 0 (i = 0, 1, 2, \cdots, k)$。

多元回归的假设条件检验:

这些检验包括异方差检验、正态性检验、序列相关检验和多重共线性检验,主要通过残差分析来完成。

11.2.5 回归分析一般步骤

回归分析操作步骤:

第一步,作出散点图,观察变量间的趋势。如果是多个变量,则还应当作出散点图矩阵、重叠散点图和三维散点图。当两变量间关系基本呈线性,可进行线性回归分析,散点图是线性回归分析之前的必要步骤,不能随意省略。

第二步,考察数据的分布,进行必要的预处理。即分析变量的正态性、方差齐等问题。并确定是否可以直接进行线性回归分析。如果进行了变量变换,则应当重新绘制散点图,以确保线性趋势在变换后仍然存在。

第三步,进行直线回归分析,包括变量的初筛、变量选择方法的确定等。

第四步,残差分析。这是模型拟合完毕后模型诊断过程的第一步,主要分析两大方面:

残差间是否独立:采用 D-W 残差序列相关性检验进行分析。

残差分布是否为正态:可以采用残差列表及一些相关指标来分析,但最重要和直观的方法为图示法。好的残差图应该是残差的散点随机地均匀地分布在坐标上的一个带状区域内。

第五步,强影响点和多重共线性的判断。

只有以上五步全部通过,研究者才能认为得到的是一个统计学上无误的模型,下一步该做的事情就是结合专业实际,将分析结果运用到现实中,来看看结果有无实用价值,以及是否存在应用中的其他问题。

多元线性回归常常包含有两个或两个以上的自变量,而这些自变量有可能因为彼此相关性较高而存在某种线性关系,这个时候某个自变量往往可以用其他的自变量的线性函数来表示,这种现象被称为多重共线性(Multicollineartiy)。共线性问题是多元线性回归中的一个常见问题,它经常会让我们误判自变量和因变量之间的关系。

11.2.6 衡量多重线性回归的指标

容忍度(Tolerance):容忍度越小,则说明被其他自变量预测的精度越高,多重共线性越严重,如果容忍度小于 0.1 时,就存在严重的多重共线性。

方差膨胀因子(Variance Inflation Factor,VIF):是容忍度的倒数,数值越大,多重共线性越严重,一般不应该大于 5,大于 10 时,提示有严重的多重共线性。

特征值(Eigenvalue):特征值越接近 0,则提示多重共线性越严重。

条件指数(Condition Index):当某些维度的条件指数大于 30 时,则提示存在多重共线性。

11.2.7 多元线性回归的 SPSS 过程

【例 11-2】 "年薪影响因素.sav"(见第 11 章例题、思考题数据二维码)是某公司 30 名员工的信息表,研究该公司员工的年薪是否受到其教育水平(指接受教育年限)、雇佣时间(指进入该公司的工作时间)、行业经验(指从事该行业的时间)的影响。如果有,是否能够将他们构建起回归模型? 如果可以,最终构建的模型是怎样的?

Step1:选择【分析】(Analysis)菜单→【回归】(Regression)菜单→【线性】(Linear)菜单。

见图 11-1 回归分析菜单,然后进入图 11-11 对话框中,进行如下操作:

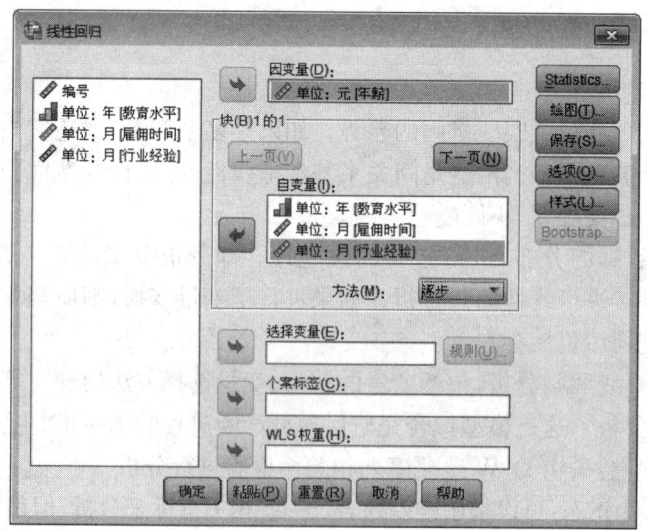

图 11-11　线性回归对话框

Step2:"年薪"放入因变量框,把"教育水平""雇佣时间"和"行业经验"放到自变量框,在【方法】(Method)下拉框中选择"逐步法"(Stepwise)。

如图 11-11 所示,选择【方法】(Method)下拉菜单,一共有五个选项:

输入(Enter):不进行变量筛选,所有变量直接进入线性回归方程,这是 SPSS 的默认选项;

前进(Froward):自变量不断进入线性方程的过程,即不断选择和因变量相关性高的自变量进入线性回归方程,变量进入后进行各种假设检验,直到没有变量能够进入线性回归方程为止;

逐步(Stepwise):逐步筛选变量,先选入一个自变量,进行回归和假设检验,如果显著差异则新进入变量保留,再删除一个变量,进行拟合和假设检验,如果和未删除变量之前差异不显著,则变量删除,依此程序不断增加和删除变量,直到不能再增加删除变量为止;

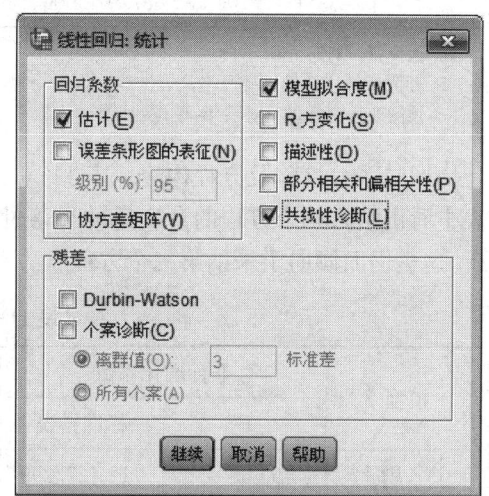

后退(Backward):和前进(Froward)方法相反,首先自变量都进入线性回归方程,根据和因变量的相关程度,从相关程度最小的自变量开始剔除,一直到不能剔除自变量为止;

删除(Remove):原理和后退(Backward)基本类似,只是会一次将一个层(Block)中的变量全部清除。

Step3:单击【统计量】(Statistics),进入统计对话框,勾选【共线性诊断】(Collinearity Diagnosis)选项,然后单击【继续】(Continue)按钮回到主对话框,最后单击【确定】(OK)按钮,提交系统分析。

统计对话框如图 11-12 所示。

图 11-12 统计对话框

11.2.8 结果解释

方程拟合度检验。表 11-4 给出了方程模型的汇总信息,从这里可看到系统拟合了两个回归方程,我们需要从这些方程中选择最优的方程模型。从数据上看,第一个方程的判定系数 R^2 是 0.201,第二个方程的判定系数 R^2 是 0.371,第一个的判定系数要小于第二个,我们可以初步选定第二个方程。

表 11-4 模 型 摘 要

模型	R	R 平方	调整后的 R 平方	标准估算的错误
1	0.448[a]	0.201	0.172	55 129.966
2	0.609[b]	0.371	0.325	49 802.757

a. 预测变量:(常量)单位:年。

b. 预测变量:(常量)单位:年,单位:月。

表 11-5 给出了两个回归方程模型的显著性检验结果,其解读和一元回归方程是一样的。从方差分析结果来看,两个方程的 F 统计量分别为 7.042 和 7.970,相应的 P 值分别为 0.013 和 0.002,都小于 0.05 水平,说明两个方程都在 0.05 的显著水平上有统计学意义,即两个方程的线性关系都是显著的。

表 11-5　Anova[a]

模型		平方和	自由度	均方	F	显著性
1	回归	21 402 118 227.273	1	21 402 118 227.273	7.042	0.013[b]
	残差	85 100 769 572.727	28	3 039 313 199.026		
	总计	106 502 887 800.000	29			
2	回归	39 534 393 000.823	2	19 767 196 500.411	7.970	0.002[c]
	残差	66 968 494 799.177	27	2 480 314 622.192		
	总计	106 502 887 800.000	29			

a. 因变量:单位:元。
b. 预测变量:(常量)单位:年。
c. 预测变量:(常量)单位:年,单位:月。

回归系数检验及方程构建。表 11-6 给出了两个方程回归系数检验的多项结果,可以从表中看出纳入两个方程的自变量的显著性水平 P 值都是小于 0.05 的,综合上面的结果分析,这里仍旧倾向于采纳第二个方程。

表 11-6　系　　数[a]

模型		非标准化系数		标准系数	t	显著性	共线性统计	
		B	标准错误	贝塔			容许	VIF
1	(常量)	−63 580.909	114 427.299		−0.556	0.583		
	单位:年	16 438.636	6 194.769	0.448	2.654	0.013	1.000	1.000
2	(常量)	−171 817.594	110 850.872		−1.550	0.133		
	单位:年	20 088.830	5 756.708	0.548	3.490	0.002	0.945	1.058
	单位:月	327.624	121.172	0.424	2.704	0.012	0.945	1.058

a. 因变量:单位:元。

可以构建起因变量和自变量的方程为:

$$y = 20\,088x_1 + 327.624x_2 - 171\,817.594$$

式中,y 指"年薪",x_1 指"教育水平",x_2 指"行业经验"。

如果一个人的教育水平和行业经验已知,就可以通过上式预测出其年薪水平。当然,也可以构建其标准化的回归方程,即:

$$y = 0.548x_1 + 0.424x_2$$

共线性分析。通常情况下,多元线性分析需要分析变量之间是否有共线性问题。从表 11-7 可以看出,容忍度(即容差)接近 1,VIF 的值较小,都提示变量之间不存在多重线性问题。表 11-8 显示特征值也不等于 0,条件指数(即条件索引)小于 30,这些条件也说明了变量之间不存在多重线性问题。

表 11-7　排除的变量[a]

模型		输入贝塔	t	显著性	偏相关	共线性统计		
						容许	VIF	最小容差
1	单位:月	0.263[b]	1.579	0.126	0.291	0.974	1.027	0.974
	单位:月	0.424[b]	2.704	0.012	0.462	0.945	1.058	0.945
2	单位:月	0.094[c]	0.536	0.597	0.104	0.776	1.289	0.753

a. 因变量:单位:元。
b. 模型中的预测变量:(常量)单位:年。
c. 模型中的预测变量:(常量)单位:年,单位:月。

表 11-8　共线性诊断[a]

模型	维度	特征值	条件指数	方差比例		
				常量	单位:年	单位:月
1	1	1.996	1.000	0.00	0.00	
	2	0.004	22.693	1.00	1.00	
2	1	2.792	1.000	0.00	0.00	0.03
	2	0.204	3.695	0.00	0.01	0.88
	3	0.004	28.159	0.99	0.99	0.09

a. 因变量:单位:元。

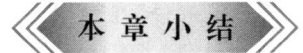

本 章 小 结

1. 本章介绍了构建回归方程的一般步骤。
2. 介绍了一元和多元线性方程的基本概念。
3. 重点讲解了一元和多元线性方程的 SPSS 构建过程及其结果的解答。
4. 比较了进入法和逐步法做多元线性回归方程的异同。
5. 介绍了怎样利用回归方程以自变量对因变量取值作出预测。

思 考 题

1. 简述相关分析和回归分析的区别和联系。
2. 一元和多元线性回归的适用条件是什么？两者有什么差异？回归模型是如何建立的？
3. 回归分析的一般步骤是什么？
4. 现有 1992—2006 年国家财政收入和国内生产总值的数据("财政收入和国内生产总值.sav")如表 11-9 所示,请研究国家财政收入和国内生产总值之间的线性关系。

表 11-9　1992—2006 年国家财政收入和国内生产总值的数据

年份	国内生产总值（单位：亿元）	财政收入（单位：亿元）	年份	国内生产总值（单位：亿元）	财政收入（单位：亿元）
1992	26 923.5	3 483.37	2000	99 214.6	133 95.23
1993	35 333.9	4 348.95	2001	109 655.2	16 386.04
1994	48 197.9	5 218.10	2002	120 332.7	18 903.64
1995	60 793.7	6 242.20	2003	135 822.8	21 715.25
1996	71 176.6	7 407.99	2004	159 878.3	26 396.47
1997	78 973.0	8 651.14	2005	183 867.9	31 649.29
1998	84 402.3	9 875.95	2006	210 871.0	38 760.20
1999	89 677.1	11 444.08			

5. 2000 年以前我国粮食产量持续增长，但是进入 2000 年后我国粮食产量有所减少，我国开始进口粮食，那么为什么我国粮食产量出现减少，影响粮食产量的因素又是什么？为研究这个问题，我们特收集 1985—2005 年我国粮食产量、现有耕地面积、劳动力人口、农村财政投资、农村机械总动力、农村用电量、灌溉面积、化肥使用量和农药使用量 9 个变量数据（"粮食产量.sav"）。请分析影响我国粮食产量的因素并建立粮食产量回归方程。

第 11 章例题、思考题数据

第 12 章　聚类分析和判别分析

学习目标

- ➤ 了解聚类分析的基本原理和应用范围。
- ➤ 掌握聚类分析的 SPSS 操作及结果解释。
- ➤ 了解判别分析的基本原理和应用范围。
- ➤ 掌握判别分析的 SPSS 操作及结果解释。

聚类分析和判别分析都是研究事物分类的多元统计方法,两者紧密联系又有所区别。聚类分析和判别分析有相似的作用,都是起到分类的作用。判别分析是已知分类然后总结出判别规则,是一种有指导的学习;而聚类分析则是有了一批样本,不知道它们的分类,甚至连分成几类也不知道,希望用某种方法把观测进行合理的分类,使得同一类的观测比较接近,不同类的观测相差较多,这是无指导的学习。所以,聚类分析依赖于对观测间的接近程度(距离)或相似程度的理解,定义不同的距离量度和相似性量度就可以产生不同的聚类结果。

聚类分析的目的是把分类对象按照相似性的大小分成若干类,类的数目不必确定,分类完全根据数据自身的特点来完成,在分类结束以后,要求同类的对象相似,而不同类的对象差别大。根据两种方法的关系,如果数据没有分类信息,就应该先进行聚类,待得到类别信息以后,就可以用判别分析提取类别的特征(通常是判别函数或判别准则),然后就建立了数据的一套"分类机制",新的数据获取以后可以迅速进行分类。因此对于两种方法,我们按照顺序先介绍聚类分析,再介绍判别分析。

在 SPSS 中,聚类分析(Cluster Analysis)和判别分析(Discriminant Analysis)都集成在菜单分类(Cassify)中,如图 12-1 所示,其中两步聚类(Two-Step Cluster)、K-平均聚类(K-Means Cluster)和系统聚类(Herarchical Cluste)是聚类分析菜单,而树(Tress)和判别(Discriminant)是判别分析菜单,还有一个最近邻居法(Nearest Neighbor)菜单是新增的非参数功能菜单。

图 12-1　聚类分析和判别分析菜单

12.1 聚类分析和判别分析概述

聚类分析是根据事物本身的特性研究个体分类的方法,其原则是同一类中的个体有较大的相似性,不同类的个体差别比较大。根据分类对象的不同分为样品聚类和变量聚类。

判别分析是根据表明事物特点的变量值和它们所属的类求出判别函数,根据判别函数对未知所属类别的事物进行分类的一种分析方法,与聚类分析不同,它需要已知一系列反映事物特性的数值变量及其变量值。

聚类分析的基本原理:将个体(样品)或者对象(变量)按相似程度(距离远近)划分类别,使得同一类中的元素之间的相似性比其他类的元素的相似性更强。目的在于使类内元素的同质性最大化和类与类间元素的异质性最大化。

常用聚类方法:系统聚类法,K-均值法,模糊聚类法,有序样品的聚类,分解法,加入法。

聚类分析的注意事项:

(1) 系统聚类法可对变量或者记录进行分类,K-均值法只能对记录进行分类。

(2) K-均值法要求分析人员事先知道样品分为多少类。

(3) 对变量的多元正态性,方差齐性等要求较高。

聚类分析的应用领域有细分市场,如消费行为划分,设计抽样方案等。

判别分析的基本原理:从已知的各种分类情况中总结规律(训练出判别函数),当新样品进入时,判断其与判别函数之间的相似程度(概率最大、距离最近、离差最小等判别准则)。

常用判别方法:最大似然法,距离判别法,Fisher 判别法,Bayes 判别法,逐步判别法等。

判别分析的注意事项:

(1) 判别分析的基本条件:分组类型在两组以上,解释变量必须是可测的。

(2) 每个解释变量不能是其他解释变量的线性组合(如出现多重共线性情况时,判别权重会出现问题)。

(3) 各解释变量之间服从多元正态分布(不符合时,可使用 Logistic 回归替代),且各组解释变量的协方差矩阵相等(各组协方差矩阵有显著差异时,判别函数不相同)。

判别分析的应用领域有对客户进行信用预测、寻找潜在客户(是否为消费者,公司是否成功,学生是否被录用等)、临床上用于鉴别诊断等。

12.2 距离和相似系数

相似性是聚类分析的基础,也是判别分析的基础。如果没有相似性的定义,样本和样本之间的差异就无法比较,样本间差异相同也就无从谈聚类了,因此相似性定义至关重要。下面我们就分别简要介绍距离和相似系数的定义。

1) 距离

距离一般要求满足三个条件:

(1) 正定性:即对于任意的两个样本 i、k,其距离 $d_{ik} \geqslant 0$,并且 $d_{ik} = 0 \Longleftrightarrow x_i = x_k$。

（2）对称性：即对于任意的两个样本 i、k，满足 $d_{ik}=d_{ki}$。

（3）三角不等式：即对于任意的三个样本 i、k、l，$d_{ik}\leqslant d_{il}+d_{lk}$。

统计学中常用的距离有以下几种：

（1）明可夫斯基（Minkowski）距离。

其定义公式为：

$$d_{ij}(g)=\left(\sum_{k=1}^{p}\mid x_{ik}-x_{jk}\mid^{g}\right)^{\frac{1}{g}}$$

明可夫斯基距离其实是一类距离的总称，因为其中含有参数 g，随着 g 取不同的自然数，明氏距离就有不同的形式，其中三种形式使用较多：

① 当 $g=1$ 时，称为绝对值距离，常被用于度量城市街区的长度，也称街区距离或 Block 距离，其定义为：

$$d_{ij}(1)=\sum_{k=1}^{p}\mid x_{ik}-x_{jk}\mid$$

② 当 $g=2$ 时，称为欧氏距离，这是统计学中使用非常广泛的距离，通常情况下所说的距离就是欧氏距离，其定义为：

$$d_{ij}=\sqrt{\sum_{k=1}^{p}(x_{ik}-x_{jk})^{2}}$$

③ 当 $g=\infty$ 时，称为切比雪夫距离，它常用于图像处理和模式识别中，强调最大的差异，有时也称最大距离，其定义为：

$$d_{ij}(\infty)=\max_{1\leqslant k\leqslant p}\mid x_{ik}-x_{jk}\mid$$

明考夫斯基距离主要有以下两个缺点：

① 明氏距离的值与各指标的量纲有关。

② 明氏距离的定义没有考虑各个变量之间的相关性和重要性。

③ 当各变量的单位不同或测量值范围相差很大时，采用明氏距离的标准化处理：

$$x_{ij}^{*}=\frac{x_{ij}-\bar{x}_{j}}{\sqrt{s_{jj}}}$$

式中，x_{ij}^{*} 表示 x_{ij} 标准化以后的值；$\bar{x}_{j}$ 表示变量 j 的均值；s_{jj} 表示变量的样本方差，因此标准化通俗来讲就是减去均值除以标准差。

（2）卡方（Chi-Square Measure）距离。

两个体（x、y）间卡方距离的数学定义为：

$$CHISQ(x,y)=\sqrt{\sum_{i=1}^{k}\frac{[x_{i}-E(x_{i})]^{2}}{E(x_{i})}+\sum_{i=1}^{k}\frac{[y_{i}-E(y_{i})]^{2}}{E(y_{i})}}$$

（3）兰氏距离。其计算公式为：

$$d_{ij}(L)=\sum_{k=1}^{p}\frac{\mid x_{ik}-x_{jk}\mid}{x_{ik}+x_{jk}}$$

这是一个自身标准化的量,由于它对大的奇异值不敏感,这样使得它特别适合于高度偏倚的数据。虽然这个距离有助于克服明氏距离的第一个缺点,但它也没有考虑指标之间的相关性。

(4)马氏距离。其计算公式为:

$$d_{ij}=\sqrt{(\boldsymbol{x}_i-\boldsymbol{x}_j)'\Sigma^{-1}(\boldsymbol{x}_i-\boldsymbol{x}_j)}$$

式中,$\boldsymbol{x}_i=(x_{i1}, x_{i2}, \cdots, x_{ip})'$,$x_j=(x_{j1}, x_{j2}, \cdots, x_{jp})'$分别表示第$i$个样品和第$j$样品的$P$个指标观测值所组成的列向量,即样本数据矩阵中第$i$个和第$j$个行向量的转置;$\Sigma$表示观测变量之间的协方差矩阵。在实践应用中,若总体协方差矩阵Σ未知,则可用样本协方差矩阵$\boldsymbol{S}$作为估计代替计算。

马氏距离考虑了观测变量之间的相关性。如果假定各变量之间相互独立,即观测变量的协方差矩阵是对角阵,则马氏距离就退化为用各个观测指标的标准差的倒数作为权数进行加权的欧氏距离。因此,马氏距离不仅考虑了观测变量之间的相关性,而且也考虑到了各个观测指标取值的差异程度。

2)相似系数

聚类分析方法不仅可以用于样本的聚类,而且可以用来对变量进行聚类,在对变量进行聚类时,一般不采用距离,而是用相似系数度量变量相似性。变量之间的相似性度量,一般看相似系数的绝对值大小,当绝对值越大时,相似性越高;反之,绝对值较小,则相似性较弱。聚类时,要求相似性高的变量分为一类,而相似性弱的变量分到不同的类。两变量的相似系数一般应满足下面的三个条件:

(1)$c_{ij}=\pm 1$时,表明两变量完全相关,即$x_i=a+bx_j$,式中a、b是常数。

(2)$|c_{ij}|\leqslant 1$,即相似系数在-1到1之间变化。

(3)$c_{ij}=c_{ji}$,即相似系数具有对称性。

常用的相似系数有以下三种:

(1)夹角余弦,两变量的夹角余弦定义为:

$$c_{ij}=\cos \alpha_{ij}=\frac{\sum_{k=1}^{n} x_{ki}x_{kj}}{\sqrt{\sum_{k=1}^{n} x_{ki}^2 \sum_{k=1}^{n} x_{kj}^2}}$$

它是两变量观测值$(x_{1i}, \cdots, x_{ni})$、$(x_{1j}, \cdots, x_{nj})$之间夹角α_{ij}的余弦函数,从数据矩阵来看,就是数据矩阵第i列和第j列向量的夹角余弦。

(2)相关系数,两变量相关函数的计算公式为:

$$\gamma_{ij}=\frac{\sum_{k=1}^{n}(x_{ki}-\bar{x}_i)(x_{kj}-\bar{x}_j)}{\sqrt{\left[\sum_{k=1}^{n}(x_{ki}-\bar{x}_i)^2\right]\left[\sum_{k=1}^{n}(x_{kj}-\bar{x}_j)^2\right]}}$$

(3)杰卡德相似系数(Jaccard Similarity Coefficient)。

　　两个集合 A 和 B 元素的交集元素在 A、B 的并集中所占的比例,称为两个集合的杰卡德相似系数,用符号 $J(A,B)$ 表示,定义为:

$$J(A, B) = \frac{|A \cap B|}{|A \cup B|}$$

　　杰卡德相似系数是衡量两个集合相似度的一种指标。

　　当然也可以根据实际情况采用其他相关系数的计算公式,SPSS 提供了丰富的相关系数计算公式。

　　应用聚类分析方法进行分析时应注意以下几点:

　　(1)所选择的变量应符合聚类的要求。聚类分析是在所选变量的基础上对样本数据进行分类,因此分类结果是各个变量综合计量的结果。在选择参与聚类分析的变量时,应注意所选变量是否符合聚类的要求。

　　(2)各变量的变量值不应有数量级上的差异。聚类分析是以各种距离来度量个体间的"亲疏"程度的。从上述各种距离的定义来看,数量级将对距离产生较大影响,并影响最终的聚类结果。

　　(3)各变量间不应有较强的线性相关关系。

12.3　K-均值聚类概述及应用条件

　　当样本数量十分庞大时,为提高聚类的计算速度,应该采用动态聚类法。动态聚类解决的问题是:假如有 n 个样本点,要把它们分为 K 类,使得每一类内的元素都是聚合的,并且类与类之间还能很好地区别开。动态聚类适用于大型数据,但是动态聚类只能用于对样本聚类不能用于对变量聚类。

　　【例 12-1】　现有住房状况调查数据("住房状况.sav",见第 12 章例题、思考题数据二维码),请将 2 993 户分成三类以分析文化程度、家庭收入和人均住房面积的住房状况。

　　本例中,住房状况调查数据样本量大,如果用系统聚类方法不但计算速度慢,而且聚类的过程繁琐,SPSS 输出结果比较多,难以看清,因此本例采用动态聚类方法。动态聚类法是一种非系统聚类法。如果选择了 n 个变量参与聚类分析,最后要求聚类数为 K,那么可以由系统首先选择 K 个观测量作为聚类的目标,n 个变量组成 n 维空间。每个观测值在 n 维空间中是一个点。K 个预先选定的观测量就是 K 个聚类中心,也成为初始类中心。按照距这几个类中心的距离最小的原则把观测量分配到各类中心所在的类中去;形成第一次迭代形成的 K 类。根据组成每一类的观测量计算各变量均值,每一类中的 n 个均值在 n 维空间中 K 个点,这就是第二次迭代的类中心,按照这种方法迭代下去,直到达到指定的迭代次数或达到终止迭代的要求时,迭代终止,聚类过程也结束。

12.3.1　K-均值聚类的 SPSS 实现

　　下面我们来看 K-均值聚类的 SPSS 操作。

　　Step1:选择【分析】(Analysis)菜单→【分类】(Classify)菜单→【K-均值聚类】(K-Means

Cluster)菜单。

在图 12-2 的对话框中,变量 Variables 框表示用于聚类的变量,下方的聚类数 Number of Clusters 文本框用于指定分类数目,聚类中心 Cluster Center 复选框组用于对类中心的处理,方法 Method 单选框组用于指定聚类方法,右边三个按钮用于指定聚类参数。

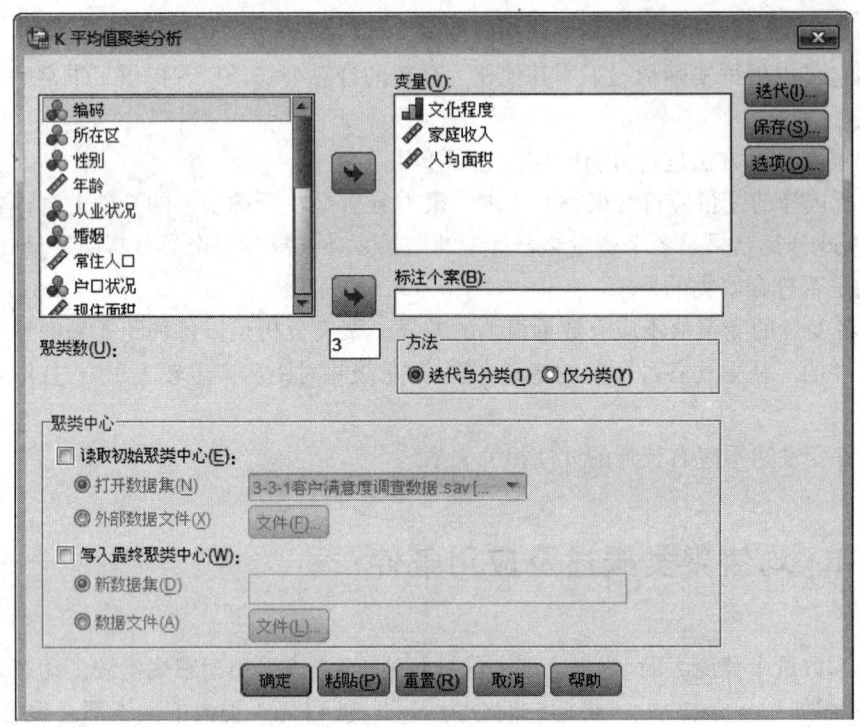

图 12-2 K-Means 聚类主对话框

Step2:选择聚类变量、参数和设置选项。

文化程度、家庭收入、人均住房面积→Variables   //选定聚类变量
3→Number of Clusters   //指定分类数为 3
Mehtod 单选框组:勾选 Iterrate and Classify   //选择迭代分组选项

点击保存 [Save...] 按钮,进入如图 12-3 子对话框,勾选聚类成员(Cluster Menbership)和与聚类中心距离(Distance from Cluster Center)复选框,表示需要存储样本类属和样本到类中心的距离作为新的 SPSS 变量。点击继续 [Continue] 按钮返回。

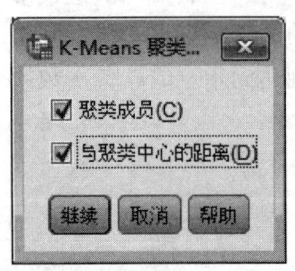

图 12-3 Save 子对话框

点击选项 [Options...] 按钮,进入图 12-4 子对话框,勾选初始聚类中心(Initial Cluster Centers)和 ANOVA Table 复选框,表示需要输出初始类中心和类方差分析表格。点击继续 [Continue] 按钮返回。点击迭代 [Iterate...] 按钮,进入图 12-5 子对话框,在最大迭代次数(Maximum Iterations)框中将最大迭代次数修改为 100,SPSS 默认为 10,此处由于样本数多,需要修改迭代次数,否则不能得到最好的分类结果。点击继续 [Continue] 按钮返回。点击确定

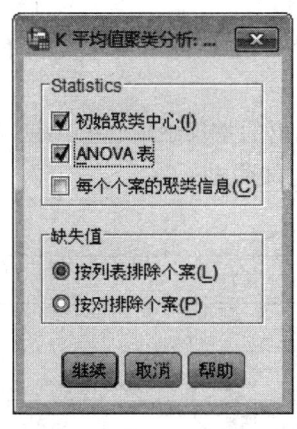

图 12-4　Options 子对话框

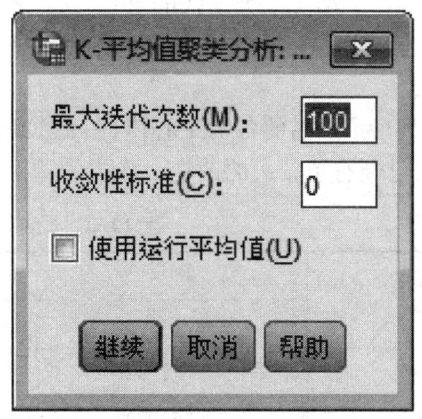

图 12-5　Iterate 子对话框

![OK]完成设置。

12.3.2　K-均值聚类的结果分析

下面我们来看 K-均值聚类分析的结果,此处需要说明的是文化程度、家庭收入、人均住房面积这三个变量能够说明重要信息,因此选择这三个变量为聚类变量。

表 12-1　初始聚类中心

	聚类		
	1	2	3
文化程度	1.00	3.00	3.00
家庭收入	1 200.00	250 000.00	130 000.00
人均面积	17.50	29.00	55.00

表 12-1 列出了三类初始的中心值,从表中可以看出三个中心已经有较大差异。

表 12-2　迭代历史记录[a]

迭代	聚类中心的更改		
	1	2	3
1	15 449.983	40 000.000	33 185.197
2	279.963	0.000	15 206.119
3	529.289	26 666.667	19 263.868
4	743.218	9 696.970	10 899.044
5	485.846	4 469.697	4 759.262
6	82.852	0.000	782.407
7	0.000	0.000	0.000

a. 由于聚类中心无更改或只有小的更改,因此达到了汇合。任何中心的最大绝对坐标更改为 0.000。当前迭代为 7。初始中心之间的最小距离是 120 000.003。

表 12-2 列出了动态聚类迭代的过程,从过程中看,我们看到一共迭代了 7 次,前几次中心的变化很大,以后逐渐减小,到第 7 次中心的变化为 0,说明此时样本类属不变,分类比较合理。

表 12-3 列出了最后的各类中心值,和表 12-1 列出的类初始中心值比较,我们可以发现各类的中心值已经有了较大的改变。各类的差别也更加明显了。

表 12-3　最终聚类中心

	聚类		
	1	2	3
文化程度	2.02	3.00	2.41
家庭收入	14 528.82	169 166.67	45 904.12
人均面积	21.74	31.88	24.53

表 12-4 列出了各类中样本数目,可以看到第 1 类样本数为 2 738 个;第 2 类样本数为 12 个;第 3 类样本数为 243 个。

表 12-4　每个聚类中的个案数量

	1	2 738.000
聚类	2	12.000
	3	243.000
有效		2 993.000
缺失		0.000

这里我们利用三个变量将 2 993 户分成了三类,但是是否每个变量都对分类起到了贡献呢?对于这点我们利用类似方差分析的思想来进行验证,如果某个变量在高、中、低三档房屋中均值显著差异,显然对于聚类就是有效的变量。相反,如果某变量在三档房屋中差异不显著,就是无效的聚类变量。

表 12-5　ANOVA

	聚类		错误		F	显著性
	均方	df	均方	df		
文化程度	22.364	2	0.597	2 990	37.486	0.000
家庭收入	248 069 972 950.105	2	68 276 850.896	2 990	3 633.295	0.000
人均面积	1 456.114	2	160.451	2 990	9.075	0.000

仅当出于描述目的时才应该使用 F 检验,因为已选择聚类用于将不同聚类中的个案的差异最大化。受观察的显著性级别并未因此得到更正,所以无法将这些级别解释为"聚类方法是等同的"假设的检验。

表 12-5 仅仅能说明变量在高、中、低三档房屋中的差异程度,F 统计量可能并非服从 F 分布,对应的 P 值也只能作为一个参考标准而非判断标准。尽管如此,从结果上看,F 统计量的观测值在三个变量上都非常大,相应的 P 值非常接近 0,因此虽然 F 统计量分布未知,

我们依然能肯定三个变量在高、中、低三档房屋中均值显著差异,三个变量都是有效的聚类变量。但是如果此处 F 值较小,例如等于 3,则据此判断均值差异显著就有些勉强。

12.4 层次聚类

层次聚类又称为系统聚类,简单地讲是指聚类过程是按照一定层次进行的。层次聚类有两种类型,分别是 Q 型聚类和 R 型聚类;层次聚类的聚类方式又分两种,分别是凝聚方式聚类和分解方式聚类。

(1) Q 型聚类。Q 型聚类是对样本进行聚类,它使具有相似特征的样本聚集在一起,将差异性大的样本分离开来。

(2) R 型聚类。R 型聚类是对变量进行聚类,它使具有相似性的变量聚集在一起,使差异性大的变量分离开来,可在相似性变量中选择少数具有代表性的变量参与其他分析,实现减少变量个数,达到变量降维的目的。

12.4.1 层次聚类应用

层次聚类不仅可以用于样本聚类,也可以用于变量聚类,本节将举出一个样本层次聚类的例子。

【例 12-2】 为了研究亚洲国家或地区的经济发展和文化教育水平,以便对亚洲国家和地区进行分类研究,依据"亚洲国家和地区.sav"数据(见第 12 章例题、思考题数据二维码)进行聚类分析。

样本的层次聚类步骤如下:

第一步,初始化:假设样本标号为 $G_1, G_2, \cdots, G_n$,根据样品的特征,规定样品之间的距离 d_{ij},共有 C_n^2 个。将所有距离列表 d_{ij},记为 D(0) 表,该表是一张对称表,如表 12-6 所示。开始各样品自成一类。

表 12-6 初始距离 D(0) 表

	G_1	G_2	$\cdots$	G_n
G_1	0	d_{12}	$\cdots$	d_{1n}
G_2	d_{21}	0	$\cdots$	d_{2n}
$\cdots$	$\cdots$	$\cdots$	$\cdots$	$\cdots$
G_n	d_{n1}	d_{n2}	$\cdots$	0

第二步,并类:选择 D(0) 表中最小的非零数,不妨假设 d_{ij},于是将 G_k 和 G_l 合并为一类,记为 $G_M = \{G_k, G_l\}$。

第三步,计算新类距离:利用递推公式计算新类与其他类之间的距离。分别删除 D(0) 表的第 k, l 行和第 k, l 列,并新增一行和一列添上的结果,产生 D(1) 表。

第四步,迭代:在 D(1) 表再选择最小的非零数,其对应的两类又构成新类,再利用递推公式计算新类与其他类之间的距离。分别删除 D(1) 表的相应的行和列,并新增一行和一列添上的新类和旧类之间的距离。结果,产生 D(2)表。类推直至所有的样本点归为一类为止。

第五步,停止:最后所有的样本被归于一类。

层次聚类法的关键一是采用何种距离,二是计算新类距离时,采用哪种递推公式,而系统聚类方法的不同,就体现在迭代公式不同上,所有方法的层次聚类流程都是一样的。

变量的层次聚类迭代流程和样本的迭代流程几乎一样,区别在于两点:

(1)变量的 D(0)表不是由距离构成的,而是由相关系数构成的,D(0)表其实就是变量的相关系数矩阵。

(2)在选择合并类时,也不是选最小的非 0 元素,而是选择绝对值最大的非对角线元素,递推公式也要作相应改变,此处就不赘述了。

关于系统聚类的各种方法,本书不全部介绍,只是介绍几种常用的方法,其余方法请读者参考多元统计专业书籍。

主要的层次聚类方法有:

最短距离(Nearest Neighbor):两类样品两两之间的距离最小值作为两类的距离。

最长距离(Furthest Neighbor):两类样品两两之间的距离最大值作为两类间的距离。

组间平均连接(Between-Group Linkage):两类间样品距离的平均距离作为两类间的距离。

组内平均连接法(Within-Group Linkage):两类所有样品(包括组内、组间)距离的平均距离作为两类的距离。

重心法(Centroid Clustering):两类均值点间的距离作为两类的距离。

离差平方和法(Wald):两类合并所产生的离差平方和的增量作为两类的距离。

限于篇幅,递推公式就不介绍了,在 SPSS 中,我们只需要导入聚类变量,选择距离和层次聚类方法,SPSS 会自动计算样本间距离,进行迭代并输出聚类过程和聚类结果。下面就看 SPSS 中如何实现层次聚类。

12.4.2 层次聚类的 SPSS 实现

首先,要选出亚洲国家或地区,使用数据(Data)→选择个案(Select Cases),选择→如果条件满足(if Condition is Satisfied)→输入 Region=3,如图 12-6 所示,这样我们将亚洲国家或区域选择了出来。其次,就正式进行聚类分析。

Step1:选择【分析】(Analysis)菜单→【分类】(Classify)菜单→【系统聚类】(Hierarchical Cluster)菜单。

系统聚类命令框如图 12-7 所示。

Step2:选择聚类变量、聚类类型和显示内容。

在系统聚类法中,选择聚类个案。在输出下选择统计量与图,在变量选择 urban, lifeexpf,lifeexpm,literacy,gdp-Cap。在标注个案中选择 Country 来标识本例中的 17 个亚洲国家或地区,并以其他 5 个变量进行 Q 型聚类分析,即对国家或地区进行聚类。具体如图 12-8 所示。

图 12-6　个案选择框

图 12-7　系统聚类命令框

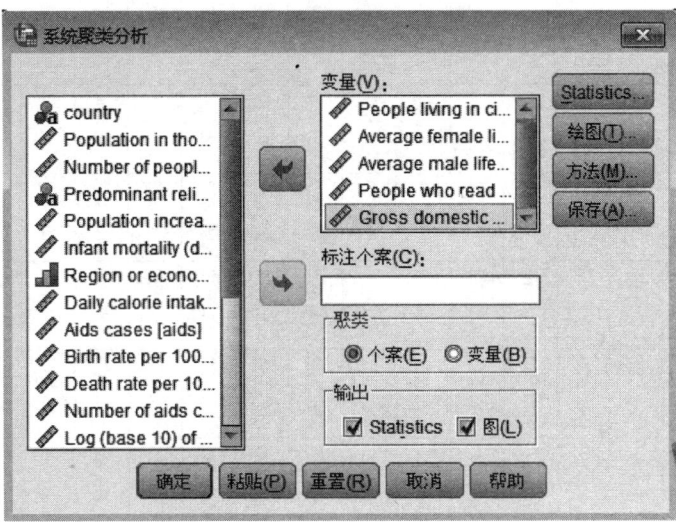

图 12-8　系统聚类分析框

表12-7 近似值矩阵

平方欧氏距离

个案	1: Case 1	2: Case 8	3: Case 19	4: Case 24	5: Case 47	6: Case 50	7: Case 51	8: Case 57	9: Case 66	10: Case 69	11: Case 76	12: Case 80	13: Case 86	14: Case 89	15: Case 96	16: Case 98	17: Case 108
1: Case 1	0.000	1.586	0.969	15.500	38.743	5.032	10.875	46.572	17.161	23.368	3.843	15.768	26.247	39.898	30.028	18.419	14.616
2: Case 8	1.586	0.000	0.146	7.777	28.022	1.211	5.054	34.838	9.276	14.806	0.736	8.893	17.440	29.571	19.862	10.357	7.666
3: Case 19	0.969	0.146	0.000	9.394	31.080	1.951	6.159	37.827	11.024	16.823	1.438	10.343	19.653	32.513	22.447	11.824	8.893
4: Case 24	15.500	7.777	9.394	0.000	12.675	2.975	0.623	15.967	0.617	2.259	5.298	0.806	4.317	13.585	4.889	0.554	0.421
5: Case 47	38.743	28.022	31.080	12.675	0.000	19.389	14.578	1.854	8.222	8.137	20.958	11.357	3.734	0.299	2.564	12.781	15.260
6: Case 50	5.032	1.211	1.951	2.975	19.389	0.000	1.424	25.088	3.875	7.636	0.522	3.655	9.883	20.563	11.666	4.802	3.102
7: Case 51	10.875	5.054	6.159	0.623	14.578	1.424	0.000	18.277	1.119	2.958	3.421	0.637	5.058	15.091	6.514	1.119	0.424
8: Case 57	46.572	34.838	37.827	15.967	1.854	25.088	18.277	0.000	11.458	11.089	28.114	14.534	5.850	1.633	4.633	14.441	17.785
9: Case 66	17.161	9.276	11.024	0.617	8.222	3.875	1.119	11.458	0.000	1.173	5.954	0.595	1.962	8.835	2.421	0.945	1.253
10: Case 69	23.368	14.806	16.823	2.259	8.137	7.636	2.958	11.089	1.173	0.000	10.649	0.904	1.012	7.875	1.715	1.905	2.589
11: Case 76	3.843	0.736	1.438	5.298	20.958	0.522	3.421	28.114	5.954	10.649	0.000	6.246	12.564	22.563	14.263	7.977	5.929
12: Case 80	15.768	8.893	10.343	0.806	11.357	3.655	0.637	14.534	0.595	0.904	6.246	0.000	2.559	11.365	3.838	0.765	0.665
13: Case 86	26.247	17.440	19.653	4.317	3.734	9.883	5.058	5.850	1.962	1.012	12.564	2.559	0.000	3.369	0.390	3.821	5.083
14: Case 89	39.898	29.571	32.513	13.585	0.299	20.563	15.091	1.633	8.835	7.875	22.563	11.365	3.369	0.000	2.658	13.150	15.688
15: Case 96	30.028	19.862	22.447	4.889	2.564	11.666	6.514	4.633	2.421	1.715	14.263	3.838	0.390	2.658	0.000	4.596	6.289
16: Case 98	18.419	10.357	11.824	0.554	12.781	4.802	1.119	14.441	0.945	1.905	7.977	0.765	3.821	13.150	4.596	0.000	0.294
17: Case 108	14.616	7.666	8.893	0.421	15.260	3.102	0.424	17.785	1.253	2.589	5.929	0.665	5.083	15.688	6.289	0.294	0.000

Step3：选择聚类的方法、参数、进行设置。

首先，在方法中的聚类方法中选择组内链接，在测量区间中选择平方欧氏距离，在转换值的标准化中选择 Z 得分。点击继续。其次，选择统计量，选择合并进程表与近似值矩阵，继续。之后在绘制中选择谱系图，继续即可。最后，点击确定。具体如图 12-9 所示。

图 12-9　系统聚类分析方法、统计、图框

表 12-7 表示接近值矩阵，是反映样品之间相似性或者相异性的矩阵。本例中，由于计算使用的是平方欧氏距离，所以样品间距越大，样品越相异，从矩阵中可以看出，孟加拉国（Bangladesh Case 8）与柬埔寨（Cambodia Case 19）的距离最小，那么它们先聚为一类。

表 12-8 反映每一阶段聚类的结果，如第一阶段时第二个样品（孟加拉国）与第三个样品（柬埔寨）聚为一类，注意这时有 16 类，因此某阶段的分类数等于总的样品数减去这个阶段的序号。接下来的分析可根据表 12-8 自行思考。

表 12-8　凝　聚　计　划

阶段	组合的集群		系数	首次出现阶段集群		下一个阶段
	集群 1	集群 2		集群 1	集群 2	
1	2	3	0.146	0	0	10
2	16	17	0.294	0	0	5
3	5	14	0.299	0	0	12
4	13	15	0.390	0	0	11
5	4	16	0.488	0	2	8
6	6	11	0.522	0	0	13
7	9	12	0.595	0	0	9
8	4	7	0.722	5	0	9

統计大数据及应用

（续表）

阶段	组合的集群		系数	首次出现阶段集群		下一个阶段
	集群 1	集群 2		集群 1	集群 2	
9	4	9	0.851	8	7	14
10	1	2	1.278	0	1	13
11	10	13	1.364	0	4	14
12	5	8	1.743	3	0	15
13	1	6	2.369	10	6	16
14	4	10	3.507	9	11	15
15	4	5	10.924	14	12	16
16	1	4	16.112	13	15	0

图 12-10 是亚洲国家或地区的经济发展和文化教育水平聚类分析冰挂图，图中的缺口就是分类的标准，例如，我们想将样本分成三类，就需要找出图中"最长"的两个缺口，这两个缺口分别是样本"5"和"15"之间的缺口，以及样本"4"和"11"之间的缺口。因此样本就分为三类。

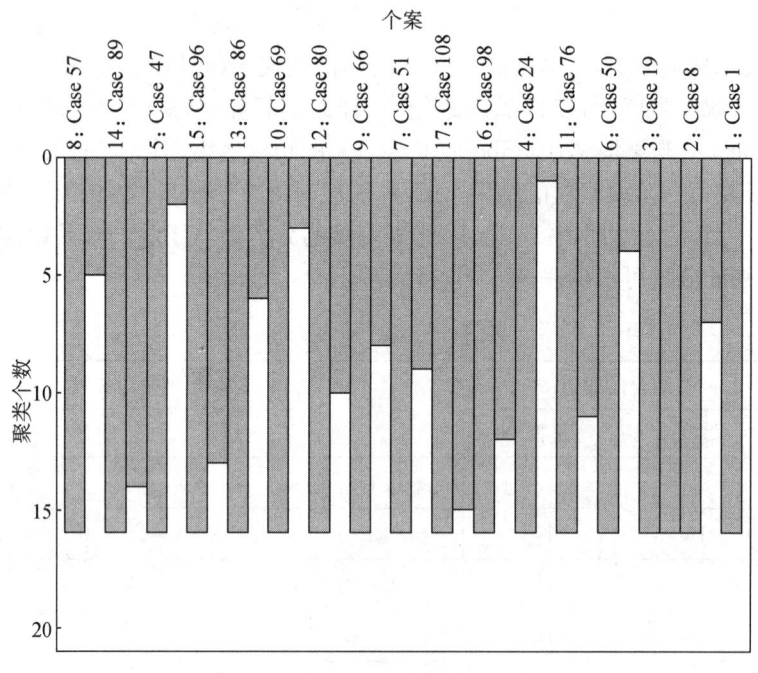

图 12-10　冰挂图

图 12-11 是谱系聚类图，从图中可以由分类个数得到分类情况，如果我们选择分类数为 3，就从距离为 10 的地方往下切，得到分类如下：1 类{2，3，1，6，11}，2 类{5，14，8}，3 类{16，17，4，7，9，12，13，15，10}。我们可以从经济发展水平和文化教育水平来理

解所作的分类,第 2 类所代表的国家或地区应该是亚洲经济水平和文化教育水平最高的国家或地区,第 1 类国家或地区的经济水平和文化教育水平都比较低,第 3 类国家或地区的经济水平和文化教育水平居中。

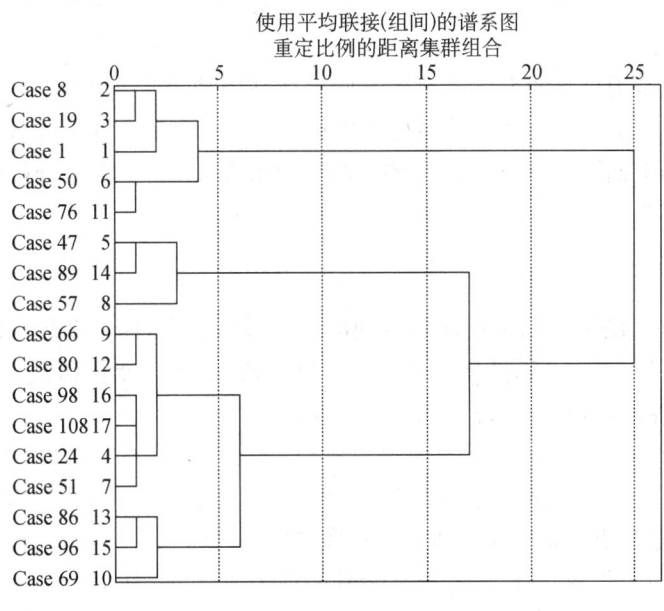

图 12-11　谱系聚类图

12.5　判别分析

判别分析产生于 20 世纪 30 年代,是利用已知类别的样本建立判别模型,为未知类别的样本判别的一种统计方法。近年来,判别分析在自然科学、社会学及经济管理学科中都有广泛的应用。判别分析的特点是根据已掌握的、历史上每个类别的若干样本的数据信息,总结出客观事物分类的规律性,建立判别公式和判别准则。当遇到新的样本点时,只要根据总结出来的判别公式和判别准则,就能判别该样本点所属的类别。判别分析按照判别的组数来区分,可以分为两组判别分析和多组判别分析。

判别分析分为距离判别、Fisher 判别(典型判别)和 Bayes 判别,在 SPSS 中以 Fisher 判别为主,也能够输出 Bayes 判别的结果。我们下面就简要介绍三种判别方法的主要思想和步骤。

12.5.1　判别方法概述

1. 距离判别

距离判别的思想有些类似于动态聚类中决定样本类属的过程,只是聚核固定不动罢了。其实质就是计算样本到各个总体中心(聚核)的位置,然后根据样本到所有聚核的距离,将样本分到离它最近的中心所在的类中,至于每一类的中心,可能事先已知或者可以通过已知的分类样本计算得知,和动态聚类不同,聚核一旦确定就不会再改变。

因此，在中心位置确定以后，距离判别的核心就是选择哪种距离。在统计中，选择欧氏距离显然是不合适的，前面已经介绍过了，一方面因为其没有考虑变量的量纲影响；另一方面也因为其没有考虑变量之间的相关性，相反，马氏距离同时考虑了这两方面，又没有聚类分析中方差变化的问题，因此在判别分析中，马氏距离能较好地反映样本间差异。

2. Fisher 判别

Fisher 判别就是用投影的方法将 k 个不同总体在 p 维空间上的点尽可能分散，同一总体内的各样本点尽可能集中。用方差分析的思想则可构建一个较好区分各个总体的线性判别法。从两个总体中抽取具有 p 个指标的样品观测数据，借助于方差分析的思想构造一个线性判别函数：

$$y = \alpha + t_1 x_1 + t_2 x_2 + \cdots + t_p x_p$$

其中，系数 $t_1, \cdots, t_p$ 确定的原则是使两组间的组间离差最大，而每个组的组内离差最小。当建立了判别式以后，对一个新的样品值，我们可以将它的 p 个指标值代入判别式中求出 y 值，然后与某个临界值比较，就可以将该样品归类。

3. Bayes 判别

距离判别只要求知道总体的数字特征，不涉及各分类的分布函数，当均值和协方差未知时，就用样本的均值和协方差矩阵来估计。距离判别方法简单实用，但没有考虑到每个分类出现的机会大小，即先验概率，没有考虑到错判的损失。Bayes 判别正是为了解决这两个问题提出的判别分析方法。一个好的判别方法，既要考虑到各个分类出现的先验概率，又要考虑到错判造成的损失，Bayes 判别就具有这些优点，其判别效果更加理想，应用也更广泛。其理论与 Bayes 公式分不开。

$$P(B_i \mid A) = \frac{P(A \mid B_i)P(B_i)}{\sum P(A \mid B_i)P(B_i)}$$

当涉及多分类的时候，表 12-9 列出了 Bayes 公式中每个元素的对应对象。

表 12-9　Bayes 公式各元素对应多分类判别的对象

事件	条件	条件概率	先验概率	后验概率
A	B_i	$P(A \mid B_i)$	$P(B_i)$	$P(B_i \mid A) = \dfrac{P(A \mid B_i)P(B_i)}{\sum P(A \mid B_i)P(B_i)}$
$\boldsymbol{x}_0$	G_i	$f_i(\boldsymbol{x}_0)$	q_i	$P(G_i \mid \boldsymbol{x}_0) = \dfrac{q_i f_i(\boldsymbol{x}_0)}{\sum q_j f_j(\boldsymbol{x}_0)}$

判别规则为：

$$P(G_l \mid \boldsymbol{x}_0) = \frac{q_l f_l(\boldsymbol{x}_0)}{\sum q_j f_j(\boldsymbol{x}_0)} = \max_{1 \leqslant i \leqslant k} \frac{q_i f_i(\boldsymbol{x}_0)}{\sum q_j f_j(\boldsymbol{x}_0)}$$

简言之，就是将样本后验概率最大的分类。式中 q_i、$f_i(\boldsymbol{x}_0)$ 分别是第 i 个分类的先验概率和样本在第 i 个分类下总体的多元分布。如果 $f_i(\boldsymbol{x}_0)$ 为多元正态分布，则根据推导，

Bayes 判别最终判别式为:

$$D_i = \ln q_i - \frac{1}{2}\ln \mid \sum_i \mid - \frac{1}{2}(\boldsymbol{x} - \bar{\boldsymbol{x}}_i)' \sum_i^{-1}(\boldsymbol{x} - \bar{\boldsymbol{x}}_i)$$

式中, $\bar{\boldsymbol{x}}_i$、$\sum_i$ 分别为第 i 个分类的类中心和方差阵。

至此,我们介绍完了三种判别方法,它们各有特点,也各有应用,距离判别是最简单的判别法,但是很多软件都没有专门提供距离判别法,应用受到限制;Fisher 判别法对分类分布无要求,因此分布未知时可采用此判别法;而 Bayes 判别法要求各分类分布已知,因此只有在分布已知情况下才能使用。

12.5.2　判别分析引例

【例 12-3】　表 12-10 是健康人(C=1)、硬化症患者(C=2)和冠心病患者(C=3)三种人群的心电图的 5 个指标(x_1、x_2、x_3、x_4、x_5)数据("指标.sav",见第 12 章例题、思考题数据二维码),其中有 19 个样本是确定的分类,另又测出 4 个人的相关指标。试根据确定分类的样本对未确定的样本进行分类。

表 12-10　指 标 数 据

Order	x_1	x_2	x_3	x_4	x_5	C
1	8.11	261.01	13.23	5.46	7.36	1
2	9.36	185.39	9.02	5.66	5.99	1
3	9.85	249.58	15.61	6.06	6.11	1
4	2.55	137.13	9.21	6.11	4.35	1
5	6.01	231.34	14.27	5.21	8.79	1
6	9.64	231.38	13.03	4.86	8.53	1
7	4.11	260.25	14.72	5.36	10.02	1
8	8.9	259.51	14.16	4.91	9.79	1
9	8.06	231.03	14.41	5.72	6.15	1
10	6.8	308.9	15.11	5.52	8.49	2
11	8.68	258.69	14.02	4.79	7.16	2
12	5.67	355.54	15.13	4.97	9.43	2
13	3.71	316.12	17.12	6.04	8.17	2
14	5.37	274.57	16.75	4.98	9.67	2
15	9.89	409.42	19.47	5.19	10.49	2
16	5.22	330.34	18.19	4.96	9.61	3
17	4.71	352.5	20.79	5.07	11	3

(续表)

Order	x_1	x_2	x_3	x_4	x_5	C
18	3.36	347.31	17.9	4.65	11.19	3
19	8.27	189.59	12.74	5.46	6.94	3
20	7.71	273.84	16.01	5.15	8.79	待定
21	7.51	303.59	19.14	5.7	8.53	待定
22	8.1	476.69	7.38	5.32	11.32	待定
23	4.71	331.47	21.26	4.3	13.72	待定

12.5.3 判别分析在 SPSS 上的实现

操作步骤如下:

Step1:选择【分析】(Analysis)菜单→【分类】(Classify)菜单→【判别】(Discriminant)菜单。

Step2:选择组别变量和分类变量。

c→Group Variable   //组别为分类变量

点击定义范围 Define Range... 按钮,进入图 12-12 对话框,指定组别为 1、2、3,点击继续 Continue 返回主对话框。

x_1、x_2、x_3、x_4、x_5→Independents   //选定五个变量为分组变量
选择 Enter Independents Together 单选框   //指定变量直接判别,不进行逐步判别。

在图 12-12 的对话框中,分组变量(Group Variable)用于指定组别的变量,自变量(Independents)用于判别的变量框,下面的单选框是询问是否进行逐步判别,下面的选择变量(Seclection Variable)用于指定选取样本的变量。

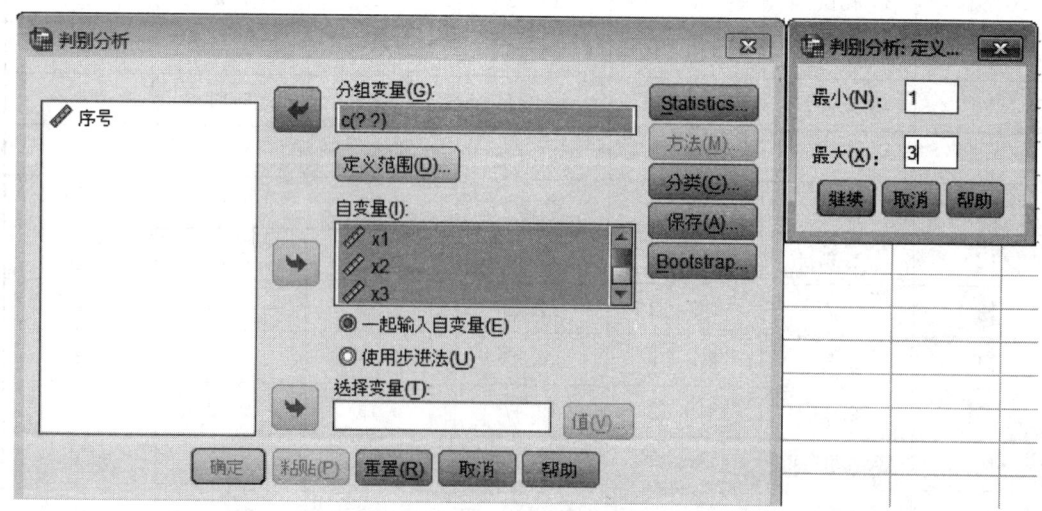

图 **12-12** 判别分析对话框

Step3：选择判别分析输出内容和进行其他选项设置。

点击统计 Statistics... 按钮进入图 12-13 的子对话框，描述性（Descriptives）复选框组可以输出：

各类均值"Means"。

单变量方差分析表"Univariate ANOVAs"，单变量方差分析表可以帮助我们了解各变量的区分度。

Box'M 统计量值，可以检验各分类方差阵是否相等。

函数系数（Function Coefficients）复选框组输出：典型判别（Fisher 判别）的标准化判别函数系数，其中"Fisher's"表明输出 Bayes 判别函数的系数；而未标准化"Unstandized"表示输出非标准化的典型判别函数系数，由于可以将变量观测值直接代入非标准化判别函数，因此非标准化判别函数使用起来更方便。本题勾选如图 12-13 所示。点击继续 Continue 返回主对话框。

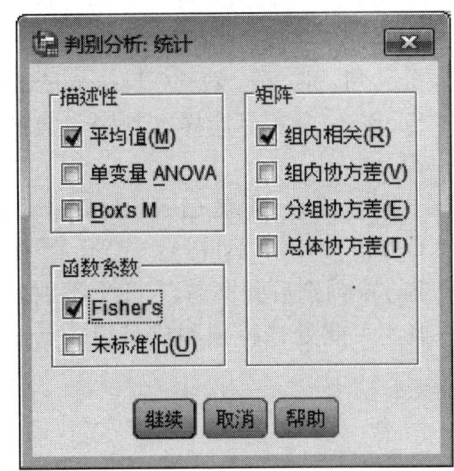

图 12-13　Statistics 子对话框

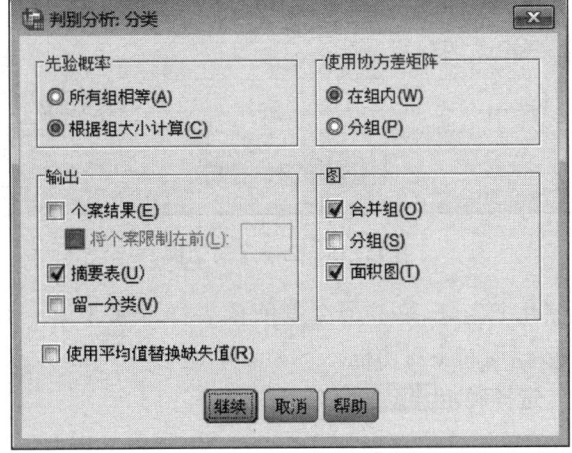

图 12-14　Classify 子对话框

点击分类 Classify... 按钮进入图 12-14 子对话框。

先验概率（Prior Probabilities）单选框组：所有概率相等（All Groups Equal）用于设定判别函数的先验概率，默认为各分类在总体中出现的概率相等。如果所用的样本为总体中完全随机抽样，各组例数的比例就代表了各类别在总体中的比例，那么可以选择下方的根据组大小计算（Compute from Group Size）。不过请注意使用该方法时一定要慎重，除非很有把握，并且各类别分布比例悬殊，否则还是用等概率计算，不然会导致错误。

所用协方差矩阵（Use Covariance Matrix）单选框：选择计算时所用协方差的种类，一般不变更。

输出（Display）复选框组：选择一些可以输出的指标。

个案结果（Casewise Result）：输出每个观察单位判别后所属类别。

个案限制（Limit Case to）：按设定记录数输出前 n 条记录的判别结果。

摘要表（Summary Table）：输出判别符合率结果表。

留一分类（Leave-One-Out Classification）：在建立判别函数时去掉该例，然后用函数进行判别,即交互验证,在统计分析中是非常重要的一种技术。

图(Plots)复选框组:用于选择可输出的判别图。

合并组(Combined-Groups):各类共同输出在一幅图中,这样可以观察各个类别的区分程度。

分组(Separate-Groups):每个类别单独输出一幅散点图。

面积图(Territorial Map):画出面积图(分类区域图)。此时整个图形会被分为几大块,每一块代表一个类别,之间有清楚的界限分隔。其中的星号则表示各个类别的中心。该图非常重要,可以直接用于判断分类。

本题勾选如图 12-14 所示。点击继续 Continue 返回主对话框。

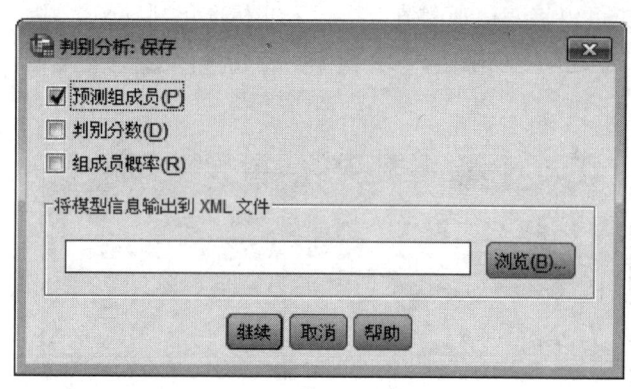

图 12-15 Save 子对话框

点击保存 Save... 按钮进入图 12-15 子对话框。其中:

预测成员组(Predicted Group Membership):表示存储判别分析得出了样本类属。

判别分数(Dicseminant Scores):表示存储样本判别函数的得分。

组成员概率(Probabilities of Group Membership):表示存储 Bayes 判别后验概率,有几个类别就存储几个变量,第 i 个变量值代表样本属于第 i 类的概率。此处选择预测成员组。点击 Continue 返回主对话框。

选择确定 OK 完成操作。

12.5.4 判别分析结果解释

Fisher 判别的输出结果:

表 12-11 是案例数报告表,表明共 23 条记录,已分好类的 19 条,有 4 条需进行分类,其实这是待判的样本,不能用于建立判别函数。

表 12-11 分析个案处理摘要

未加权的个案		N	百分比
有效		19	82.6
除外	缺失或超出范围组代码	4	17.4
	至少一个缺失差异变量	0	0.0
	两个缺失或超出范围组代码和至少一个缺失差异变量	0	0.0
	总计	4	17.4
总计		23	100.0

表 12-12 是各类组别的统计分析,描述各组别分组变量的均值、标准差。

表 12-12　组　统　计

组别		均值	标准偏差	有效 N（成列）	
				未加权	加权
健康	x_1	7.3989	2.60600	9	9.000
	x_2	227.4022	41.36697	9	9.000
	x_3	13.0733	2.36978	9	9.000
	x_4	5.4833	0.45003	9	9.000
	x_5	7.4544	1.94543	9	9.000
硬化病	x_1	6.6867	2.27488	6	6.000
	x_2	320.5400	55.16945	6	6.000
	x_3	16.2667	1.94425	6	6.000
	x_4	5.2483	0.46119	6	6.000
	x_5	8.9017	1.19419	6	6.000
冠心病	x_1	5.3900	2.07417	4	4.000
	x_2	304.9350	77.47678	4	4.000
	x_3	17.4050	3.37054	4	4.000
	x_4	5.0350	0.33451	4	4.000
	x_5	9.6850	1.96086	4	4.000
Total	x_1	6.7511	2.40744	19	19.000
	x_2	273.1368	68.01465	19	19.000
	x_3	14.9937	3.01919	19	19.000
	x_4	5.3147	0.44812	19	19.000
	x_5	8.3811	1.90172	19	19.000

表 12-13 给出了这五个自变量之间的相关系数，如变量"x_1"与变量"x_2"之间的相关系数为 0.059，变量"x_2"与变量"x_3"之间的相关系数为 0.835，变量"x_4"与变量"x_5"之间的相关系数为 -0.659。

表 12-13　汇聚的变量之间相关矩阵表

		x_1	x_2	x_3	x_4	x_5
相关性	x_1	1.000	0.059	-0.008	-0.203	-0.090
	x_2	0.059	1.000	0.835	-0.328	0.762
	x_3	-0.008	0.835	1.000	-0.187	0.688
	x_4	-0.203	-0.328	-0.187	1.000	-0.659
	x_5	-0.090	0.762	0.688	-0.659	1.000

由于本例中预测变量为 5 个,类别数为 3 个,因此判别函数的个数为 2[即 Min(3-1, 5)=2]。判别函数的特征值越大,表明该函数越具有区别力。表 12-14 可知第一个判别函数的特征值为 1.386,第二个为 0.408。

表 12-14　特　征　值　表

函数	特征值	方差的%	累积%	正则相关性
1	1.386[a]	77.3	77.3	0.762
2	0.408[a]	22.7	100.0	0.538

a. 分析中使用了前 2 个典型判别式函数。

其中,"1 到 2"表示两个判别函数的平均数在 3 个级别间的差异情况。"2"表示在排除第一个判别函数后,第二个函数在 3 个级别间的差异情况。从最后的显著性概率 $Sig.$ 来看,其两个判别函数的效果并不十分显著,具体如表 12-15 所示。

表 12-15　判别函数的显著性检验结果表

函数检验	Wilks 的 Lambda	卡方	df	$Sig.$
1 到 2	0.298	16.962	10	0.075
2	0.710	4.787	4	0.310

表 12-16　判　别　系　数　表

	函数	
	1	2
x_1	0.626	0.234
x_2	0.988	1.808
x_3	0.664	-1.398
x_4	0.974	0.416
x_5	1.434	-0.336

表 12-16 列出了判别函数的系数,从而可以得到判别函数为:

$$F_1=0.626x_1-0.988x_2-0.664x_3+0.974x_4+1.434x_5$$

$$F_2=0.234x_1+1.808x_2-1.398x_3+0.416x_4-0.336x_5$$

表 12-17　分类函数系数表

	C		
	健康	硬化病	冠心病
x_1	7.360	6.891	6.681
x_2	-0.222	-0.160	-0.211

（续表）

	C		
	健康	硬化病	冠心病
x_3	−5.354	−5.209	−4.227
x_4	104.590	100.626	98.616
x_5	30.920	29.073	29.230
（常量）	−369.692	−349.655	−340.370

注：Fisher 的线性判别式函数。

表 12-17 列出了分类函数系数，从而可以得到分类函数为：

$$q_1 = 7.360x_1 - 0.222x_2 - 5.354x_3 + 104.590x_4 + 30.920x_5 - 369.692$$

$$q_2 = 6.891x_1 - 0.160x_2 - 5.209x_3 + 100.626x_4 + 29.073x_5 - 349.655$$

$$q_3 = 6.681x_1 - 0.211x_2 - 4.227x_3 + 98.616x_4 + 29.230x_5 - 340.370$$

表 12-18　分类结果矩阵

初始		C	预测组成员			合计
			健康	硬化病	冠心病	
	计数	健康	9	0	0	9
		硬化病	0	5	1	6
		冠心病	1	0	3	4
		未分组的案例	1	1	2	4
	%	健康	100.0	0.0	0.0	100.0
		硬化病	0.0	83.3	16.7	100.0
		冠心病	25.0	0.0	75.0	100.0
		未分组的案例	25.0	25.0	50.0	100.0

注：已对初始分组案例中的 89.5％个进行了正确分类。

表 12-18 可得，对角线显示的为准确预测的个数，其余为错误预测的个数。从该表可以看出，已经分的 19 个个案正确分类 17 个，错误分类 2 个。正确率还是比较高的。根据这 19 个个案为先验数据，将待分类的 4 个个案分别分入 1，2，3 类的分别有 1，1，2 个。

本　章　小　结

1. 本章介绍了聚类分析和判别分析，侧重于它们的思路和算法的比较。

2. 本章讲解了个案间相似度的度量方法及其在聚类中的应用，聚类分析的 SPSS 操作过程和结果解释。

3. 本章介绍了判别分析的原理和 SPSS 过程。

《《 思 考 题 》》

1. 距离和相关系数在描述相似性方面有哪些不同?

2. 动态聚类的基本思想和流程是什么?

3. 在研究房屋销售的问题中,希望将销售的房屋进行聚类,为此收集了某地区 2 440 套房屋销售的地价、改良价、总定价、销售价以及销售价与总定价的比值 5 个变量的数据("房屋销售.sav")。请依据此数据对此房屋进行聚类。

4. 为了研究中小企业的破产模型,选定 4 个经济指标:x_1 总负债率(现金收益/总负债);x_2 收益性指标(纯收入/总财产);x_3 短期支付能力(流动资产/流动负债);x_4 生产效率性指标(流动资产/纯销售额)。

对 17 个破产企业(1 类)和 21 个正常运行企业(2 类)进行了数据收集,得到数据("企业判别分类.sav"),请对破产企业和非破产企业进行判别分析,同时还有 9 个待判的企业,请将它们合理分类。

第 12 章例题、思考题数据

第 13 章　主成分分析和因子分析

 学习目标

➤ 了解主成分分析和因子分析的定义及区别。

➤ 理解主成分分析和因子分析的思想。

➤ 掌握主成分分析和因子分析的 SPSS 操作及结果解释。

主成分分析和因子分析是数据挖掘中常用的方法,帮助我们对原始数据有更好的理解,同时也可以实现降维等操作,从而使问题更加简单直观,在经济、社会等领域得到广泛应用。

13.1　主成分分析

主成分分析是考察多个变量间相关性的一种多元统计方法。它是研究如何通过少数几个主分量来解释多个变量间的内部结构。也就是说,从原始变量中导出少数几个主分量,使它们尽可能多地保留原始变量的信息,且彼此间互不相关。主成分分析的应用目的可以被简单归结为两句话:数据的压缩、数据的解释。它常被用来寻找判断某种事物或现象的综合指标,并且给综合指标所包含的信息以适当的解释,从而更加深刻地揭示事物的内在规律。主成分分析不被看成研究结果,而应继续采用其他多元统计方法解决实际问题。

通常数学上的处理是将原来的几个指标作线性组合,作为新的综合指标。选取的第一个线性组合即第一个综合指标,一般希望尽可能多地反映原来指标的信息。最经典的方法就是用方差来表达,方差越大表示包含的信息越多。因此在所有的线性组合中所选取的第 1 主成分应该是方差最大的。如果第 1 主成分不足以完全代表原来个指标的信息,再考虑选第 2 个线性组合,即第 2 主成分,依次类推可以造出第 3,第 4,…,第 n 个主成分。这些主成分间互不相关,且方差递减。一般来说,提取主成分的累积贡献率达到 $80\%\sim85\%$ 以上就比较满意,可以由此确定需要提取多少个主成分。

主成分模型中各统计量的意义如下:

(1) 特征值:特征值在某种程度上可以看成是表示主成分影响力度大小的指标,如果特征值小于 1,说明该主成分的解释力度还不如直接引入原变量的平均解释力度大。因此特征值大于 1 对主成分的解释力度大。

(2) 主成分的方差贡献率:其计算公式为表明主成分的方差在全部方差中的比重。这个值越大,表明主成分综合信息的能力越强。

(3) 累计贡献率:累计贡献率定义为因子分析中抽取出的因子特征值之和和所有特征值之和的比值。

主成分分析的一般步骤如下：

第一步，对原来的各指标进行标准化，以消除变量在数量极或量纲上的影响。

第二步，根据标准化后的数据矩阵求出协方差或相关阵。

第三步，求出协方差矩阵的特征值和特征向量。

第四步，确定主成分，结合专业知识给各主成分所蕴含的信息给予适当的解释。

SPSS 中没有把主成分分析作为一种独立的分析方法，而是和因子分析共用一个过程，因此在 SPSS 中进行主成分分析时会输出许多因子分析中的结果，但是这并不影响分析结果的准确性，而且相应的输出都可以根据因子分析模型和主成分分析模型之间的关系进行转换。

13.2　因子分析

因子分析是一种通过显在变量测评潜在变量或通过具体指标测评抽象因子的分析方法，最早是由心理学家 Chales Spearman 在 1904 年提出的，它的基本思想是将实测的多个指标，用少数几个潜在指标（因子）的线性组合表示。

因子分析可以看成是主成分的推广。因子分析的目的是从原始变量中归纳出潜在的"类别"，相关性较强的指标归为一类，不同类间变量的相关性较低。因子分析一般要求提取的公因子有实际含义，如果分析中各因子难以找到合适的意义，则可以通过适当旋转，改变信息量在不同因子上的分布，最终方便对结果的解释，如企业经济效益的评价指标体系。通常这个指标体系有八项指标：固定资产利税率、资金利税率、销售收入利税率、资金利润率、固定资产产值率、流动资金周转天数、万元产值能耗、全员劳动生产率。这八项指标可概括为盈利能力、资金和人力利用、产值能耗三个方面。这三个方面在企业的生产经营活动中为主要因子，起着支配作用，企业可通过这三个因子评价自身的经济效益。

因子分析有如下几个概念：

(1) 因子负荷：即前面因子分析表达式中各因子的系数值，用于反映因子和各变量间的密切程度。它的绝对值越大，说明该因子对当前变量的影响程度越大。

(2) 公因子方差比：指的是提取公因子后，各变量中信息分别被提取出的比例，或者说原变量的方差中由公因子决定的比例。公因子方差比越高，说明该变量被因子说明的程度越高。

(3) 特征值：它可以被看成是主成分影响力度的指标，代表了该因子或主成分可以解释平均多少原始变量的信息。

主成分或公因子数量的确定即确定需要保留的主成分数量，可遵循以下几个原则：

① 主成分的累积贡献率：一般来说，提取主成分的累积贡献率达到 $80\% \sim 85\%$ 以上就比较满意了，可以据此决定需要提取多少个主成分。

② 特征值：特征值在某种程度上可以被看成是主成分影响力度大小的指标，如果特征值小于 1，说明该主成分的解释力度还不如直接引入一个原始变量的平均解释力度，因此，一般可以用特征值大于 1 为纳入标准。

③ 综合判断：大量的实践证明，根据累积贡献率确定主成分数量往往较多，而用特征值

来确定累积贡献率又往往偏低许多,很多时候应当将两者结合起来,以综合确定合适的主成分数量。

由于 SPSS 中没有专门提供主成分分析的菜单,因此主成分分析的求解也需要转化为因子分析问题来解决,本章就重点介绍因子分析,同时介绍主成分和因子的转化关系。

主成分分析和因子分析的区别与联系如下:

(1) 两者都是在多个原始变量中通过它们之间的内部相关性来获得新的变量(主成分变量或因子变量),达到既能减少分析指标个数,又能概括原始指标主要信息的目的。

(2) 提取公因子主要有主成分分析法和公因子法,若采用主成分法,则主成分分析和因子分析基本等价。

(3) 因子分析提取的公因子比主成分分析提取的主成分更具有解释性。

(4) 两者分析的实质和重点不同。

(5) 两者的 SPSS 操作都是通过"分析→降维→因子分析"过程实现的,主成分分析不需要因子旋转,而因子分析需要经过旋转。

SPSS 中,因子分析和对应分析都在分析 Analysis 菜单下的降维(Dimension Reduction)菜单中,如图 13-1 所示,其中 Factor 菜单表示因子分析,而 Correspondence Analysis 菜单表示对应分析,还有一个 Optimal Scaling 菜单表示最优量化处理,本章不涉及这个菜单。下面我们就从介绍因子分析的原理和模型开始。

图 13-1 因子分析和对应分析菜单

13.2.1 因子分析模型

因子分析是由 Charles Spearman 在 1904 年首次提出,并在其后半生一直致力于发展此理论,使之最终成为现代统计学的重要分支,因此他被公认为因子分析之父。因子分析在某种程度上可以被看成是主成分分析的推广和扩展,它对问题的研究更为深入,是将具有错综复杂关系的变量(或样品)综合为数量较少的几个因子,以再现原始变量与因子之间的相互关系,探讨多个能够直接测量,并且具有一定相关性的实测指标是如何受少数几个内在的独立因子所支配的,同时根据不同因子还可以对变量进行分类,属于多元分析中处理降维的一种统计方法。

因子分析的数学模型,设 p 元总体 x 包含 p 个随机变量:

$$X = (X_1,\ X_2,\ \cdots,\ X_p)'$$

如果每个变量都可以由 m 个隐变量 $(F_1, F_2, \cdots, F_m)$ 表示为:

$$\begin{cases} X_1 = \mu_1 + a_{11}F_1 + a_{12}F_2 + \cdots + a_{1m}F_m + \varepsilon_1 \\ X_2 = \mu_2 + a_{21}F_1 + a_{22}F_2 + \cdots + a_{2m}F_m + \varepsilon_2 \\ \qquad\qquad\qquad\qquad \cdots \\ X_p = \mu_p + a_{p1}F_1 + a_{p2}F_2 + \cdots + a_{pm}F_m + \varepsilon_p \end{cases},$$

或者用矩阵表示为:

$$\begin{bmatrix} X_1 \\ X_2 \\ \cdots \\ X_p \end{bmatrix} = \begin{bmatrix} \mu_1 \\ \mu_2 \\ \cdots \\ \mu_p \end{bmatrix} + \begin{bmatrix} a_{11} & a_{12} & \cdots & a_{1m} \\ a_{21} & a_{22} & \cdots & a_{2m} \\ \cdots & \cdots & \cdots & \cdots \\ a_{p1} & a_{p2} & \cdots & a_{pm} \end{bmatrix} \begin{bmatrix} F_1 \\ F_2 \\ \cdots \\ F_m \end{bmatrix} + \begin{bmatrix} \varepsilon_1 \\ \varepsilon_2 \\ \cdots \\ \varepsilon_p \end{bmatrix}$$

简记为:

$$X = \mu + AF + \varepsilon$$

则称 $F = (F_1, F_2, \cdots, F_m)'$ 为公共因子,是不可观测的变量,是隐藏在变量中的变量的影响因素,可以把它理解为高维空间中互相垂直的 m 个坐标轴,变量在坐标轴上的投影,即为它们在公共因子前的系数,矩阵系数 A 称为因子载荷。ε 是特殊因子,是不能被前 m 个公共因子包含的部分。

因子分析的一般步骤如下:

第一步,将原始数据进行标准化。

第二步,确定待分析的原有若干变量是否适合于因子分析。

第三步,构造因子变量。

第四步,利用旋转使得因子变量更具有可解释性。

第五步,计算因子变量的得分,得出新的因子得分变量用于进一步分析。

因子分析中最关键的步骤有两个:一个是估计因子载荷矩阵 A;另一个就是因子旋转。由于这两者都涉及比较多的关于线性代数的知识,这里就不再详细介绍了,在讲到 SPSS 对应菜单的时候再具体讲解。

13.2.2　因子分析具体过程

【例 13-1】 为了研究几个省(市)的科技创新力问题,现取 2005 年 8 个省市的 15 个科技指标数据("科技创新.sav",见第 13 章例题、思考题数据二维码),试用表 13-1 科技创新数据分析一个省的科技创新能力主要受哪些潜在因素的影响?

表 13-1　科技创新数据

省市	x_1	x_2	x_3	x_4	x_5	x_6	x_7	x_8	x_9	x_{10}	x_{11}	x_{12}	x_{13}	x_{14}	x_{15}
北京	229	80.26	48.5	24.49	3.55	5.55	10.23	44 774.45	25.02	24.1	779.24	226.01	34.42	3 183.29	2.12
天津	87	67.48	36.82	14.08	2.62	1.96	4.49	35 451.77	33.59	21.38	410.34	73.15	25.06	495.78	1.82
辽宁	44	65.69	35.94	8.34	2.32	1.56	2.45	18 974.2	11.29	5.57	263.35	22.32	15.21	204.98	1.78
上海	104	74.06	35.98	17.84	4.78	2.28	4.8	51 485.83	39.72	19.08	654.31	112.32	15.85	1 303.32	2
江苏	50	60.79	34.07	6.8	2.13	1.47	3.17	24 489.18	43.13	17.99	206.68	16.6	9.14	134.89	1.41
浙江	53	63.48	31.08	5.42	3.95	1.22	1.83	27 435.38	7.94	7.63	257.65	22.66	5.82	79.01	1.72
山东	30	64.59	33.22	4.44	1.81	1.05	1.59	20 022.57	9.17	5.69	117.73	9.76	8.41	106.36	1.34
广东	35	69.64	37.27	5.81	3.66	1.09	2.18	24 327.32	35.67	24.99	117.51	20.4	5.08	122.33	1.47

首先,建立 $x_1 \sim x_{15}$ 共 15 个数据变量和一个省(市)字符型变量,将北京、天津等 8 个省(市)作为个案数据输入并保存。

Step1:选择【分析】(Analysis)菜单→【降维】(Dimensions Reduction)菜单→【因子分析】(Factor)菜单。

可见图 13-2 因子分析和对应分析菜单。

Step2:选择因子分析的变量。

变量 $x_1 \sim x_{15}$ →变量(Dependent)　　　　　　　　　　　//选定因子分析变量

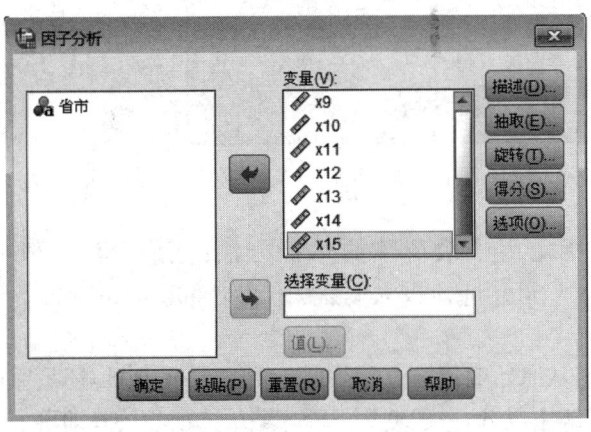

图 13-2　因子分析对话框

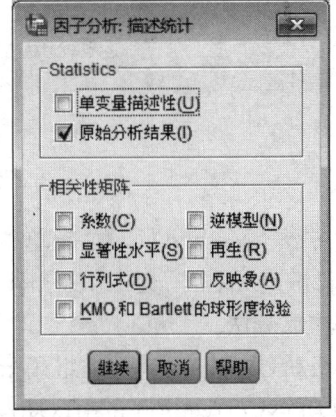

图 13-3　Descriptive 子对话框

Step3:选择因子分析方法、因子旋转方法、因子得分估计方法等设置。

点击描述 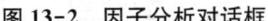 按钮,进入图 13-3 子对话框,该对话框用于输出一些统计量,我们解释如下:

Statistics 复选框组:

单变量描述性(Univariable Descriptives):输出单变量描述统计量;

原始分析结果(Initial Solution):输出公共因子旋转前的结果,包括公共因子的方差贡献,方差贡献率和累计方差贡献率,我们根据这个输出表格决定公共因子的个数;当然,如果后面进行了旋转,应该以旋转以后的结果为准。

相关性矩阵(Correlation Matrix)复选框组,常用选项有:

相关系数(Coefficients):用于输出变量间的相关系数;

显著性水平(Significance Level):输出相关系数 P 检验结果;

KMO 和 Bartlett 球状度检验(KMO and Bartlett's Test of Sphericity):输出 KMO 值和 Bartlett 球状检验结果,这一项非常重要,请读者一定要选择。

选择原始分析结果(Initial solutions)和 KMO 和 Bartlett 球状度检验(KMO and Bartlett's Test of Sphericity),点击继续 Continue 返回主对话框。

点击抽取 Extraction... 按钮进入图 13-4 子对话框,进行因子载荷阵估计方法和因子个数选择。

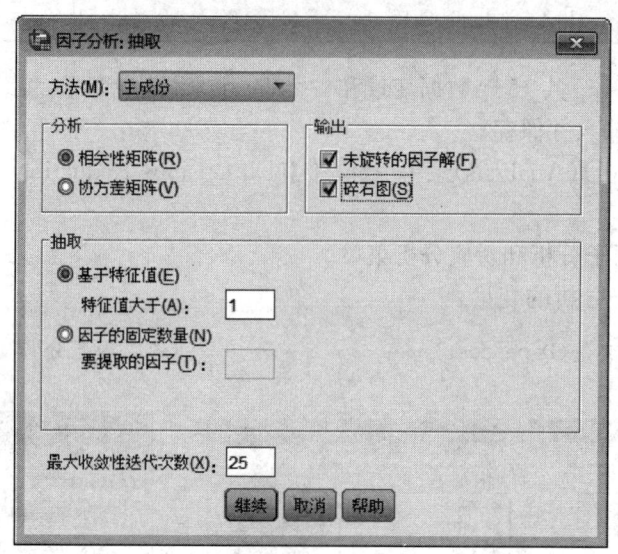

图 13-4 Extraction 子对话框

方法(Method)下拉菜单用于指定因子载荷阵的估计方法:主成分法(Principle component),主因子法(Principal Axis Factoring),极大似然法(Maximun liklihood)。本例选择主成分法。

分析(Analyze)单选框组用于选定从原始变量协方差阵(Covariance matrix)还是原始变量相关阵(Correlation matrix)出发求解主成分,一般使用 SPSS 默认选项相关阵即可。

抽取(Extract)单选框组用于指定如何保留因子,SPSS 默认选项是保留方差贡献大于1 的因子,这样可以保证因子的解释能力(含有的信息)至少不比单个变量差,一般选择这个选项就可以;特殊情况下,需要手动选择因子数(Fixed Number of Factors),并在下面要提取的因子(Factors of Number)文本框中填入保留的因子数。

输出(Display)复选框组用于指定输出哪些内容,可以输出未旋转的因子载荷阵(Unrotated Factors Solution),这点也很重要,因为未旋转的因子载荷阵和主成分分析结果息息相关,因此读者一定要选择这项,还有一项是碎石图(Scree Plot)表示输出因子方差贡献碎石图,可以选择,这样可以从图中看出因子的重要性。

最后还有一个迭代次数，这里选择默认值即可。点击继续 Continue 返回主对话框。

点击旋转 Rotation... 按钮，进入图 13-5 对话框，指定旋转的方法，常用的方法有：

（1）无（None）：不旋转。

（2）最大方差法（Varimax）：方差最大化旋转，这是最常用的旋转方法，让因子载荷的绝对值按列向 0 和 1 两极分化，这样便于对因子意义的解释和因子命名。

（3）最大四次方值法（Quartimax）：四次方最大化旋转，其原理与方差最大化旋转相同，只是计算公式有些差异。

（4）最大平衡值法（Equamax）：等量最大化旋转，同时考虑上面两种方法的旋转法。

（5）直接斜交旋转法（Direct Oblimin）：可以在下面的矩形框中输入（δ）值，该值在 0 与 1 之间。

（6）斜交旋转法（Promax）：允许因子间相关，比正交旋转法收敛快，适用于大样本数据的分析。

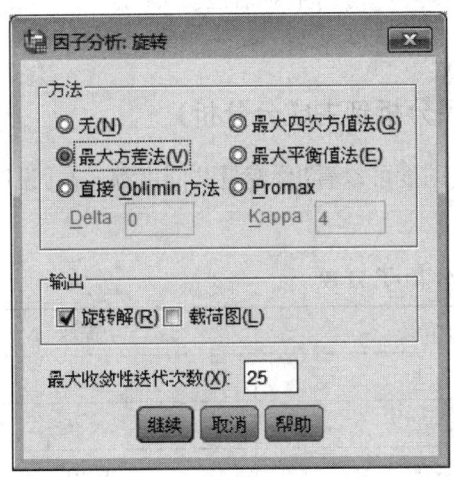

图 13-5　Rotation 子对话框

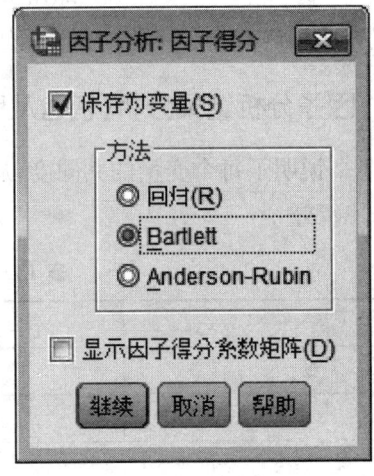

图 13-6　Scores 子对话框

这里选择方差最大化旋转。

输出（Display）复选框组：用于输出旋转后的因子载荷阵（Rotated solution）和因子空间载荷图（Loading plots）。

这里选择输出旋转后的因子载荷矩阵（Rotated solution），点击继续 Continue 返回主对话框。

点击得分 Scores... 进入图 13-6 子对话框，选择将因子得分保存为变量，每个变量存储一个因子得分，选择多少因子就会对应有多少个变量来存储得分。这里，计算因子得分有三种方法：

（1）回归因子得分法（Regression）：借用回归分析的思想，计算的是条件期望作为因子得分。

（2）巴特利特法（Bartlett）：利用加权最小二乘法来计算因子得分的方法，是因子得分的无偏估计。

（3）安德森-罗宾法（Anderson-Robin）：因子得分的平均值为 0，标准差为 1，因子之间不

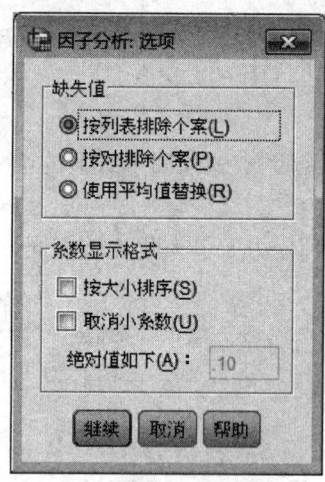

图 13-7 Options 子对话框

相关。

通常大样本时选择回归法（Regression）比较好，而小样本时选择巴特利特法（Bartlett）较好。此处由于样本量较小，因此选择巴特利特法（Bartlett），点击继续 Continue 返回主对话框。

点击选项 Options... 按钮进入图 13-7 子对话框，主要是处理缺失数据和选择输出方式。

缺失值（Missing Values）单选框组指定缺失数据的处理方法，采用默认方式即可。

系数显示格式（Coefficients）复选框组，选择系数的输出方式，注意第二个选项"取消小系数（Supress Small Coefficients）可以不输出取值较小的数，使整个输出表格更清晰。点击继续 Continue 返回主对话框。

设置完成后点击确定 OK 完成操作。

13.2.3 因子分析结果分析（包含从因子分析到主成分分析）

表 13-2 说明了每个变量的共同度，从共同度可以看出，变量共同度都较高，说明因子分析的效果比较好。

表 13-2 公因子方差

	初始值	提取
x_1	1.000	0.974
x_2	1.000	0.853
x_3	1.000	0.917
x_4	1.000	0.971
x_5	1.000	0.920
x_6	1.000	0.973
x_7	1.000	0.988
x_8	1.000	0.926
x_9	1.000	0.934
x_{10}	1.000	0.938
x_{11}	1.000	0.956
x_{12}	1.000	0.992
x_{13}	1.000	0.889
x_{14}	1.000	0.962
x_{15}	1.000	0.894

注：提取方法：主成分分析。

表 13-3 说明了因子的累积贡献率和因子个数的选择情况。从表 13-3 中可以清楚地看到，前三个因子的累积贡献率已经达到 93.9%，满足因子个数对累积贡献率的要求，因此，可以选择三个因子。同时在表 13-3 中还可以注意到，旋转以前和旋转以后虽然因子总方差贡献没变，但是单个因子方差贡献率发生了很大变化，趋势是从极端趋向平衡。例如，第一个因子贡献率由 74.237% 减少到 60.280%，而第二个因子贡献率由 11.371% 增加到 19.507%，第三个因子贡献率由 8.316% 增加到 14.137%。

表 13-3　总方差解释

组件	初始特征值			提取载荷平方和			旋转载荷平方和		
	总计	方差百分比	累积%	总计	方差百分比	累积%	总计	方差百分比	累积%
1	11.135	74.237	74.237	11.135	74.237	74.237	9.042	60.280	60.280
2	1.706	11.371	85.608	1.706	11.371	85.608	2.926	19.507	79.787
3	1.247	8.316	93.924	1.247	8.316	93.924	2.120	14.137	93.924
4	0.508	3.386	97.310						
5	0.205	1.365	98.675						
6	0.125	0.832	99.507						
7	0.074	0.493	100.000						
8	3.201E-16	2.134E-15	100.000						
9	2.284E-16	1.523E-15	100.000						
10	1.572E-16	1.048E-15	100.000						
11	5.220E-17	3.480E-16	100.000						
12	−1.176E-16	−7.839E-16	100.000						
13	−2.144E-16	−1.430E-15	100.000						
14	−4.054E-16	−2.703E-15	100.000						
15	−4.979E-16	−3.319E-15	100.000						

注：提取方法：主成分分析。

图 13-8 为碎石图，就是按特征值大小排列的主成分散点图，可见从第四主成分开始特征值都非常低，该图从另一个侧面说明了提取三个主成分还是比较合适的。

表 13-4 列出了未旋转的因子载荷矩阵，因为采用主成分法估计载荷矩阵，我们可以根据此矩阵计算出主成分的系数矩阵，估计方法为第一列除以第一个因子方差贡献的平方根，第二列除以第二个因子方差贡献的平方根，依次类推，如下面公式 13-1、13-2、13-3 所示。需要注意的是，只有采用主成分法估计因子载荷阵才能使用这种方法，采取其他方法估计因子载荷阵时没有此结论。

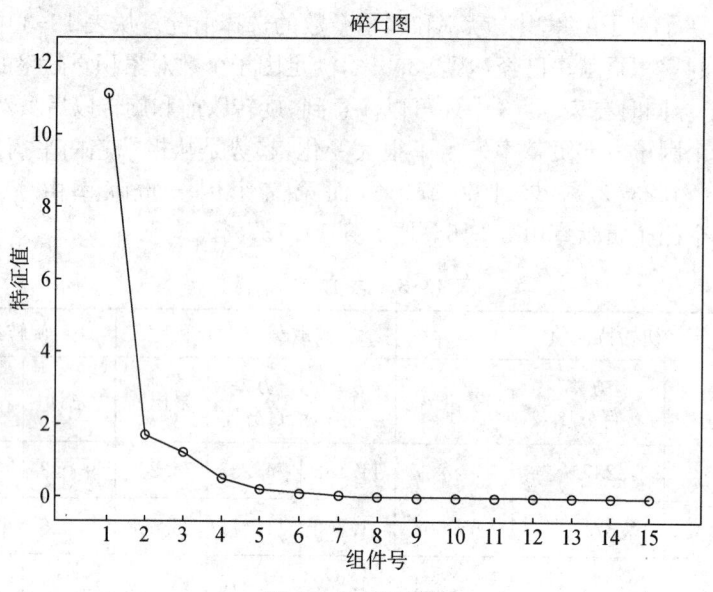

图 13-8　碎石图

表 13-4　成 分 矩 阵[a]

	组件		
	1	2	3
x_1	0.973	−0.158	0.052
x_2	0.919	0.036	−0.090
x_3	0.883	−0.161	0.334
x_4	0.985	−0.004	−0.022
x_5	0.482	0.497	−0.664
x_6	0.947	−0.242	0.131
x_7	0.972	−0.108	0.178
x_8	0.849	0.340	−0.301
x_9	0.300	0.834	0.386
x_{10}	0.611	0.637	0.399
x_{11}	0.955	−0.001	−0.211
x_{12}	0.992	−0.091	−0.001
x_{13}	0.876	−0.282	0.205
x_{14}	0.968	−0.156	0.032
x_{15}	0.859	−0.092	−0.385

注:提取方法:主成分分析。已提取 3 个成分。

$$F_1 = 0.973/\sqrt{11.135}\,x_1 + 0.919/\sqrt{11.135}\,x_2 + \cdots + 0.859/\sqrt{11.135}\,x_{15}$$

$$F_2 = -0.158/\sqrt{1.706}\,x_1 + 0.036/\sqrt{1.706}\,x_2 + \cdots - 0.092/\sqrt{1.706}\,x_{15}$$

$$F_3 = 0.052/\sqrt{1.247}\,x_1 - 0.090/\sqrt{1.247}\,x_2 + \cdots - 0.385/\sqrt{1.247}\,x_{15}$$

表 13-5 列出了旋转以后的因子载荷矩阵,该矩阵在因子分析中非常重要,是按照前面设定的"方差极大法"对因子载荷矩阵旋转的结果。在表 13-5 所示未经旋转的载荷矩阵中,因子变量在许多变量上均有较高的载荷,从旋转后的因子载荷矩阵可以看出,因子 1 在 1、3、4、6、7、12、13、14 上有较大载荷,反映科技投入与产出情况,可以命名为创新水平因子;因子 2 在指标 5、8、15 上有较大载荷,反映地区经济发展及财政科教投入水平,可以命名为创新环境因子;因子 3 在指标 9 和指标 10 上有较大载荷,可以命名为高技术产业发展因子。

表 13-5　旋转后的成分矩阵[a]

	组件		
	1	2	3
x_1	0.936	0.286	0.130
x_2	0.776	0.459	0.202
x_3	0.924	0.016	0.251
x_4	0.867	0.413	0.221
x_5	0.068	0.940	0.180
x_6	0.966	0.177	0.095
x_7	0.944	0.202	0.235
x_8	0.541	0.726	0.327
x_9	0.018	0.137	0.956
x_{10}	0.377	0.172	0.876
x_{11}	0.794	0.558	0.118
x_{12}	0.913	0.365	0.161
x_{13}	0.937	0.071	0.084
x_{14}	0.926	0.301	0.119
x_{15}	0.705	0.626	−0.069

注 1:提取方法:主成分分析。
注 2:旋转方法:Kaiser 标准化最大方差法。
a. 旋转在 5 次迭代后已收敛。

表 13-6 表明因子提取的方法是主成分分析,旋转的方法是方差极大法。

表 13-6 成分变换矩阵

组件	1	2	3
1	0.884	0.403	0.239
2	−0.405	0.400	0.822
3	0.236	−0.823	0.517

注1:提取方法:主成分分析。
注2:旋转方法:Kaiser 标准化最大方差法。

本 章 小 结

1. 本章介绍了主成分分析、因子分析的原理,因子抽取个数的原则。
2. 本章讲解了主成分分析、因子分析的 SPSS 操作步骤和结果解释。

思 考 题

1. 阐述主成分模型中各统计量的意义。
2. 因子分析的步骤是什么?
3. 因子分析的因子载荷阵、变量共性方差和因子方差贡献统计意义是什么?
4. 为了研究消费的构成结构和组成要素,现收集了 2003 年我国各省、市、自治区各类消费数据(数据来源于《中国统计年鉴》),要求对"消费.sav"数据进行分析,找出消费的组成要素。

第 13 章例题、思考题数据

第 14 章　时间序列分析

学习目标

➢ 准确理解时间序列分析的方法原理。
➢ 学会实用 SPSS 建立时间序列变量。
➢ 学会使用 SPSS 绘制时间序列图以反映时间序列的直观特征。
➢ 掌握时间序列模型的平稳化方法。
➢ 掌握时间序列模型的定阶方法。
➢ 学会使用 SPSS 建立时间序列模型与短期预测。

由于反映社会经济现象的大多数数据是按照时间顺序记录的,所以时间序列分析是研究社会经济现象的指标随时间变化的规律性统计的统计方法。为了研究事物在不同时间的发展状况,就要分析其随时间的推移的发展趋势,预测事物在未来时间的数量变化。因此学习时间序列分析方法是非常必要的。

14.1　时间序列概述

时间序列是指将某种现象某一个统计指标在不同时间上的各个数值,按时间先后顺序排列而形成的序列。在统计学中作为一种常用的预测手段被广泛应用。时间序列分析 (Time Series Analysis)是一种动态数据处理的统计方法。该方法基于随机过程理论和数理统计学方法,研究随机数据序列所遵从的统计规律,以用于解决实际问题。

时间序列分析的假设基础是惯性原则。即在一定条件下,被预测事物的过去变化趋势会延续到未来,暗示着历史数据存在着某些信息,利用它们可以解释与预测时间序列的现在和未来。其本质是通过分析目标本身的时间序列数据,获得事物随时间过程的演变特性与规律,进而预测事物的未来发展。

时间数列的构成要素:现象所属的时间;不同时间的具体指标数值。

$$\frac{t \quad t_0 t_1 \cdots t_n}{y \quad y_0 y_1 \cdots y_n}$$

时间序列数据变动有着如下特点:

(1)长期趋势变动:某个变量随着时间进展或自变量变化,呈现一种比较缓慢而长期的持续上升、下降、停留的同性质变动趋向,但变动幅度可能不等。

(2)季节变动:某因素由于外部影响随着自然季节的交替出现高峰与低谷的规律。

（3）循环变动：时间序列中以若干年为周期、上升与下降交替出现的循环往复的运动。例如，商业周期：繁荣—衰退—萧条—复苏—繁荣。

（4）随机变动：由于偶然性因素的影响而表现出的不规则波动。

应注意的是时间序列数据变动往往是几种变动的叠加或组合。在预测时一般设法过滤、除去不规则变动，突出反映趋势性和周期性变动。

时间序列在经济、金融、商业等方面有着广泛应用，具有如下作用：计算水平指标和速度指标，分析社会经济现象发展过程与结果，并进行动态分析；利用数学模型揭示社会经济现象发展变化的规律性，并预测现象的未来的发展趋势；揭示现象之间的相互联系程度及其动态演变关系。

时间序列分析的基本步骤如下：第一步，分析数据序列的变化特征。第二步，选择模型形式和参数检验。第三步，利用模型进行趋势预测。第四步，评估预测结果并修正模型。

14.2　平稳时间序列模型

在讲述平稳时间序列分析之前，首先介绍时间序列的一些概念。

（1）随机时间序列：按时间顺序排列的一组随机变量，记为：

$$(X_1, \cdots, X_n, \cdots)$$

（2）观察值序列：随机序列的 n 个有序观察值，称为序列长度为 n 的观察值序列，记为：

$$(x_1, \cdots, x_n, \cdots)$$

其中，观察值序列是随机序列的一个实现，可以通过观察值序列的性质进行随机时间序列推断进而揭示随机时间序列的性质。

本节中所讲的平稳性都是指统计宽平稳，宽平稳认为序列的统计性质主要由它的低阶矩决定，所以只要保证序列低阶矩平稳（二阶），就能保证序列的主要性质近似稳定。满足下列性质的时间序列称为宽平稳时间序列：

（1）$EX_t^2 < \infty, \forall t \in T$，这一性质主要说明时间序列的二阶矩存在；

（2）$EX_t = \mu$，μ 为常数，$\forall t \in T$，EX_t 称为时间序列的均值序列，是一个常数，说明时间序列的均值与时间无关；

（3）$\gamma(t, s) = \gamma(s-t)$，$\forall t, s, k$ 且 $k+s-t \in T$，这一性质主要说明时间序列的自协方差函数只和时间的长度有关，而与时间的起始时刻无关。其中 $\gamma(s, t) = \mathrm{Cov}(X_t, X_s)$，称为时间序列的自相关函数，会随时间变化而变化。

时间序列的自相关函数，定义时刻 t 和时刻 s 的时间序列变量的相关函数为：

$$R(t, s) = \rho(X_t, X_s)$$

对于宽平稳时间序列，就能够用 ARMA 模型来描述，下面为了记号的简单，引入延迟算子的记号：

$x_{t-p} = L^p x_t, \forall p \geq 1$，其中 L 为延迟算子。

延迟算子具有如下性质：

（1）$L^0 = 1$。

（2）$L(c \cdot x_t) = c \cdot L(x_t) = c \cdot x_{t-1}$，$c$ 为任意常数。

（3）$L(x_t \pm y_t) = x_{t-1} \pm y_{t-1}$。

（4）$(1-L)^n = \sum\limits_{i=0}^{n} (-1)^n C_n^i L^i$，其中 $C_n^i = \dfrac{n!}{i!\,(n-i)!}$。

ARMA 模型由自回归模型（简称 AR 模型）与滑动平均模型（简称 MA 模型）为基础"混合"构成。ARMA 模型分为以下三种：

（1）自回归 AR(p)模型为：

$$y_t = \varphi_0 + \varphi_1 y_{t-1} + \varphi_2 y_{t-2} + \cdots + \varphi_p y_{t-p} + \varepsilon_t$$

式中，假设 y_t 的变化主要与时间序列的历史数据有关，与其他因素无关；ε_t 不同时刻互不相关，是 0 均值、常方差 σ^2、独立的白噪声序列；y_t、ε_t 历史序列不相关，p 为模型的阶次，滞后的时间周期，通过实验和参数确定；y_t 与自身过去观测值 y_{t-1}，y_{t-2}，$\cdots$，y_{t-p} 是同一序列不同时刻的随机变量，相互间有线性关系，反映时间滞后关系；φ_1，φ_2，$\cdots$，φ_p 自回归系数，通过计算得出的权数，表示现值依赖于过去的程度，且这种依赖关系恒定不变。

（2）移动平均 MA(q)模型为：

$$y_t = \theta_0 + \theta_1 e_{t-1} + \theta_2 e_{t-2} + \cdots + \theta_q e_{t-q} + \varepsilon_t$$

用过去各个时期的随机干扰或预测误差的线性组合来表达当前预测值。当 AR(p)的假设条件不满足时可以考虑用此形式。

自回归移动平均 ARMA(p,q)模型：

$$y_t - \varphi_1 y_{t-1} - \varphi_2 y_{t-2} - \cdots - \varphi_p y_{t-p} = e_t + \theta_1 e_{t-1} + \theta_2 e_{t-2} + \cdots + \theta_q e_{t-q}$$

ARMA(p,q)模型是建立在 AR(p)和 MA(q)模型基础上的。对于平稳可逆的模型来说，它事实上是无限阶的 AR 模型或 MA 模型的等价形式，因此有效的 ARMA 模型可以弥补单纯用 AR 模型或 MA 模型导致的参数过多的问题，从理论上来讲能够较大地提高估计的精度并且节省计算量。其中，等式的左边是模型的自回归部分 $\{\varphi_0,\varphi_1,\cdots,\varphi_p\}$，非负整数 p 称为自回归阶数，称为自回归系数；等式右边是模型的移动平均部分，非负整数 q 称为移动平均阶数，称为移动平均系数。p,q 分别是偏自相关函数值和自相关函数值显著不为零的最高阶数。可以看出当 $p=0$ 时，模型是纯移动平均模型，记为 ARMA(0,q)；当 $q=0$ 时，模型是纯自回归模型，记为 ARMA(p,0)。ARMA(p,q)模型可用较少的参数对序列进行较好地拟合，其自相关和偏自相关函数均呈现拖尾性。

模型阶数，表 14-1 是上述模型的相关图特征列表。通过观察相关图并结合该表可以大致识别出模型的阶数。

表 14-1　模　型　阶　数

如何用 Pacf 及 Acf 图的拖尾和截尾判断 ARMA 模型			
模型	AR(p)	MA(q)	ARMA(p,q)
Pacf 图	在第 p 个条后截尾	拖尾	在头 p 个条没固定规律，其后截尾
Acf 图	拖尾	在第 q 个条后截尾	在头 q 个条没固定规律，其后截尾

14.3 时间序列分析具体过程

【例14-1】 表14-2为2003年至2013年彩电出口的月度数据("彩电出口.sav",见第14章例题、思考题数据二维码),请用SPSS软件操作:①创建彩电出口数量的时间序列。②用最小二乘法测定长期趋势,拟合线性趋势方程,并进行趋势预测。③测定彩电出口数量的季节变动规律。④用指数平滑法预测2014年和2015年的彩电出口数量。

表14-2 2003年至2013年彩电出口的月度数据 单位:万台

年份	月份											
	1	2	3	4	5	6	7	8	9	10	11	12
2003	12.52	13.73	24.45	28.75	32.45	31.11	25.94	32.98	43.49	42.94	63.29	77.27
2004	30.01	39.63	29.77	42.74	32.25	31.94	32.27	32.59	32.92	30.98	47.44	52.82
2005	24.08	16.42	31.24	29.33	31.88	30.09	28.08	32.99	44.99	47.57	50.36	75.19
2006	39.01	25.81	43.38	37.34	39.22	39.87	51.10	50.99	55.16	62.78	57.75	72.21
2007	28.76	39.38	46.10	39.41	38.74	40.18	45.59	43.31	46.68	54.17	53.65	61.12
2008	28.87	21.23	35.82	26.97	32.33	24.53	29.39	31.96	38.22	39.24	52.95	68.41
2009	29.99	37.09	37.70	35.33	29.53	53.64	28.95	25.88	37.61	39.83	28.44	54.85
2010	55.77	13.96	43.50	32.96	32.91	47.65	39.74	39.48	50.70	60.53	68.22	83.47
2011	66.35	70.35	86.19	87.50	61.19	93.23	89.31	88.37	90.05	90.06	107.56	101.63
2012	78.31	91.97	91.73	101.67	77.60	87.64	98.82	79.90	110.86	113.29	125.58	120.24
2013	101.65	93.53	127.04	133.68	143.76	155.50	170.59	168.96	186.16	181.91	253.78	201.13

图14-1 数据文件(部分图)

(1) 创建彩电出口数量时间序列。

首先,录入数据,录入后的SPSS数据文件保存为彩电出口.sav,如图14-1所示。

其次,定义日期变量。

Step1:选择【数据】(DATA)菜单→【定义日期】(Define Dates)菜单,选择相应的时间设置类型,然后按【确定】(OK)按钮。

在本案例中,数据是年份和月份数据,从2003年1月开始的,所以时间为"年份、月份"类型,且起始年份为2003年,起始月份为1月。相应设置如图14-2所示。运行完成后,数据文件中会增加相应的时间变量,增加了3个变量,分别是"YEAR_""MONTH_"及"DATE_",相应结果如图14-3所示。

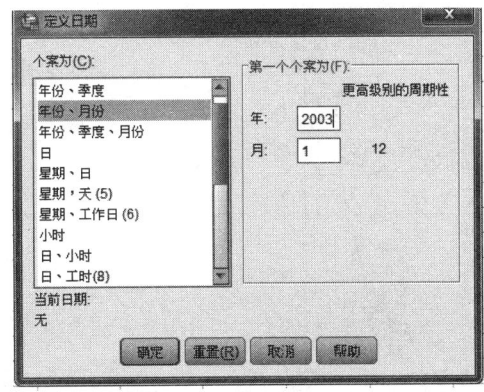

图 14-2　"定义日期"对话框图

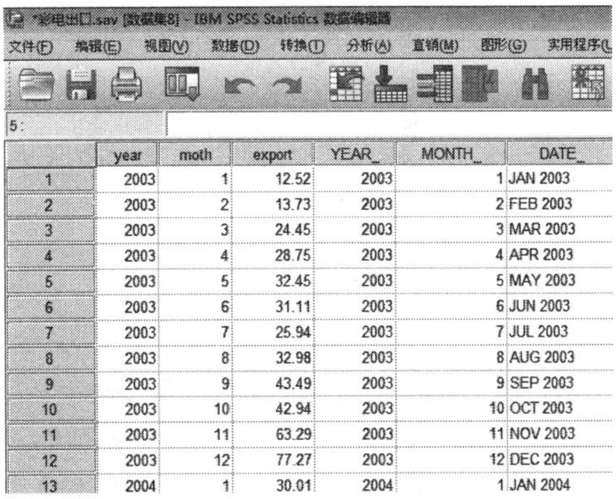

图 14-3　定义日期变量后的结果(部分图)

再次,创建时间序列(用移动平均法)。

Step2:选择【转换】(Transform)菜单→【创建时间序列】(Create Time Series)"菜单,将"Export_1"变量移入右侧的"变量-新名称"框中,在"函数"下拉框中选择"中心移动平均",在"跨度"中输入 5 表示五项移动平均,然后点击【更改】(Change),单击【确定】(OK)按钮。

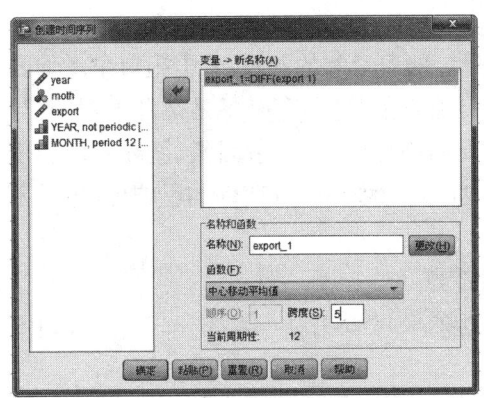

图 14-4　创建时间序列对话框

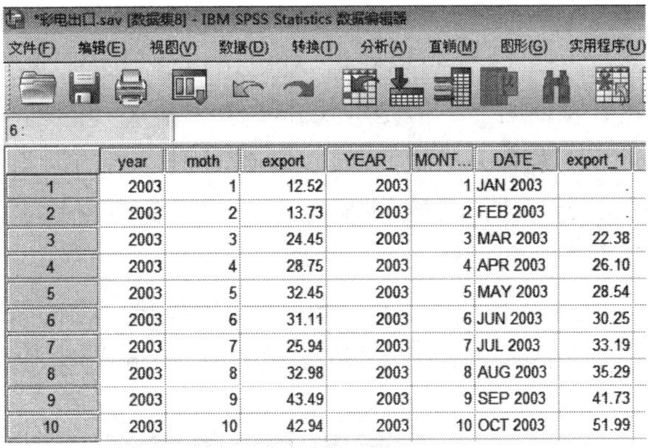

图 14-5　增加变量后的结果(部分图)

设置情况如图 14-4 所示,设置完毕,单击【确定】按钮,则会在原数据文件中增加一个名称为"Export_1"的五项移动平均序列(如图 14-5)。

最后,绘制时间序列趋势图。

Step3:选择【分析】(Analyze)菜单→【预测】(Forecasting)菜单→【序列图】(Squence Charts)菜单,将"Export"和"Export_1"移入右侧的"变量"框,并将定义的日期变量设为【时间轴标签】(Times Axis Labels),单击【确定】(OK)按钮。

选择与设置如图 14-6 所示,系统输出如图 14-7 所示的时间序列图。

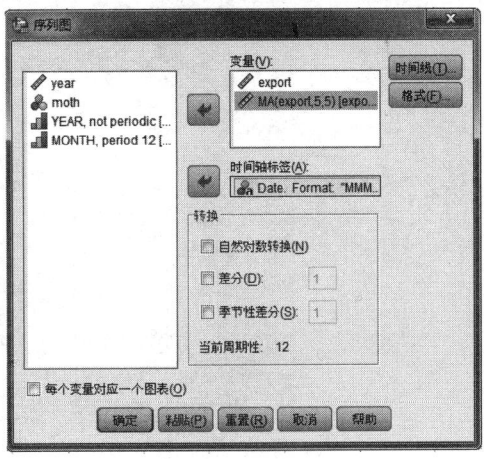

图 14-6　序列图设置对话框

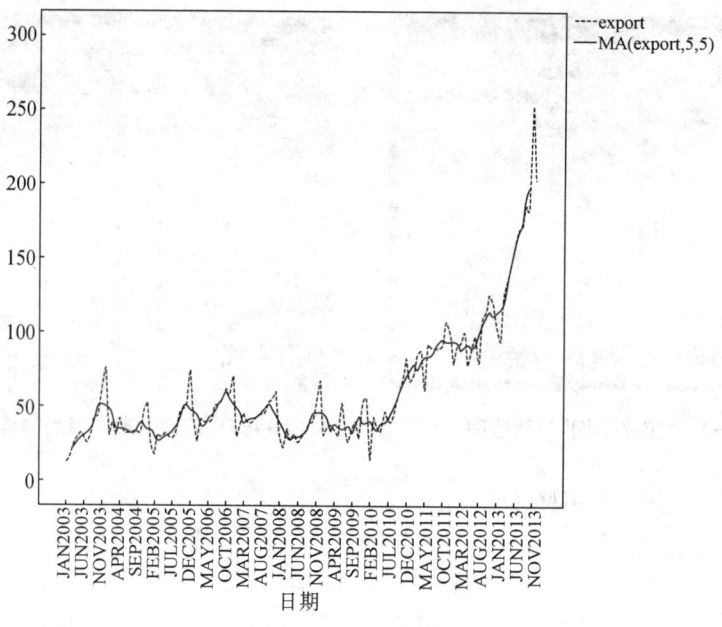

图 14-7　时序图

由图 14-7 可以看出，彩电出口量趋势线变得平滑，随着时间的延长，彩电出口量增加的趋势特征明显。但是增长并不是单调上升的，而是有涨有落，这种升降不是杂乱无章的，与季节因素有关。我们知道，影响时间序列的因素有长期趋势变动、季节因素、循环变动和不规则变动，所以案例中彩电出口量的变动除了增长的长期趋势和季节变动的影响外，还受不规则变动和循环变动的影响。

（2）用最小二乘法分析彩电出口量变动的长期趋势。

新建一个时间变量，变量名为"time"，按照时间的顺序设为 1，2，3，4，5，…，如图 14-8 所示。

	year	moth	export	YEAR_	MONT...	DATE_	export_1	time
1	2003	1	12.52	2003	1	JAN 2003		1
2	2003	2	13.73	2003	2	FEB 2003		2
3	2003	3	24.45	2003	3	MAR 2003	22.38	3
4	2003	4	28.75	2003	4	APR 2003	26.10	4
5	2003	5	32.45	2003	5	MAY 2003	28.54	5
6	2003	6	31.11	2003	6	JUN 2003	30.25	6
7	2003	7	25.94	2003	7	JUL 2003	33.19	7
8	2003	8	32.98	2003	8	AUG 2003	35.29	8
9	2003	9	43.49	2003	9	SEP 2003	41.73	9
10	2003	10	42.94	2003	10	OCT 2003	51.99	10
11	2003	11	63.29	2003	11	NOV 2003	51.40	11
12	2003	12	77.27	2003	12	DEC 2003	50.63	12
13	2004	1	30.01	2004	1	JAN 2004	47.99	13
14	2004	2	39.63	2004	2	FEB 2004	43.88	14
15	2004	3	29.77	2004	3	MAR 2004	34.88	15

图 14-8　增加 time 变量后的结果（部分图）

Step4：选择【分析】（Analyze）菜单→【回归】（Regression）菜单→【线性】（Linear）菜单，将变量"export"移入【因变量】（Dependent）框中，将变量"time"移入【自变量】（Independent）框中。

选择如图 14-9 所示。

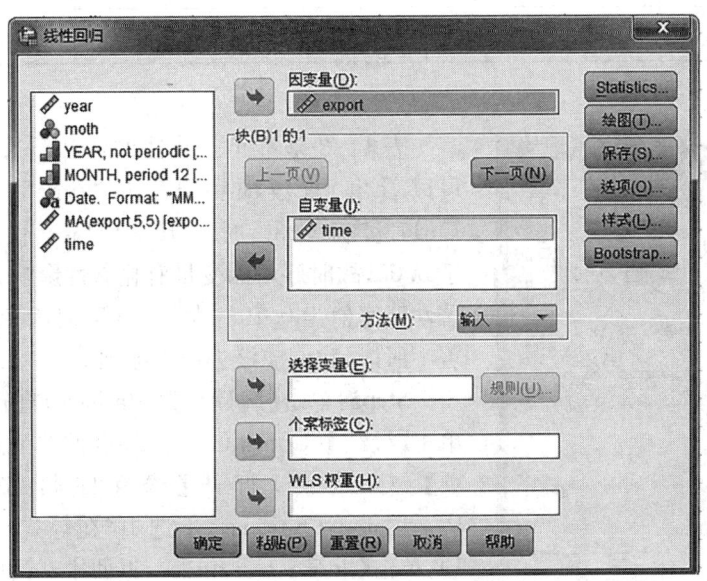

图 14-9　线性回归对话框

Step4：单击【统计量】（Statisics）按钮，进行统计量选择，单击【继续】（Continue）按钮，返回主对话框，单击【确定】（OK）按钮。

统计量选择见图 14-10 所示的对话框，运行结果如表 14-3 所示。

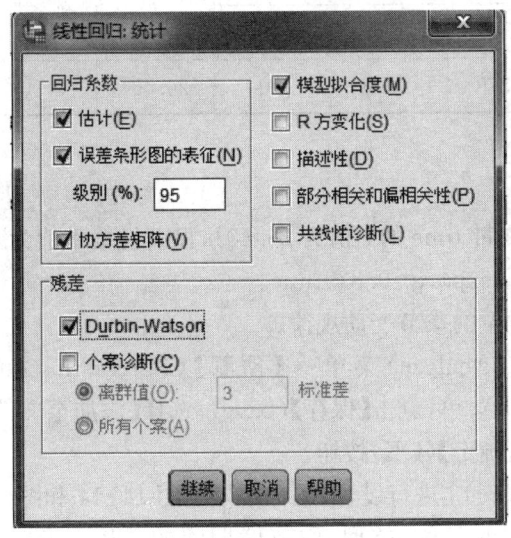

图 14-10　线性回归统计量设置子对话框

表 14-3　回归系数表

模型		非标准化系数		标准系数	t	显著性	B 的 95.0% 置信区间	
		B	标准错误	贝塔			下限	上限
1	(常量)	8.249	5.100		1.617	0.108	−1.841	18.339
	time	0.785	0.067	0.719	11.803	0.000	0.654	0.917

a. 因变量：Export。

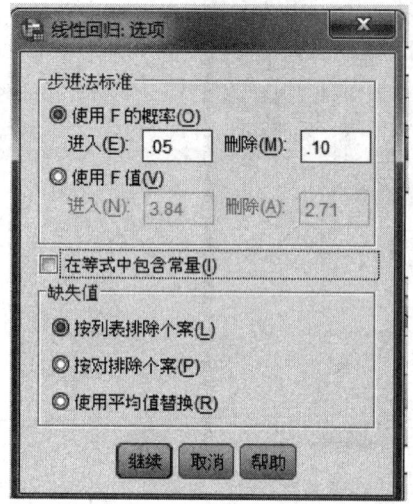

图 14-11　线性回归选项设置子对话框

表 14-3 是最小二乘法的估计结果。由表中数据可以看出，常数项和自变量 "time" 的 t 值分别为 1.617 和 11.803。时序(time)的显著性概率值为 0，小于 0.05，故时序对因变量有显著性影响，而常数项的显著性概率值为 0.108，大于 0.05，对因变量的影响不显著。所以，我们应该去掉常数项。

Step5：单击【统计量】(Statisics)进行统计量选择，单击【继续】(Continue)按钮，返回主对话框，单击【选项】(Options)，打开【线性回归：选项】(Linear Regression：Options)，不选中"在等式中包含常量"这项，单击【继续】(Continue)，返回主对话框，单击【确定】(OK)按钮。

选项选择见图 14-11 所示的对话框，运行结果如表 14-4。

表 14-4　不含常数项的回归分析结果[a, b]

模型		非标准化系数		标准系数	t	显著性	B 的 95.0% 置信区间	
		B	标准错误	贝塔			下限	上限
1	time	0.879	0.033	0.917	26.401	0.000	0.813	0.945

a. 因变量：Export。
b. 通过原点的线性回归。

由表 14-4 可知，自变量 time 的 t 值为 26.401，显著性概率值为 0，小于 0.05，因此 time 对因变量有显著影响。即 export＝0.879time。

(3) 测定彩电出口数量的季节变动规律。

Step6：选择【分析】(Analyze)菜单→【预测】(Forecasting)菜单→【季节性分解】(Seasonal Decomposition)菜单，点击【保存】(Save)，选择【添加至文件】(Add To File)，单击【继续】(Continue)，单击【确定】(OK)按钮。

按照图 14-12 和图 14-13 进行设置，运行结果见图 14-14 和图 14-15 所示。

表 14-5 显示了模型的名称、类型、季节性期间的长度和移动平均数的计算方法等信息。

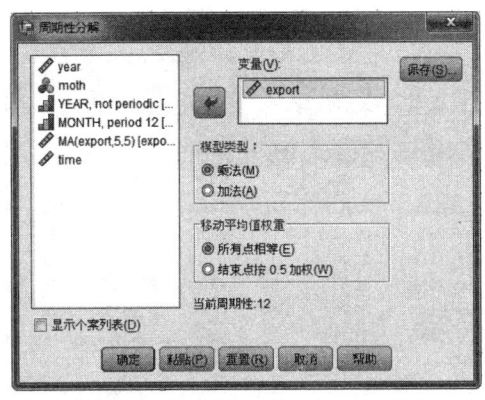

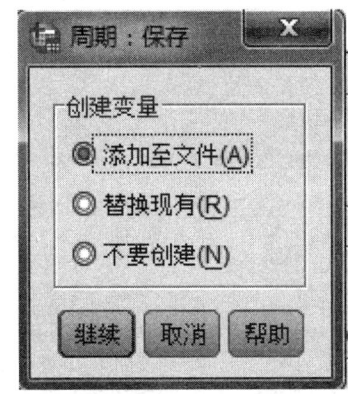

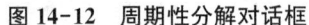

图 14-12　周期性分解对话框　　　　　　图 14-13　保存对话框

表 14-5　模　型　描　述

模型名称	MOD_2
模型类型	乘法
系列名称　1	export
季节周期长度	12
移动平均值的计算方法	跨度等于周期性且各点权重相等

注：应用 MOD_2 中的模型规范。

　　表 14-6 是季节性因素表，由于受季节性的影响，各月份的彩电出口量有很大不同，可看出 9、10、11、12 月份的季节指数大于 1，说明彩电出口在这些月份是旺季，12 月份的彩电出口情况最好。其余月份的季节指数小于 1，是淡季，其中 2 月份的出口情况最差。

表 14-6　季节性因素表

系列名称：　export

句点(D)	季节因子(%)	句点(D)	季节因子(%)
1	82.3	7	91.4
2	76.1	8	89.3
3	98.7	9	105.8
4	92.0	10	110.5
5	83.4	11	125.6
6	93.5	12	151.4

　　图 14-14 是数据文件中显示的数据视图。从图 14-14 中可以看出，数据文件中增加了 4 个序列：ERR_1 表示"出口量"序列进行季节性分解后的不规则变动序列；SAS_1 表示"出口量"序列进行季节性分解除去季节性因素后的序列；SAF_1 表示"出口量"序列进行季节性分解产生的季节性因素序列；STC_1 表示"出口量"序列进行季节性分解出来的序列趋势和循环成分。

	year	moth	export	YEAR_	MONT...	DATE_	export_1	time	ERR_1	SAS_1	SAF_1	STC_1
1	2003	1	12.52	2003	1	JAN 2003	.	1	.92773	15.21880	.82267	16.40435
2	2003	2	13.73	2003	2	FEB 2003	.	2	.93255	18.04068	.76106	19.34552
3	2003	3	24.45	2003	3	MAR 2003	22.38	3	.98213	24.77709	.98680	25.22788
4	2003	4	28.75	2003	4	APR 2003	26.10	4	1.03220	31.24708	.92009	30.27234
5	2003	5	32.45	2003	5	MAY 2003	28.54	5	1.17186	38.92530	.83365	33.21677
6	2003	6	31.11	2003	6	JUN 2003	30.25	6	.98951	33.26435	.93524	33.61710
7	2003	7	25.94	2003	7	JUL 2003	33.19	7	.83592	28.37506	.91418	33.94490
8	2003	8	32.98	2003	8	AUG 2003	35.29	8	1.03232	36.91302	.89345	35.75732
9	2003	9	43.49	2003	9	SEP 2003	41.73	9	1.04602	41.09886	1.05818	39.29072
10	2003	10	42.94	2003	10	OCT 2003	51.99	10	.90260	38.86466	1.10486	43.05854
11	2003	11	63.29	2003	11	NOV 2003	51.40	11	1.11000	50.38950	1.25602	45.39577
12	2003	12	77.27	2003	12	DEC 2003	50.63	12	1.09953	51.04315	1.51382	46.42259
13	2004	1	30.01	2004	1	JAN 2004	47.99	13	.82860	36.47893	.82267	44.02505
14	2004	2	39.63	2004	2	FEB 2004	43.88	14	1.21096	52.07227	.76106	43.00073
15	2004	3	29.77	2004	3	MAR 2004	34.88	15	.74855	30.16826	.98680	40.30200

图 14-14　出口量季节变动、循环变动、长期趋势和不规则变动指数计算结果（截图）

用数据文件中新增的这 4 个序列作时序图，按照 Step3 步骤，系统运行结果如图 14-15 所示，这些新序列也可以在不同的图上显示。

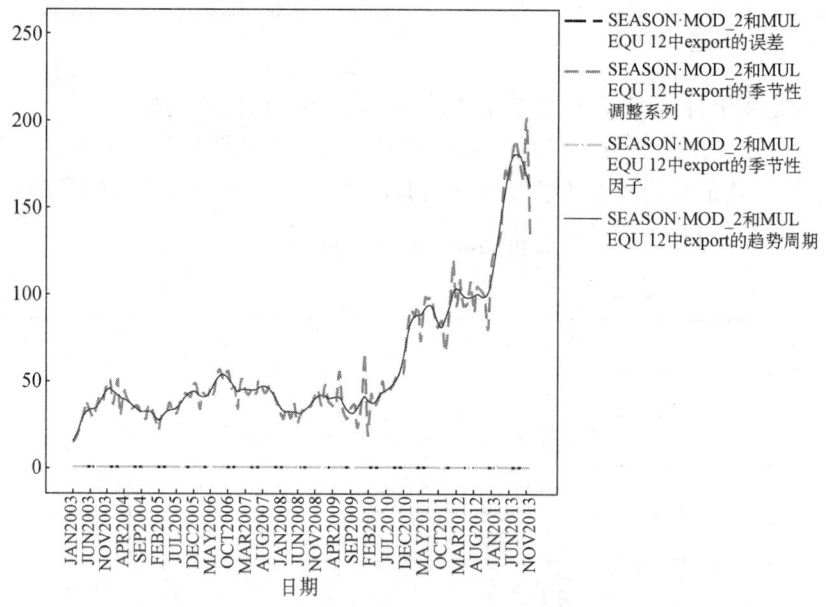

图 14-15　季节性分解后的时序图

（4）用指数平滑法预测 2014 年和 2015 年的彩电出口数量。

Step7：选择【分析】（Analyze）菜单→【预测】（Forecasting）菜单→【创建模型】（Create Model）菜单→【时间序列建模器】（Time Series Modeler）对话框。

按照图 14-16 进行设置。首先把"export"移到右侧的"因变量"栏，"方法"选择指数平滑法。

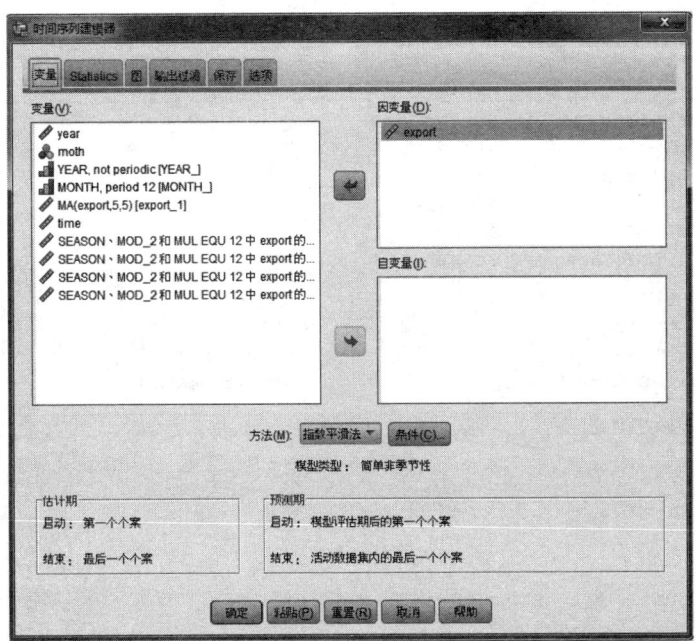

图 14-16 时间序列建模器对话框

Step8：单击【条件】（Criteria）菜单→【时间序列建模器：指数平滑条件】（Time Series Modeler：Exponential Smoothing Criteria）。

通过比较"简单季节性""Winters 可加性""Winters 相乘性"不同的季节性指数平滑模型发现，"Winters 可加性"的拟合最好，"平稳的 R 方"达到了 0.499。本案例选择"Winters 可加性"，如图 14-17 所示。

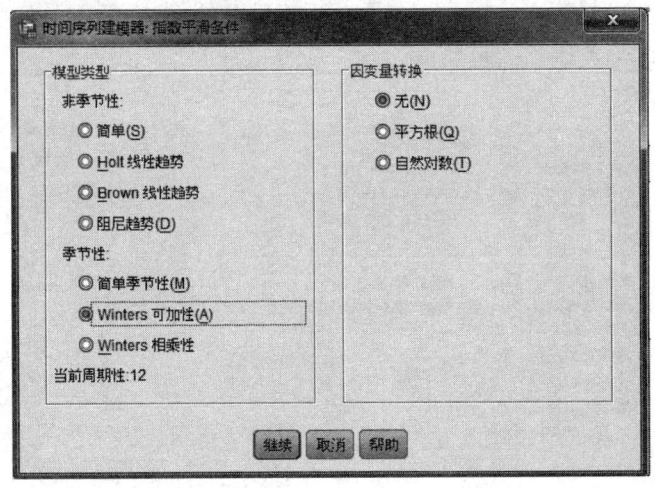

图 14-17 时间序列建模器：指数平滑条件对话框

Step9：单击【统计量】（Statisics）按钮。

【统计量】（Statisics）选项卡设置如图 14-18 所示，勾选"按模型显示拟合度量、Ljung-Box 统计量和离群值的数量""平稳的 R 方""拟合优度""参数估计""显示预测值"选项。

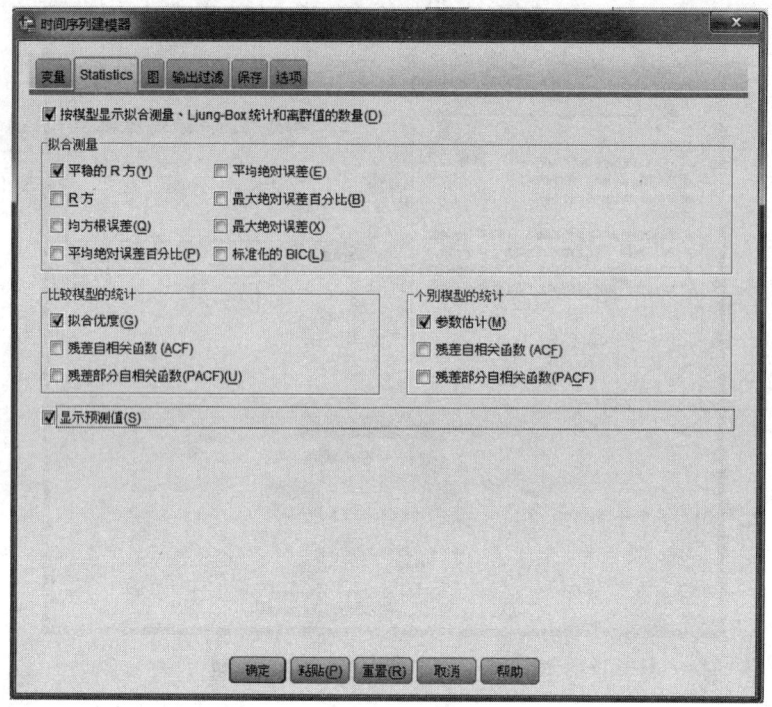

图 14-18　输出统计量对话框

Step10：单击【图表】（Plots）菜单→选择"序列""观测值""预测值"三项→单击【保存】（Save）按钮，将"预测值"保存到数据文件中，变量名的前缀"预测值（P）"改为"预测值"。

"图表"选项卡设置如图 14-19 所示，"保存"选项卡设置如图 14-20 所示。

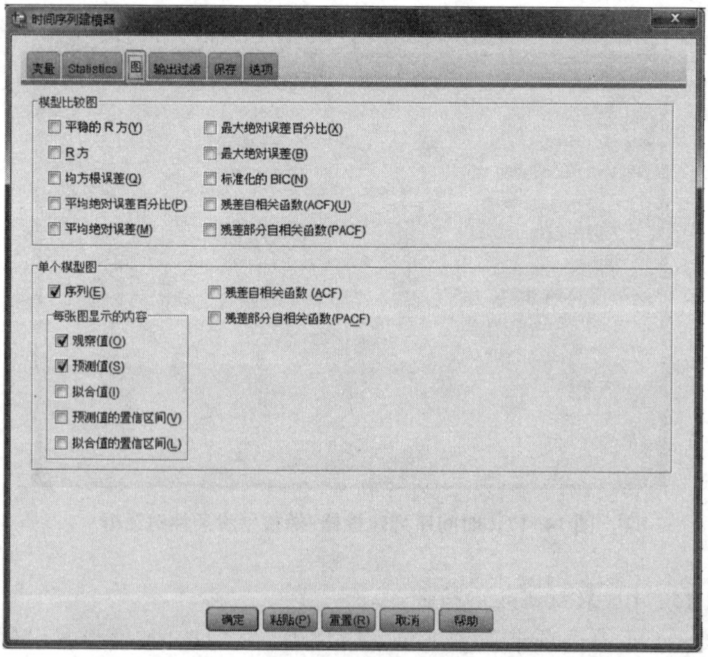

图 14-19　图表选项卡对话框

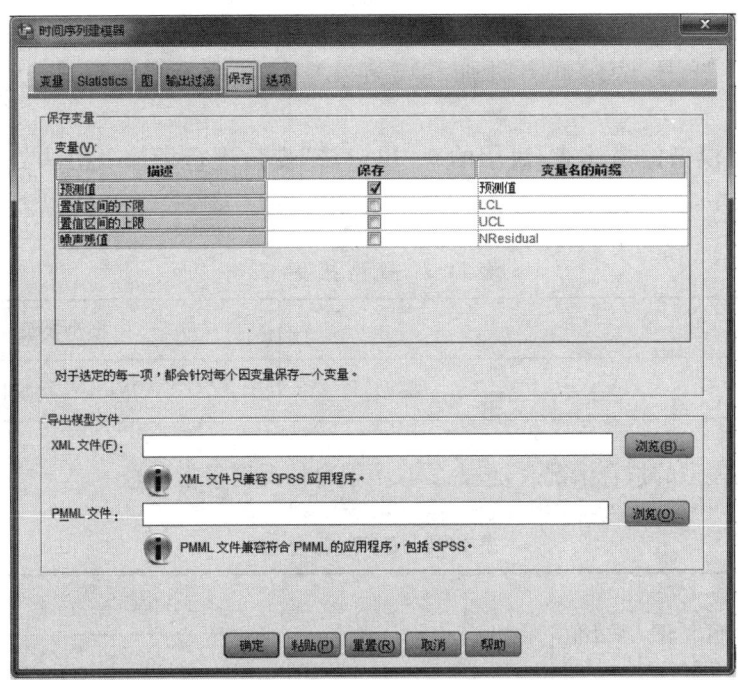

图 14-20　保存选项卡对话框

Step11：单击【选项】（Option），在预测阶段框中选择第二个选项，并在日期活动框中输入 2015 年 12 月，单击【确定】（OK）按钮。

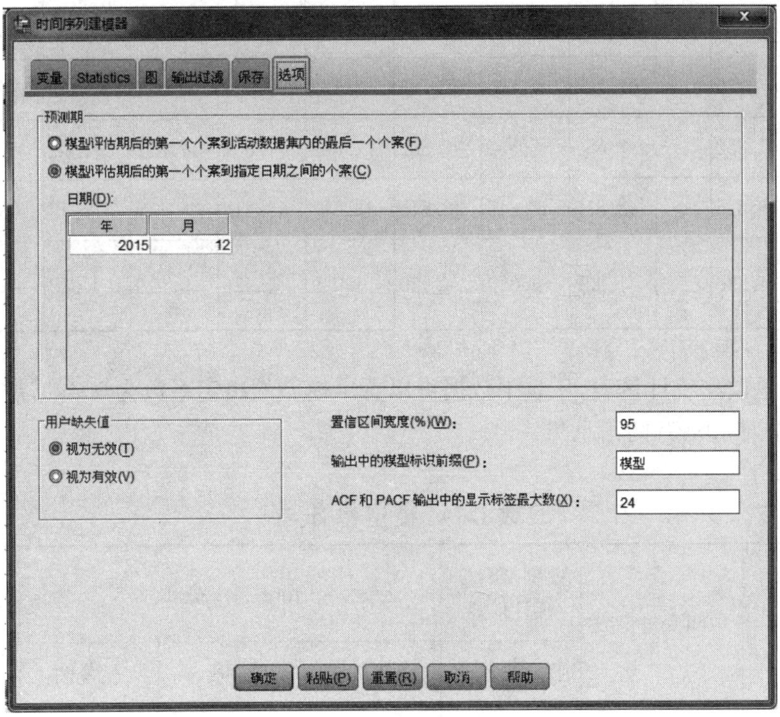

图 14-21　选项卡对话框

"选项"设置如图 14-21 所示。在预测阶段框中选择第二个选项,并在日期活动框中输入 2015 年 12 月,表示预测期到 2015 年 12 月,其他为默认设置。主要运行结果如下。

表 14-7 是模型的描述表,表示的对"出口量"变量进行指数平滑法处理,使用的是 Winters 加法模型。

表 14-7　模型描述表

			模型类型
模型标识	export	模型_1	Winters 可加性

表 14-8 是模型的拟合情况表,包含了八个拟合情况度量指标。

表 14-8　模型拟合度

拟合统计信息	平均值	SE	最小值	最大值	百分位(T)						
					5	10	25	50	75	90	95
平稳的 R 方	0.499	.	0.499	0.499	0.499	0.499	0.499	0.499	0.499	0.499	0.499
R 方	0.930	.	0.930	0.930	0.930	0.930	0.930	0.930	0.930	0.930	0.930
RMSE	11.124	.	11.124	11.124	11.124	11.124	11.124	11.124	11.124	11.124	11.124
MAPE	15.564	.	15.564	15.564	15.564	15.564	15.564	15.564	15.564	15.564	15.564
Maxape	107.729	.	107.729	107.729	107.729	107.729	107.729	107.729	107.729	107.729	107.729
MAE	7.852	.	7.852	7.852	7.852	7.852	7.852	7.852	7.852	7.852	7.852
Maxae	48.815	.	48.815	48.815	48.815	48.815	48.815	48.815	48.815	48.815	48.815
标准化的 BIC(L)	4.929	.	4.929	4.929	4.929	4.929	4.929	4.929	4.929	4.929	4.929

表 14-9 是模型统计量表,从表中数据可以看出模型的决定系数为 0.499,说明拟合模型可以解释原序列 49.9% 的信息量。

表 14-9　模型统计表

模型	预测变量个数	模型拟合度统计信息	Ljung-Box Q(18)			界外值数
		平稳的 R 方	统计	df	显著性	
export-模型_1	0	0.499	18.959	15	0.216	0

表 14-10　指数平滑法模型参数

模型			估算	SE	t	显著性
export-模型_1	无转换	Alpha(水平)	0.438	0.081	5.415	0.000
		Gamma(趋势)	0.104	0.057	1.835	0.069
		Delta(季节)	0.001	0.056	0.018	0.986

表 14-11 是预测情况表,表中给出了 2014 年 1 月到 2015 年 12 月"出口量"变量的预测值、上区间和下区间的值,表中仅显示了部分数据。

表 14-11　预测表(部分显示)

模型		Jan 2014	Feb 2014	Mar 2014	…	Oct 2015	Nov 2015	Dec 2015
export-模型_1	预测	193.77	196.10	213.54	…	338.11	356.63	367.28
	UCL	215.78	220.55	240.62	…	439.41	462.79	478.38
	LCL	171.76	171.66	186.46	…	236.82	250.47	256.19

对于每个模型,预测始于所请求估计期范围的最后一个非缺失值,结束于所有可用预测变量非缺失值的最后一个周期,或者结束于所请求预测期的结束日期,取两者中较早的一个。

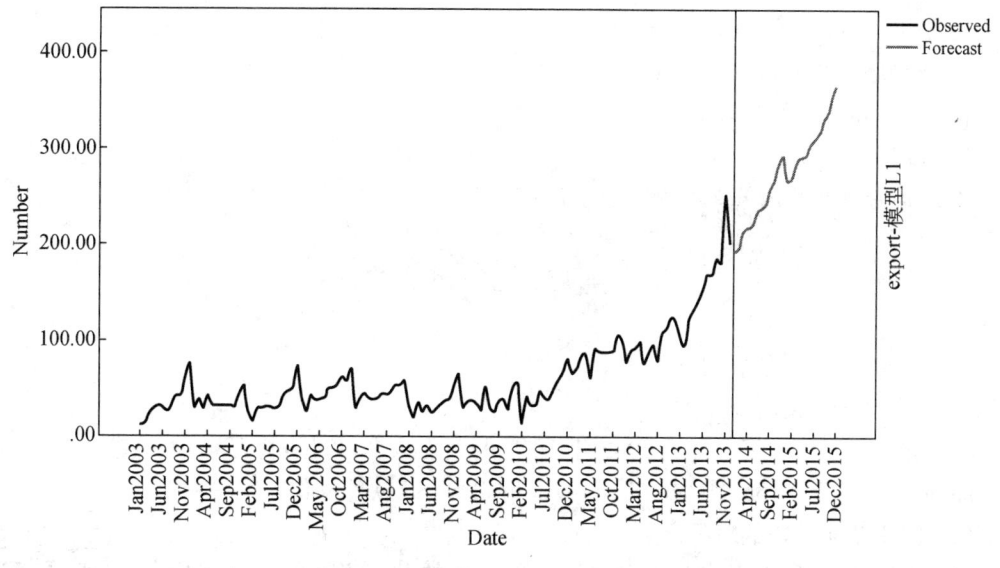

图 14-22　观测值与预测值的时间序列图

图 14-22 是观测值与预测值的时序图,图 14-23 是数据文件中保存的按指数平滑法预测的 2014 年到 2015 年的彩电出口量数据。

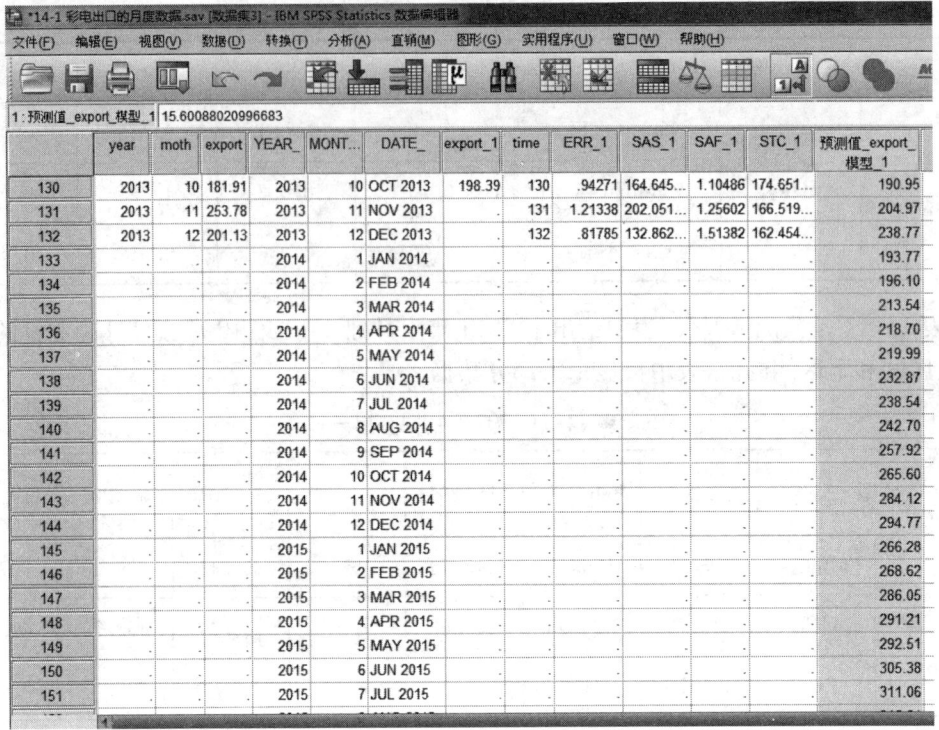

图 14-23　数据文件中的保存结果（部分显示）

《《 本 章 小 结 》》

1. 时间序列分析的方法原理。
2. SPSS 建立时间序列变量。
3. 时间序列图。
4. 时间序列模型与短期预测。

《《 思 考 题 》》

1. 阐述时间序列分析的基本步骤。
2. 什么是宽平稳时间序列？
3. 某企业从 1990 年 1 月至 2002 年 12 月的销售数据（单位：百万元）。该数据共有按时间顺序的月销售记录 156 个（"销售.sav"）。请用 SPSS 软件操作：

（1）创建企业销售的时间序列。

（2）用最小二乘法测定长期趋势，拟合线性趋势方程，并进行趋势预测。

（3）测定企业销售的季节变动规律。

（4）用指数平滑法预测 2004 年的企业销售。

第 14 章例题、
思考题数据

SPSS 中英文对照

Absolute Deviation，绝对离差

Absolute Number，绝对数

Absolute Residuals，绝对残差

Acceleration Array，加速度立体阵

Acceleration in An Arbitrary Direction，任意方向
上的加速度

Acceleration Normal，法向加速度

Acceleration Space Dimension，加速度空间的维数

Acceleration Tangential，切向加速度

Acceleration Vector，加速度向量

Acceptable Hypothesis，可接受假设

Accumulation，累积

Accuracy，准确度

Actual Frequency，实际频数

Adaptive Estimator，自适应估计量

Addition，相加

Addition Theorem，加法定理

Additivity，可加性

Adjusted Rate，调整率

Adjusted Value，校正值

Admissible Error，容许误差

Aggregation，聚集性

Alternative Hypothesis，备择假设

Among Groups，组间

Amounts，总量

Analysis of Correlation，相关分析

Analysis of Covariance，协方差分析

Analysis of Regression，回归分析

Analysis of Time Series，时间序列分析

Analysis of Variance，方差分析

Angular Transformation，角转换

ANOVA(Analysis of Variance)，方差分析

ANOVA Models，方差分析模型

Arcing，弧/弧旋

Arcsine Transformation，反正弦变换

Area Under the Curve，曲线面积

AREG，评估从一个时间点到下一个时间点回归相
关时的误差

ARIMA，季节和非季节性单变量模型的极大似然
估计

Arithmetic Grid Paper，算术格纸

Arithmetic Mean，算术平均数

Arrhenius Relation，艾恩尼斯关系

Assessing Fit，拟合的评估

Associative Laws，结合律

Asymmetric Distribution，非对称分布

Asymptotic Bias，渐近偏倚

Asymptotic Efficiency，渐近效率

Asymptotic Variance，渐近方差

Attributable Risk，归因危险度

Attribute Data，属性资料

Attribution，属性

Autocorrelation，自相关

Autocorrelation of Residuals，残差的自相关

Average，平均数

Average Confidence Interval Length，平均置信区间
长度

Average Growth Rate，平均增长率

Bar Chart，条形图

Bar Graph，条形图

Base Period，基期

Bayes' Theorem，Bayes 定理

Bell-Shaped Curve，钟形曲线

Bernoulli Distribution，伯努力分布

Best-Trim Estimator，最好切尾估计量

Bias，偏性

Binary Logistic Regression，二元逻辑斯蒂回归

Binomial Distribution，二项分布

Bisquare，双平方

Bivariate Correlate，二变量相关

Bivariate Normal Distribution，双变量正态分布

Bivariate Normal Population，双变量正态总体

Biweight Interval，双权区间

Biweight M-Estimator，双权 M 估计量

Block，区组/配伍组

BMDP（Biomedical Computer Programs），BMDP 统计软件包

Boxplots，箱线图/箱尾图

Breakdown Bound，崩溃界/崩溃点

Canonical Correlation，典型相关

Caption，纵标目

Case-Control Study，病例对照研究

Categorical Variable，分类变量

Catenary，悬链线

Cauchy Distribution，柯西分布

Cause-And-Effect Relationship，因果关系

Cell，单元

Censoring，终检

Center of Symmetry，对称中心

Centering and Scaling，中心化和定标

Central Tendency，集中趋势

Central Value，中心值

CHAID -X2 Automatic Interaction Detector，卡方自动交互检测

Chance，机遇

Chance Error，随机误差

Chance Variable，随机变量

Characteristic Equation，特征方程

Characteristic Root，特征根

Characteristic Vector，特征向量

Chebshev Criterion of Fit，拟合的切比雪夫准则

Chernoff Faces，切尔诺夫脸谱图

Chi-Square Test，卡方检验/X2 检验

Choleskey Decomposition，乔洛斯基分解

Circle Chart，圆图

Class Interval，组距

Class Mid-Value，组中值

Class Upper Limit，组上限

Classified Variable，分类变量

Cluster Analysis，聚类分析

Cluster Sampling，整群抽样

Code，代码

Coded Data，编码数据

Coding，编码

Coefficient of Contingency，列联系数

Coefficient of Determination，决定系数

Coefficient of Multiple Correlation，多重相关系数

Coefficient of Partial Correlation，偏相关系数

Coefficient of Production-Moment Correlation，积差相关系数

Coefficient of Rank Correlation，等级相关系数

Coefficient of Regression，回归系数

Coefficient of Skewness，偏度系数

Coefficient of Variation，变异系数

Cohort Study，队列研究

Column，列

Column Effect，列效应

Column Factor，列因素

Combination Pool，合并

Combinative Table，组合表

Common Factor，共性因子

Common Regression Coefficient，公共回归系数

Common Value，共同值

Common Variance，公共方差

Common Variation，公共变异

Communality Variance，共性方差

Comparability，可比性

Comparison of Bathes，批比较

Comparison Value，比较值

Compartment Model，分部模型

Compassion，伸缩

Complement of An Event，补事件

Complete Association，完全正相关

Complete Dissociation，完全不相关

Complete Statistics，完备统计量

Completely Randomized Design，完全随机化设计

Composite Event，联合事件

Composite Events，复合事件

Concavity，凹性

Conditional Expectation，条件期望

Conditional Likelihood，条件似然

Conditional Probability，条件概率

Conditionally Linear，依条件线性

Confidence Interval，置信区间

Confidence Limit，置信限

Confidence Lower Limit，置信下限

Confidence Upper Limit，置信上限

Confirmatory Factor Analysis，验证性因子分析

Confirmatory Research，证实性实验研究

Confounding Factor，混杂因素

Conjoint，联合分析

Consistency，相合性

Consistency Check，一致性检验

Consistent Asymptotically Normal Estimate，相合渐近正态估计

Consistent Estimate，相合估计

Constrained Nonlinear Regression，受约束非线性回归

Constraint，约束

Contaminated Distribution，污染分布

Contaminated Gausssian，污染高斯分布

Contaminated Normal Distribution，污染正态分布

Contamination，污染

Contamination Model，污染模型

Contingency Table，列联表

Contour，边界线

Contribution Rate，贡献率

Control，对照

Controlled Experiments，对照实验

Conventional Depth，常规深度

Convolution，卷积

Corrected Factor，校正因子

Corrected Mean，校正均值

Correction Coefficient，校正系数

Correctness，正确性

Correlation Coefficient，相关系数

Correlation Index，相关指数

Correspondence，对应

Counting，计数

Counts，计数/频数

Covariance，协方差

Covariant，共变

Cox Regression，Cox 回归

Criteria for Fitting，拟合准则

Criteria of Least Squares，最小二乘准则

Critical Ratio，临界比

Critical Region，拒绝域

Critical Value，临界值

Cross-over Design，交叉设计

Cross-Section Analysis，横断面分析

Cross-Section Survey，横断面调查

Crosstabs，交叉表

Cross-Tabulation Table，复合表

Cube Root，立方根

Cumulative Distribution Function，分布函数

Cumulative Probability，累计概率

Curvature，曲率/弯曲

Curvature，曲率

Curve Fit，曲线拟和

Curve Fitting，曲线拟合

Curvilinear Regression，曲线回归

Curvilinear Relation，曲线关系

Cut-and-Try Method，尝试法

Cycle，周期

Cyclist，周期性

D Test，D 检验

Data Acquisition，资料收集

Data Bank，数据库

Data Capacity，数据容量

Data Deficiencies，数据缺乏

Data Handling，数据处理

Data Manipulation，数据处理

Data Processing，数据处理

Data Reduction，数据缩减

Data Set，数据集

Data Sources，数据来源

Data Transformation，数据变换

Data Validity，数据有效性

Data-in，数据输入

Data-out，数据输出

Dead Time，停滞期

Degree of Freedom，自由度

Degree of Precision，精密度

Degree of Reliability，可靠性程度

Degression，递减

Density Function，密度函数

Density of Data Points，数据点的密度

Dependent Variable，应变量/依变量/因变量

Depth，深度

Derivative Matrix，导数矩阵

Derivative-Free Methods，无导数方法

Design，设计

Determinacy，确定性

Determinant，行列式

Determinant，决定因素

Deviation，离差

Deviation From Average，离均差

Diagnostic Plot，诊断图

Dichotomous Variable，二分变量

Differential Equation，微分方程

Direct Standardization，直接标准化法

Discrete Variable，离散型变量

DISCRIMINANT，判断

Discriminant Analysis，判别分析

Discriminant Coefficient，判别系数

Discriminant Function，判别值

Dispersion，散布/分散度

Disproportional，不成比例的

Disproportionate Sub-Class Numbers，不成比例次级组含量

Distribution Free，分布无关性/免分布

Distribution Shape，分布形状

Distribution-Free Method，任意分布法

Distributive Laws，分配律

Disturbance，随机扰动项

Dose Response Curve，剂量反应曲线

Double Blind Method，双盲法

Double Blind Trial，双盲试验

Double Exponential Distribution，双指数分布

Double Logarithmic，双对数

Downward Rank，降秩

Dual-Space Plot，对偶空间图

DUD，无导数方法

Duncan's New Multiple Range Method，新复极差法/Duncan 新法

Effect，实验效应

Eigenvalue，特征值

Eigenvector，特征向量

Ellipse，椭圆

Empirical Distribution，经验分布

Empirical Probability，经验概率单位

Enumeration Data，计数资料

Equal Sun-Class Number，相等次级组含量

Equally Likely，等可能

Equivariance，同变性

Error，误差/错误

Error of Estimate，估计误差

Error Type I，第一类错误

Error Type II，第二类错误

Estimand，被估量

Estimated Error Mean Squares，估计误差均方

Estimated Error Sum of Squares，估计误差平方和

Euclidean Distance，欧式距离

Event，事件

Exceptional Data Point，异常数据点

Expectation Plane，期望平面

Expectation Surface，期望曲面

Expected Values，期望值

Experiment，实验

Experimental Sampling，试验抽样

Experimental Unit，试验单位

Explanatory Variable，说明变量

Exploratory Data Analysis，探索性数据分析

Explore Summarize，探索-摘要

Exponential Curve，指数曲线

Exponential Growth，指数式增长

EXSMOOTH，指数平滑方法

Extended Fit，扩充拟合

Extra Parameter，附加参数

Extrapolation，外推法

Extreme Observation，末端观测值

Extremes，极端值/极值

F Distribution，F 分布

F Test，F 检验

Factor，因素/因子

Factor Analysis，因子分析

Factor Score，因子得分

Factorial，阶乘

Factorial Design，析因试验设计

False Negative，假阴性

False Negative Error，假阴性错误

Family of Distributions，分布族

Family of Estimators，估计量族

Fanning，扇面

Fatality Rate，病死率

Field Investigation，现场调查

Field Survey，现场调查

Finite Population，有限总体

Finite-Sample，有限样本

First Derivative，一阶导数

First Principal Component，第一主成分

First Quartile，第一四分位数

Fisher Information，费雪信息量

Fitted Value，拟合值

Fitting a Curve，曲线拟合

Fixed Base，定基

Fluctuation，随机起伏

Forecast，预测

Four Fold Table，四格表

Fourth，四分点

Fraction Blow，左侧比率

Fractional Error，相对误差

Frequency，频率

Frequency Polygon，频数多边图

Frontier Point，界限点

Function Relationship，泛函关系

Gamma Distribution，伽玛分布

Gauss Increment，高斯增量

Gaussian Distribution，高斯分布/正态分布

Gauss-Newton Increment，高斯-牛顿增量

General Census，全面普查

GENLOG(Generalized Liner Models)，广义线性
模型

Geometric Mean，几何平均数

Gini's Mean Difference，基尼均差

GLM(General Liner Models)，一般线性模型

Goodness of Fit，拟和优度/配合度

Gradient of Determinant，行列式的梯度

Graeco-Latin Square，希腊拉丁方 Grand Mean，总
均值

Gross Errors，重大错误

Gross-Error Sensitivity，大错敏感度

Group Averages，分组平均

Grouped Data，分组资料

Guessed Mean，假定平均数

Half-Life，半衰期

Hampel M-Estimators，汉佩尔 M 估计量

Happenstance，偶然事件

Harmonic Mean，调和均数

Hazard Function，风险均数

Hazard Rate，风险率

Heading，标目

Heavy-Tailed Distribution，重尾分布

Hessian Array，海森立体阵

Heterogeneity，不同质

Heterogeneity of Variance，方差不齐

Hierarchical Classification，组内分组

Hierarchical Clustering Method，系统聚类法

High-Leverage Point，高杠杆率点

HILOGLINEAR，多维列联表的层次对数线性
模型

Hinge，折叶点

Histogram，直方图

Historical Cohort Study，历史性队列研究

Holes，空洞

HOMALS，多重响应分析

Homogeneity of Variance，方差齐性

Homogeneity Test，齐性检验

Huber M-Estimators，休伯 M 估计量

Hyperbola，双曲线

Hypothesis Testing，假设检验

Hypothetical Universe，假设总体

Impossible Event，不可能事件

Independence，独立性

Independent Variable，自变量

Index，指标/指数

Indirect Standardization，间接标准化法

Individual，个体

Inference Band，推断带

Infinite Population，无限总体

Infinitely Great，无穷大

Infinitely Small，无穷小

Influence Curve，影响曲线

Information Capacity，信息容量

Initial Condition，初始条件

Initial Estimate，初始估计值

Initial Level，最初水平

Interaction，交互作用

Interaction Terms，交互作用项

Intercept，截距

Interpolation，内插法

Interquartile Range，四分位距

Interval Estimation，区间估计

Intervals of Equal Probability，等概率区间

Intrinsic Curvature，固有曲率

Invariance，不变性

Inverse Matrix，逆矩阵

Inverse Probability，逆概率

Inverse Sine Transformation，反正弦变换

Iteration，迭代

Jacobian Determinant，雅可比行列式

Joint Distribution Function，分布函数

Joint Probability，联合概率

Joint Probability Distribution，联合概率分布

K Means Method，逐步聚类法

Kaplan-Meier，评估事件的时间长度

Kaplan-Merier Chart，Kaplan-Merier 图

Kendall's Rank Correlation，Kendall 等级相关

Kinetic，动力学

Kolmogorov-Smirnove Test，柯尔莫哥洛夫－斯米
　　尔诺夫检验

Kruskal and Wallis Test，Kruskal 及 Wallis 检验/
　　多样本的秩和检验/H 检验

Kurtosis，峰度

Lack of Fit，失拟

Ladder of Powers，幂阶梯

Lag，滞后

Large Sample，大样本

Large Sample Test，大样本检验

Latin Square，拉丁方

Latin Square Design，拉丁方设计

Leakage，泄漏

Least Favorable Configuration，最不利构形

Least Favorable Distribution，最不利分布

Least Significant Difference，最小显著差法

Least Square Method，最小二乘法

Least-Absolute-Residuals Estimates，最小绝对残
　　差估计

Least-Absolute-Residuals Fit，最小绝对残差拟合

Least-Absolute-Residuals Line，最小绝对残差线

Legend，图例

L-Estimator，L 估计量

L-Estimator of Location，位置 L 估计量

L-Estimator of Scale，尺度 L 估计量

Level，水平

Life Expectance，预期期望寿命

Life Table，寿命表

Life Table Method，生命表法

Light-Tailed Distribution，轻尾分布

Likelihood Function，似然函数

Likelihood Ratio，似然比

Line Graph，线图

Linear Correlation，直线相关

Linear Equation，线性方程

Linear Programming，线性规划

Linear Regression，线性回归

Linear Trend，线性趋势

Loading，载荷

Location and Scale Equivariance，位置尺度同变性

Location Equivariance，位置同变性

Location Invariance，位置不变性

Location Scale Family，位置尺度族

Log Rank Test，时序检验

Logarithmic Curve，对数曲线

Logarithmic Normal Distribution，对数正态分布

Logarithmic Scale，对数尺度

Logarithmic Transformation，对数变换

Logic Check，逻辑检查

Logistic Distribution，逻辑斯特分布

Logit Transformation，Logit 转换

LOGLINEAR，多维列联表通用模型

Lognormal Distribution，对数正态分布

Lost Function，损失函数

Low Correlation，低度相关

Lower Limit，下限

Lowest-Attained Variance，最小可达方差

LSD，最小显著差法的简称

Lurking Variable，潜在变量

Main Effect，主效应

Major Heading，主辞标目

Marginal Density Function，边缘密度函数

Marginal Probability，边缘概率

Marginal Probability Distribution，边缘概率分布

Matched Data，配对资料

Matched Distribution，匹配过分布

Matching of Distribution，分布的匹配

Matching of Transformation，变换的匹配

Mathematical Expectation，数学期望

Mathematical Model，数学模型

Maximum L-Estimator，极大极小 L 估计量

Maximum Likelihood Method，最大似然法

Mean，均数

Mean Squares Between Groups，组间均方

Mean Squares Within Group，组内均方

Means(Compare Means)，均值-均值比较

Median，中位数

Median Effective Dose，半数效量

Median Lethal Dose，半数致死量

Median Polish，中位数平滑

Median Test，中位数检验

Minimal Sufficient Statistic，最小充分统计量

Minimum Distance Estimation，最小距离估计

Minimum Effective Dose，最小有效量

Minimum Lethal Dose，最小致死量

Minimum Variance Estimator，最小方差估计量

MINITAB，统计软件包

Minor Heading，宾词标目

Missing Data，缺失值

Model Specification，模型的确定

Modeling Statistics，模型统计

Models For Outliers，离群值模型

Modifying the Model，修正模型

Modulus of Continuity，连续性模

Morbidity，发病率

Most Favorable Configuration，最有利构形

Multidimensional Scaling(ASCAL)，多维尺度/多维标度

Multinomial Logistic Regression，多项逻辑斯蒂回归

Multiple Comparison，多重比较

Multiple Correlation，复相关

Multiple Covariance，多元协方差

Multiple Linear Regression，多元线性回归

Multiple Response，多重选项

Multiple Solutions，多解

Multiplication Theorem，乘法定理

Multiresponse，多元响应

Multi-Stage Sampling，多阶段抽样

Multivariate T Distribution，多元 T 分布

Mutual Exclusive，互不相容

Mutual Independence，互相独立

Natural Boundary，自然边界

Natural Dead，自然死亡

Natural Zero，自然零

Negative Correlation，负相关

Negative Linear Correlation，负线性相关

Negatively Skewed，负偏

Newman-Keuls Method，Q 检验

NK Method，Q 检验

No Statistical Significance，无统计意义

Nominal Variable，名义变量

Nonconstancy of Variability，变异的非定常性

Nonlinear Regression，非线性相关

Nonparametric Statistics，非参数统计

Nonparametric Test，非参数检验

Nonparametric Tests，非参数检验

Normal Deviate，正态离差

Normal Distribution，正态分布

Normal Equation，正规方程组

Normal Ranges，正常范围

Normal Value，正常值

Nuisance Parameter，多余参数/讨厌参数

Null Hypothesis，无效假设

Numerical Variable，数值变量

Objective Function，目标函数

Observation Unit，观察单位

Observed Value，观察值

One Sided Test，单侧检验

One-Way Analysis of Variance，单因素方差分析

Oneway ANOVA，单因素方差分析

Open Sequential Trial，开放型序贯设计

Optrim，优切尾

Optrim Efficiency，优切尾效率

Order Statistics，顺序统计量

Ordered Categories，有序分类

Ordinal Logistic Regression，序数逻辑斯蒂回归

Ordinal Variable，有序变量

Orthogonal Basis，正交基

Orthogonal Design，正交试验设计

Orthogonality Conditions，正交条件

ORTHOPLAN，正交设计

Outlier Cutoffs，离群值截断点

Outliers，极端值

OVERALS，多组变量的非线性正规相关

Overshoot，迭代过度

Paired Design，配对设计

Paired Sample，配对样本

Pairwise Slopes，成对斜率

Parabola，抛物线

Parallel Tests，平行试验

Parameter，参数

Parametric Statistics，参数统计

Parametric Test，参数检验

Partial Correlation，偏相关

Partial Regression，偏回归

Partial Sorting，偏排序

Partials Residuals，偏残差

Pattern，模式

Pearson Curves，皮尔逊曲线

Peeling，退层

Percent Bar Graph，百分条形图

Percentage，百分比

Percentile，百分位数

Percentile Curves，百分位曲线

Periodicity，周期性

Permutation，排列

P-Estimator，P 估计量

Pie Graph，饼图

Pitman Estimator，皮特曼估计量

Pivot，枢轴量

Planar，平坦

Planar Assumption，平面的假设

PLANCARDS，生成试验的计划卡

Point Estimation，点估计

Poisson Distribution，泊松分布

Polishing，平滑

Polled Standard Deviation，合并标准差

Polled Variance，合并方差

Polygon，多边图

Polynomial，多项式

Polynomial Curve，多项式曲线

Population，总体

Population Attributable Risk，人群归因危险度

Positive Correlation，正相关

Positively Skewed，正偏

Posterior Distribution，后验分布

Power of A Test，检验效能

Precision，精密度

Predicted Value，预测值

Preliminary Analysis，预备性分析

Principal Component Analysis，主成分分析

Prior Distribution，先验分布

Prior Probability，先验概率

Probabilistic Model，概率模型

Probability，概率

Probability Density，概率密度

Product Moment，乘积矩/协方差

Profile Trace，截面迹图

Proportion，比/构成比

Proportion Allocation in Stratified Random Sampling，按比例分层随机抽样

Proportionate，成比例

Proportionate Sub-Class Numbers，成比例次级组含量

Prospective Study，前瞻性调查

Proximities，亲近性

Pseudo F Test，近似 F 检验

Pseudo Model，近似模型

Pseudosigma，伪标准差

Purposive Sampling，有目的抽样

QR Decomposition，QR 分解

Quadratic Approximation，二次近似

Qualitative Classification，属性分类

Qualitative Method，定性方法

Quantile-Quantile Plot，分位数-分位数图/Q-Q 图

Quantitative Analysis，定量分析

Quartile，四分位数

Quick Cluster，快速聚类

Radix Sort，基数排序

Random Allocation，随机化分组

Random Blocks Design，随机区组设计

Random Event，随机事件

Randomization，随机化

Range，极差/全距

Rank Correlation，等级相关

Rank Sum Test，秩和检验

Rank Test，秩检验

Ranked Data，等级资料

Rate，比率

Ratio，比例

Raw Data，原始资料

Raw Residual，原始残差

Rayleigh's Test，雷氏检验

Rayleigh's Z，雷氏 Z 值

Reciprocal，倒数

Reciprocal Transformation，倒数变换

Recording，记录

Redescending Estimators，回降估计量

Reducing Dimensions，降维

Re-Expression，重新表达

Reference Set，标准组

Region of Acceptance，接受域

Regression Coefficient，回归系数

Regression Sum of Square，回归平方和

Rejection Point，拒绝点

Relative Dispersion，相对离散度

Relative Number，相对数

Reliability，可靠性

Reparametrization，重新设置参数

Replication，重复

Report Summaries，报告摘要

Residual Sum of Square，剩余平方和

Resistance，耐抗性

Resistant Line，耐抗线

Resistant Technique，耐抗技术

R-Estimator of Location，位置 R 估计量

R-Estimator of Scale，尺度 R 估计量

Retrospective Study，回顾性调查

Ridge Trace，岭迹

Ridit Analysis，Ridit 分析

Rotation，旋转

Rounding，舍入

Row，行

Row Effects，行效应

Row Factor，行因素

RXC Table，RXC 表

Sample，样本

Sample Regression Coefficient，样本回归系数

Sample Size，样本量

Sample Standard Deviation，样本标准差

Sampling Error，抽样误差

SAS（Statistical Analysis System），SAS 统计软件包

Scale，尺度/量表

Scatter Diagram，散点图

Schematic Plot，示意图/简图

Score Test，计分检验

Screening，筛检

SEASON，季节分析

Second Derivative，二阶导数

Second Principal Component，第二主成分

SEM（Structural Equation Modeling），结构化方程模型

Semi-Logarithmic Graph，半对数图

Semi-Logarithmic Paper，半对数格纸

Sensitivity Curve，敏感度曲线

Sequential Analysis，贯序分析

Sequential Data Set，顺序数据集

Sequential Design，贯序设计

Sequential Method，贯序法

Sequential Test，贯序检验法

Serial Tests，系列试验

Short-Cut Method，简捷法

Sigmoid Curve，S 形曲线

Sign Function，正负号函数

Sign Test，符号检验

Signed Rank，符号秩

Significance Test，显著性检验

Significant Figure，有效数字

Simple Cluster Sampling，简单整群抽样

Simple Correlation，简单相关

Simple Random Sampling，简单随机抽样

Simple Regression，简单回归

Simple Table，简单表

Sine Estimator，正弦估计量

Single-Valued Estimate，单值估计

Singular Matrix，奇异矩阵

Skewed Distribution，偏斜分布

Skewness，偏度

Slash Distribution，斜线分布

Slope，斜率

Smirnov Test，斯米尔诺夫检验

Source of Variation，变异来源

Spearman Rank Correlation，斯皮尔曼等级相关

Specific Factor，特殊因子

Specific Factor Variance，特殊因子方差

Spectra，频谱

Spherical Distribution，球型正态分布

Spread，展布

SPSS（Statistical Package for the Social Science），

SPSS 统计软件包

Spurious Correlation, 假性相关

Square Root Transformation, 平方根变换

Stabilizing Variance, 稳定方差

Standard Deviation, 标准差

Standard Error, 标准误

Standard Error of Difference, 差别的标准误

Standard Error of Estimate, 标准估计误差

Standard Error of Rate, 率的标准误

Standard Normal Distribution, 标准正态分布

Standardization, 标准化

Starting Value, 起始值

Statistic, 统计量

Statistical Control, 统计控制

Statistical Graph, 统计图

Statistical Inference, 统计推断

Statistical Table, 统计表

Steepest Descent, 最速下降法

Stem and Leaf Display, 茎叶图

Step Factor, 步长因子

Stepwise Regression, 逐步回归

Storage, 存

Strata, 层(复数)

Stratified Sampling, 分层抽样

Strength, 强度

Stringency, 严密性

Structural Relationship, 结构关系

Studentized Residual, 学生化残差/T 化残差

Sub-Class Numbers, 次级组含量

Subdividing, 分割

Sufficient Statistic, 充分统计量

Sum of Products, 积和

Sum of Squares, 离差平方和

Sum of Squares About Regression, 回归平方和

Sum of Squares Between Groups, 组间平方和

Sum of Squares of Partial Regression, 偏回归平
方和

Sure Event, 必然事件

Survey, 调查

Survival, 生存分析

Survival Rate, 生存率

Suspended Root Gram, 悬吊根图

Symmetry, 对称

Systematic Error, 系统误差

Systematic Sampling, 系统抽样

Tags, 标签

Tail Area, 尾部面积

Tail Length, 尾长

Tail Weight, 尾重

Tangent Line, 切线

Target Distribution, 目标分布

Taylor Series, 泰勒级数

Tendency of Dispersion, 离散趋势

Testing of Hypotheses, 假设检验

Theoretical Frequency, 理论频数

Time Series, 时间序列

Tolerance Interval, 容忍区间

Tolerance Lower Limit, 容忍下限

Tolerance Upper Limit, 容忍上限

Torsion, 扰率

Total Sum of Square, 总平方和

Total Variation, 总变异

Transformation, 转换

Treatment, 处理

Trend, 趋势

Trend of Percentage, 百分比趋势

Trial, 试验

Trial and Error Method, 试错法

Tuning Constant, 细调常数

Two Sided Test, 双向检验

Two-Stage Least Squares, 二阶最小平方

Two-Stage Sampling, 二阶段抽样

Two-Tailed Test, 双侧检验

Two-Way Analysis of Variance, 双因素方差分析

Two-Way Table, 双向表

Type I Error, 一类错误/A 错误

Type II Error, 二类错误/B 错误

UMVU, 方差一致最小无偏估计简称

Unbiased Estimate, 无偏估计

Unconstrained Nonlinear Regression, 无约束非线
性回归

Unequal Subclass Number, 不等次级组含量

Ungrouped Data, 不分组资料

Uniform Coordinate, 均匀坐标

Uniform Distribution, 均匀分布

Uniformly Minimum Variance Unbiased Estimate,

方差一致最小无偏估计

Unit，单元

Unordered Categories，无序分类

Upper Limit，上限

Upward Rank，升秩

Vague Concept，模糊概念

Validity，有效性

VARCOMP(Variance Component Estimation)，方差元素估计

Variability，变异性

Variable，变量

Variance，方差

Variation，变异

Varimax Orthogonal Rotation，方差最大正交旋转

Volume of Distribution，容积

W Test，W 检验

Weibull Distribution，威布尔分布

Weight，权数

Weighted Chi-Square Test，加权卡方检验/Cochran 检验

Weighted Linear Regression Method，加权直线回归

Weighted Mean，加权平均数

Weighted Mean Square，加权平均方差

Weighted Sum of Square，加权平方和

Weighting Coefficient，权重系数

Weighting Method，加权法

W-Estimation，W 估计量

W-Estimation of Location，位置 W 估计量

Width，宽度

Wilcoxon Paired Test，威斯康星配对法/配对符号秩和检验

Wild Point，野点/狂点

Wild Value，野值/狂值

Winsorized Mean，缩尾均值

Withdraw，失访

Youden's Index，尤登指数

Z Test，Z 检验

Zero Correlation，零相关

Z-Transformation，Z 变换

参 考 文 献

1. Hand D, Mannila H, Smyth P. Principles of Data Mining[J]. Drug Safety, 2007, 30(7): 621-622.

2. http://js.people.com.cn/n/2015/0720/c360301-25644140.html

3. http://www.npc.gov.cn/npc/c30834/201910/653fc6300310412f841c90972528be67.shtml

4. https://blog.csdn.net/edward_2017/article/details/91954931

5. https://blog.csdn.net/haboop/article/details/89812330

6. https://blog.csdn.net/mjzhlstk/article/details/95485903

7. https://blog.csdn.net/qq_43958467/article/details/101058667

8. Manyika J, Chui M, Brown B, Et Al. Big Data: The next Frontier for Innovation, Competition, and Productivity[J]. Analytics, 2011.

9. 陈胜可.SPSS统计分析从入门到精通[M].北京:清华大学出版社,2013.

10. 邓维斌.SPSS 19(中文版)统计分析实用教程[M].北京:电子工业出版社,2012.

11. 杜志渊.常用统计分析方法,SPSS应用[M].济南:山东人民出版社,2006.

12. 高书国.大数据时代的数据困惑——教育研究的数据困境[J].教育科学研究,2015(1):24-30.

13. 桂卫华,刘晓颖.基于人工智能方法的复杂过程故障诊断技术[J].控制工程,2002,9(4):1-6.

14. 何晓群.多元统计分析[M].3版.北京:中国人民大学出版社,2012.

15. 冯运义,庄致.SPSS统计分析实验指导[M].成都:电子科技大学出版社,2011.

16. 解明明.大数据时代"小数据"在政府统计中的作用[J].中国统计,2016(7):66-67.

17. 赖国毅,陈超.SPSS 17中文版统计分析典型实例精粹[M].北京:电子工业出版社,2010.

18. 雷钦礼.经济管理多元统计分析[M].中国统计出版社,2002.

19. 李德仁,王树良,李德毅,等.论空间数据挖掘和知识发现的理论与方法[J].武汉大学学报:信息科学版,2002,27(3):221-233.

20. 李国杰,程学旗.大数据研究:未来科技及经济社会发展的重大战略领域——大数据的研究现状与科学思考[J].中国科学院院刊,2012,27(6):647-657.

21. 李金德,欧贤才,秦晶,连娟,黄蕙玲.SPSS在会计和财务管理中的应用[M].清华大学出版社,2017.

22. 罗玮,罗教讲.新计算社会学:大数据时代的社会学研究[J].社会学研究,2015(3):222-241.

23. 梅宏,王千祥,张路,等.软件分析技术进展[J].计算机学报,2009,32(9):1697-1710.

24. 裴雨明,徐海波,邵桂荣.统计学实验教程[M].北京:北京大学出版社,2013.

25. 王朝培,杨尚群.经济模型分析与实验教程[M].北京:北京大学出版社,2012.

26. 沈浩,黄晓兰.大数据助力社会科学研究:挑战与创新[J].现代传播(中国传媒大学学报),2013,35(8):13-18.

27. 宋国杰,唐世渭,杨冬青,等.数据流中异常模式的提取与趋势监测[J].计算机研究与发展,2004,41(10):1754-1759.

28. 苏理云,陈彩霞,高红霞.SPSS 19统计分析基础与案例应用教程[M].北京希望电子出版社,2012.

29. 汪冬华.多元统计分析与SPSS应用[M].华东理工大学出版社,2010.

30. 王力宾.多元统计分析:模型案例及SPSS应用[M].经济科学出版社,2010.

31. 王朝培,杨尚群.经济模型分析与实验教程[M].北京:对外经济贸易大学出版社,2012.

32. 维克托·迈尔·舍恩伯格,肯尼斯·库克耶.大数据时代——生活、工作与思维的大变革[M].盛杨燕,周涛,译.杭州:浙江人民出版社,2012.

33. 卫海英.SPSS在商务管理中的应用[M].北京:中国统计出版社,2010.

34. 邬贺铨.大数据时代的机遇与挑战[J].求是,2013(04):47-49.

35. 夏怡凡.SPSS统计分析精要与实例详解[M].北京:电子工业出版社,2010.

36. 薛薇.SPSS统计分析方法及应用[M].北京:电子工业出版社,2009.

37. 杨维忠,张甜,刘荣.SPSS统计分析与行业应用案例详解[M].北京:清华大学出版社,2015.

38. 杨善朝.SPSS统计软件应用基础[M].南宁:广西师范大学出版社,2001.

39. 余建英.数据统计分析与SPSS应用[M].北京:人民邮电出版社,2003.

40. 余锦华,杨维权.多元统计分析与应用[M].广州:中山大学出版社,2005.

41. 俞立平.大数据与大数据经济学[J].中国软科学,2013(7):177-183.

42. 宇传华.SPSS与统计分析[M].北京:电子工业出版社,2014.

43. 张立军,任英华.多元统计分析实验[M].北京:中国统计出版社,2009.

44. 张引,陈敏,廖小飞.大数据应用的现状与展望[J].计算机研究与发展,2013,50(S2):216-233.

45. 朱帮助.统计学:原理、方法与SPSS应用[M].北京:科学出版社,2010.

46. 朱建平,章贵军,刘晓葳.大数据时代下数据分析理念的辨析[J].统计研究,2014,31(2):10-19.

47. 朱建平.应用多元统计分析[M].2版.北京:科学出版社,2012.